新闻传播概论

刘文阁 李 强 著

民主与建设出版社
·北京·

©民主与建设出版社，2021

图书在版编目（CIP）数据

新闻传播概论/刘文阁，李强著.—北京：民主与建设出版社，2020.12

ISBN 978-7-5139-2601-0

Ⅰ.①新… Ⅱ.①刘… ②李… Ⅲ.①新闻学—传播学—研究—中国 Ⅳ.① G219.2

中国版本图书馆 CIP 数据核字（2021）第 017049 号

新闻传播概论

XINWEN CHUANBO GAILUN

著　者	刘文阁　李　强
责任编辑	周佩芳
封面设计	陈　姝
出版发行	民主与建设出版社有限责任公司
电　　话	（010）59417747　59419778
社　　址	北京市海淀区西三环中路 10 号望海楼 E 座 7 层
邮　　编	100142
印　　刷	三河市长城印刷有限公司
版　　次	2021 年 7 月第 1 版
印　　次	2021 年 7 月第 1 次印刷
开　　本	710 毫米 ×1000 毫米　1/16
印　　张	17
字　　数	270 千字
书　　号	ISBN 978-7-5139-2601-0
定　　价	68.00 元

注：如有印、装质量问题，请与出版社联系。

前　　言

众所周知，新闻学历来是我们最为关注的学科。一方面，在长期的新闻工作实践中，通过新闻报道宣讲政策、引导和推进社会治理，我们积累了丰富的经验。另一方面，在日益开放的社会环境中，如何最大限度地拓宽传播渠道，丰富传播内容，增强传播吸引力，使新闻传播发挥倍增效应，是当下必须回应的重大课题。总之，新闻传播学以及新闻史学研究都应该整合、提升、创新和发展。

《新闻传播概论》作为专业的基础理论，研究和阐述的是新闻传播的基本规律。而本专业的其他应用性课程，揭示的则是新闻传播的各个操作层面或者技术环节的具体规律。各专业的基础理论，熟悉新闻传播的基本规律，是各专业其他课程的基础，也是正确分析新闻及传播现象和有效指导专业实践的重要前提。

此外，费尔巴哈说过一句哲学名言："作为起源，实践先于理论；一旦把实践提高到理论的水平，理论就领先于实践。"这话实际上阐明了有关理论的一个非常重要的品格，那就是它在一定程度上，对于全部的人的实践与社会存在具有相对的超前性。那么，新闻传播学理论也正是在这样的意义上，对新闻学与传播学的相关学科体系具有着更为举足轻重的作用。

本书由贵州省遵义市播州区融媒体中心两位工作人员刘文阁、李强共同撰写完成。具体撰写分工如下：第一章至第十章（共20万字）由刘文阁撰写；第十一章至第十三章（共7万字）由李强撰写。全书由刘文阁负责统稿工作。

由于作者水平有限，书中难免存在不足之处，希望各位读者和专家能够提出宝贵意见，以待进一步修改，使之更加完善。

目 录

基础篇

第一章 导论 ... 002
- 第一节 研究背景与意义 ... 002
  - 一、研究背景 ... 002
  - 二、研究意义 ... 003
- 第二节 国内外研究现状 ... 006
  - 一、新闻传播史的研究综述 ... 006
  - 二、新闻传播基础理论研究综述 ... 007
  - 三、关于传播学研究文献统计 ... 008
- 第三节 相关概念辨析 ... 010
- 第四节 主要内容与方法 ... 013
  - 一、主要内容 ... 013
  - 二、研究方法 ... 013
- 第五节 创新之处与不足 ... 014

第二章 国内外新闻传播理论概述 ... 015
- 第一节 国外新闻传播学派及理论 ... 015
  - 一、经验学派及理论 ... 015
  - 二、批判学派及理论 ... 015
  - 三、媒介环境学派及理论 ... 017
- 第二节 中国新闻传播活动及理论发展情况 ... 017

01

  一、中国古代的新闻传播活动 ………………………………… 017
  二、中国近代报刊的产生与发展 ……………………………… 018
  三、中国抗日战争时期的新闻事业 …………………………… 022
  四、中国特色社会主义新闻传播理论体系 …………………… 024

第三章　新闻传播的新闻观和研究方法 …………………………… 028
第一节　马克思主义新闻观 ………………………………………… 028
  一、马克思、恩格斯的新闻观 ………………………………… 028
  二、列宁对马克思主义新闻观的传承 ………………………… 031
  三、毛泽东对马克思主义新闻观的弘扬 ……………………… 033
  四、邓小平对马克思主义新闻观的发展 ……………………… 034
  五、习近平新闻思想 …………………………………………… 035
第二节　新闻传播的研究方法 ……………………………………… 036
  一、经验—功能学派和实证方法 ……………………………… 036
  二、技术控制论学派和控制论 ………………………………… 037
  三、结构主义符号—权力学派 ………………………………… 038

理论篇

第四章　新闻传播的历史演进 ……………………………………… 042
第一节　古代的信息传播 …………………………………………… 042
  一、文字传播 …………………………………………………… 043
  二、电子传播 …………………………………………………… 045
  三、国际互联网传播 …………………………………………… 046
第二节　印刷媒介 …………………………………………………… 047
  一、印刷媒介的复制模式 ……………………………………… 047
  二、印刷媒介的诞生 …………………………………………… 047
  三、印刷媒介的意义 …………………………………………… 049
第三节　现代新闻传播的革命 ……………………………………… 050

  一、电子媒介的感官延伸 050
  二、电子媒介的受传模式 052

第五章 新闻传播的理论溯源 057

 第一节 新闻传播的本质 057
  一、新闻传播的基本概念 057
  二、新闻传播的本质 064
  三、新闻传播的结构 070

 第二节 新闻传播的社会功能 072
  一、新闻传播社会功能探索 072
  二、新闻传播社会功能阐述 074
  三、新闻舆论传播的社会功能 074

 第三节 新闻传播的异化功能 078

第六章 新闻传播的要素理论 080

 第一节 新闻传播者 080
  一、新闻传播者的角色特征 080
  二、新闻传播者的角色责任 080
  三、新闻传播者的角色权利 081

 第二节 新闻受众 081
  一、受传者分类与特点 081
  二、新闻传播受众的角色特征 082
  三、受众的选择性接收心理 083

 第三节 新闻媒介 083
  一、新闻媒介及其分类 083
  二、新闻媒介的功能 084
  三、新闻媒介的作用 086

 第四节 新闻内容 087
  一、新闻事实 087

二、新闻报道及其特点 087
　　三、"用事实说话"的重要性 088
第五节　传播效果 089
　　一、新闻传播效果在新闻传播过程中的意义 089
　　二、新闻传播效果的构成 089

第七章　新闻传播伦理理论 091

第一节　新闻传播的伦理范畴 091
　　一、新闻伦理概述 091
　　二、新闻传播伦理范畴 092
第二节　新闻传播的伦理流派 095
　　一、"休谟法则" 095
　　二、"中庸之德" 095
　　三、"绝对命令" 096
　　四、"功利主义原则" 096
　　五、"无知之幕" 097
　　六、"人文主义" 097
第三节　新闻传播的伦理和谐 098
　　一、伦理和谐的准则 098
　　二、伦理和谐的重要性 100
　　三、新闻传播伦理的不和谐 103
第四节　互联网伦理治理 106
　　一、互联网伦理概述 106
　　二、网络新闻伦理 106
　　三、典型的网络新闻道德失范现象 106
　　四、互联网传播伦理 106
　　五、互联网伦理 106
　　六、搜索引擎伦理 107
第五节　"标题党"现象及其治理 107

04

一、对"标题党"的定性 107
二、"标题党"的表现形式 108
三、"标题党"的成因 108
四、"标题党"的危害 108
五、"标题党"的治理 108

实践篇

第八章 新闻传播的过程 112

第一节 新闻传播的实现 112
一、新闻传播的实现 112
二、新闻传播实现的渠道 113
三、新闻传播过程模式 116

第二节 新闻的生产 120
一、新闻生产的主体 122
二、新闻生产的过程 124
三、新闻生产的把关 128

第三节 融媒体时代的新闻生产 129
一、融媒体时代的新闻生产 129
二、融媒体时代的新闻生产流程重建 130
三、融媒体时代新闻生产的未来 134

第九章 新闻政策 136

第一节 新闻传播政策 136
一、新闻政策的含义 136
二、新闻政策的源起和内容 137
三、新闻政策的演变 139

第二节 新闻传播的调控优化 141
一、新闻传播调控的含义 141

二、新闻传播的调控方式 142
　　三、新闻传播调控的优化 145

第十章　新闻实践 148
第一节　新闻报道的实践原则和社会效应 148
　　一、新闻报道"三贴近"原则 148
　　二、新闻的社会效应 152
第二节　新闻实践专题报道（上）... 156
　　一、专题报道案例——脱贫攻坚：以人民为中心的伟大实践 156
　　二、专题报道案例——乡村振兴：务必根治不良风气和陈规陋习 161
　　三、专题报道案例——中国共产党：苦难辉煌100年 163
第三节　新闻实践专题报道（中）... 169
　　一、典型报道案例：创建全国文明城市的哲学思考及价值取向 169
　　二、典型报道案例：解决实际问题的服务才是优质服务 176
　　三、典型报道案例：优化法律服务与法治贵州建设研究 177
第四节　新闻实践专题报道（下）... 183
　　一、深度报道案例：涉农资金检查怎样才能落到"实"处 183
　　二、深度报道案例：制止餐饮浪费，大兴节俭之风 184
　　三、深度报道案例：争做绿色发展推动者，开创多彩贵州新未来 186

时代篇

第十一章　全媒体时代下的新闻传播平台 192
第一节　新闻传播平台的发展现状和类型 192
　　一、新闻传播平台的发展现状与背景 192
　　二、新闻传播平台的发展现状和类型 194
第二节　新闻传播平台的运作机理和发展趋势 200
　　一、新闻传播平台的运作机理 200
　　二、新闻传播平台的发展趋势 203

第三节　新闻传播平台的治理机制 205
一、新闻传播平台中的风险问题探究 205
二、新闻传播平台建设和治理问题探究 208

第十二章　全媒体时代下的数据新闻传播 215
第一节　数据新闻概念 215
一、概念界定 215
二、与数据新闻相近概念厘清 216
三、数据新闻的发展历史 218
四、数据新闻的发展现状 219

第二节　数据新闻传播模式的理论依据及模式建构 222
一、理论依据：数据新闻中的传播要素 222
二、数据新闻传播模式的构建 224
三、数据新闻传播模式建立的意义 225

第三节　基于"5w"基础的数据新闻模式分析 227
一、执行主体专业化 227
二、传播内容精细化 229
三、传播渠道多平台化 231
四、传播对象交互化 234
五、传播效果利基化 236

第四节　数据新闻传播中的问题探讨及前景展望 239
一、出现的问题及解决 239
二、数据新闻的未来趋势 244

第十三章　全媒体时代的新闻深度报道 247
第一节　新媒体时代新闻记者的职业素养与社会责任 247
一、新媒体为新闻记者面临的影响与挑战 247
二、新媒体时代新闻记者应具备的职业素养 248
三、新媒体时代下新闻记者肩负的社会责任 249

第二节　融媒体时代的专题节目 ·· 251
一、县级融媒体下专题报道的重要性 ·· 251
二、地方特色的专题节目 ·· 252
三、专题节目创新：县级融媒体力量之源 ·································· 254

第三节　专兴旺产业的报道策略 ·· 254
一、新闻工作者善于发现和研究兴旺产业 ·································· 255
二、报道兴旺产业发展重点 ··· 256
三、报道兴旺产业的培育过程 ·· 257
四、报道兴旺产业的规模发展 ·· 258

参考文献 ·· 260

基础篇

本篇阐述了新闻传播的背景、相关概念、主要内容、研究思路、方法和意义；简要概述国内外新闻传播的理论发展情况和新闻传播的理论前沿内容；分析阐述了新闻传播的新闻观、国内外新闻传播学派和研究方法。

第一章　导论

本章内容包括新闻研究背景和意义，相关概念辨析，研究的主要内容，研究思路和创新方法。

第一节　研究背景与意义

一、研究背景

随着社会的不断发展和进步，现代新闻的传播方式和传播媒介也在与时俱进，不断地更新和发展。从最初的纸质媒介逐步发展到现在的互联网背景下的数字化媒体传播，新闻传播的路径和演化机制发生了深刻的变化。近年来媒介从横向与纵向的不断扩大与延伸，使我国新闻传播和网络舆论呈现空前活跃的态势。与此相对应的，新闻传播格局也得发生变化与提升。从单一媒介下话语权的垄断，到现在新媒介层出不穷，给长期得不到释放的公众民意提供了尽情展示的舞台。这也给官方新闻舆论场与民间新闻舆论场之间搭建了多向沟通互动的桥梁，从而使当前新闻传播生态呈现出开放、繁荣、可控的良好局面。

在全媒体环境中，媒介已成为影响社会发展的重要因素，已融入我们生活的各个方面，给众多事件的发展提供了传播互动平台。新闻传播在全媒体的辅助下，使民间舆论场不断参与，甚至影响着社会议题的发展变化，同时也使官方舆论场得以更全面了解民意，得以提供最准确的参考决策，同时也使得其能在合理的限度内，把控、引导舆论的发展方向，从而推动事态的正常化发展。通过新闻传播，能积极主动引导网络舆论，传播正能量并运用新媒体的手段在网络舆论场上产生影响力。

自党的十八大以来，党中央高度重视党的新闻舆论工作，习近平总书记在党的新闻舆论工作座谈会上强调，坚持正确方向创新方法手段，提高新闻舆论传播力引导力。通过新闻传播，利用好新技术、新媒介，及时把党的声音推送给广大观众，健康领跑新媒体。

二、研究意义

从全媒体视角解读当下新闻传播的内容生成，以及全媒体给新闻传播带来的传播变化，为提高新闻传播力，更深入的新闻传播研究和新闻传播工作提供基础性参考。新闻是新近变动的事实的传播。新闻定义中的传播主要指"大众传播"，即职业传播者通过某种现代化的传播媒体向公众传递信息的活动。强调新闻的客观性和新近变动的事实的传播。

本书的理论意义主要有以下几个方面：

1.新闻传播学是在传统新闻学和传播学基础上建立起来的一门具有非常浓厚时代气息的学科，可以说新闻传播学的出现极大程度地推动了我国精神文化建设的发展进程。特别是在网络技术高度发展的今天，我国社会正处于经济腾飞的阶段。但是由于国家资源过多地向物质经济方向偏移也导致了我国近年来在精神文化建设上出现了一些问题，尤其是在传统文化与现代文化形成冲撞的时候，大众媒体无法发挥其应有的作用和职能，这一点无论在内容上还是在形式上都不能够做到与时俱进。所以在我国经济已经打下一定基础的情况下，我们必须要紧抓提升大众的精神层次，保证物质文明与精神文明共同发展。同时，根据时代特性来重新解读新闻传播的重要性，并发挥出新闻传播应有的价值和对社会大众的积极作用，只有这样才能够真正摆脱时代的滞后性，树立科学发展观，并有效提升新闻传播力。

2.结合当前全媒体的现状以及新闻传播的相关理论，分析全媒体与新闻传播的各个要素之间的关联度。并以此为研究基础，对全媒体背景下新闻传播生成的内容进行结构、新闻传播内容生成的路径进行探讨，力求丰富已有的新闻学、传播学相关研究。

3.归纳当前新闻传播在全媒体背景下的传播扩散方式，并总结分析全媒体背景下新闻传播在扩散过程中发生的流变。努力为学界相关研究提供含有最新传播技术、新的研究视角的新闻传播素材。

本章的实际意义主要有以下几个方面：

1.新闻传播引导社会思潮。新时代下的新闻传播工作已经成为党和国家事业的重点工作。社会发展离不开社会思潮的影响，而社会思潮的引导离不开新闻传播的作用。传统与现代从来都不是一对相互对立的词语，随着人类社会的不断进步，传统思想必然要朝着现代思想转变，但是传统思想的禁锢并不是轻易就可以被打破的，而且在传统阶级社会中，统治者为了维护自身权益所形成的思想文化已经形成了巨大的思想牢笼，人们要想从这牢笼中脱离出来就必须拥有钥匙，而新闻传播就充分的发挥了钥匙的作用，通过对现代化思想的报道和解析，新闻传播有效地解开了传统思想覆盖在人们身上的枷锁，给了人们自由选择生活的机会。而且随着社会的不断发展，新闻传播也在不断地创新，从传统的单张小报到现代化的网络技术，从枯燥的文字到形象的影音，我们看到的是新闻传播行业在不断迎合时代的发展，从思想上给予人们解放与自由。从内容上来讲，新闻传播随着社会的不断发展，所讨论的问题也在不断地深入，随着社会思潮的不断丰富化、多变化和复杂化，新闻传播也在不断朝着深刻、丰厚、多元的方向改革，可以说社会发展为新闻传播提供了坚实的物质基础和报道的前提条件，同时也为新闻传播提供了具有深厚内涵的历史平台，而新闻传播所能做的就是通过各种媒体、媒介将全新的时代元素融合到社会思潮中，引导人们的社会观念和生活意识，从精神层面改造人们的思维方式，让他们更适合现代社会，更适合这个时代的变迁。

2. 新闻传播促进社会发展。社会发展是受到多种因素共同影响的，而新闻传播就是其中非常重要的一环。而且随着时代的发展，新闻传播已经成为一项关系到国计民生的重要产业，社会发展离不开人类的意识导向，而人类与社会之间的相互沟通需要一个有效的媒介，而新闻传播恰好满足了这样媒介的需求，既能够传递社会发展的信息，也能够影响到人类本身的思维发展。马克思曾经说过："报纸的最大好处就是每日都在干预运动，能够成为运动的喉舌。"而从现实生活中我们也确实能够体会到传统纸媒新闻传播对于整个社会产生的推动作用，正是因为有新闻传播来传递社会与人之间的沟通，所以人类才能够推动社会的发展，社会的发展才能带动人类思维的转变。著名的传播学学者伦纳对于传播媒介是这样认为的，他说："传播媒介可以创造经济和社会所需的'气候'，一旦充分使用媒介，经济和社会发展就会加速进行。"其实从我国的历史发展来看，就能够清楚地认识到新闻传播对于社会发展的促进作用。众所周知，五四运动时期正是我国传统文化与现代文化碰撞最为激烈的一个时期，而在这个时期出现了许多类似于《新青年》的新思潮报纸、杂志，也正是因为这些报纸、杂志等新闻传播媒介才促进了我国国民思想的变革与发展，才掀起了我国新文化运动的热潮，为后来的政治运动奠定了坚实的理论基础和充分的思想准备。随后，20世纪70年代末，一篇名为《实践是检验真理的唯一标准》的文章震撼了整个新中国，在人们的内心又燃起了希望的火种，可以说这种种迹象都清楚地验证了新闻传播在我国历史发展中的重要性，可以说如果不是新闻传播发挥出了它应有的价值和作用的话，中国的未来真的不堪设想。

  3.新闻传播树立社会文化。人类作为自然界生物的一部分，之所以能够形成巨大的社会网络，与社会文化的形成和树立是分不开的，而社会文化的形成与新闻传播是有着很密切的联系的。要知道，我们是生活在大众传播高度发展的一个时代，无论报刊、广播还是新兴的网络媒体，可以说新闻传播就像空气一样弥漫在我们的周围，我们的许多观念和意识都是受到新闻传播潜移默化的影响的。而且即便是在古代，我们能够看到告示、书籍等物质的存在也很好地起到了新闻传播的作用，也正是因为有这些传播媒介，中华五千年的文化才能够传承下来，我们也才有机会继承和发扬先辈的智慧与创造。而从社会文化的结构上来讲，其主要是由社会意识形态所构成的，而新闻媒体是能够作为塑造社会意识形态的一个关键因素，可以说能够切实地对社会文化的形成起到核心作用。正是由于客观的新闻传播的存在，我们才能够更深入地挖掘我国的文化底蕴，并将其融入现代化的熔炉里形成具有实际意义的现代社会文化，指引人们的生活和生产发展，有效提高人们的精神层次。

  4.新闻传播营造社会环境。和谐社会一直以来都是我国社会发展所坚持的一个重要目标。而我们从和谐社会的构成元素上来讲，和谐社会的构建不仅仅是精神文明层面的一种设想，更需要物质经济基础的支持。只有二者相互协调统一才能够真正实现我国传统文化中所谓的路不拾遗、夜不闭户的天下大同。而我们纵观新闻传播的价值与作用，会发现其实现代新闻传播是非常契合我国和谐社会构建思想的一种文化产业。首先从物质基础的角度上来讲，我国现代的大众传播产业已经成为社会经济的重要组成部分，所以它已经能够真正地发挥出促进物质文明建立的作用。其次从精神文明的角度上来讲，新闻传播是弘扬我国社会主义科学发展观的重要途径。所以无论从物质角度还是精神角度来讲，新闻传播都有利于我们构建和谐的社会环境。

第二节 国内外研究现状

自十八大以来，党中央加大对新闻传播工作的力度后，与新闻传播相关的研究在数量上呈现质的提升，但是就学界对新闻传播的研究内容纬度来讲，主要集中在新闻传播指导思想研究、新闻传播监督与引导研究以及新闻传播工作等层面的研究。对结合媒介与新闻传播之间的关系、新闻传播的基础理论研究等层面研究相对较多。现对相关研究综述如下。

一、新闻传播史的研究综述

中国新闻传播史的研究发展至今，成果显著，已具有一定的系统性、理论性、科学性、知识性，尤其是在古代邸报研究、近代报刊的时间起点研究、名记者研究等方面有了突破性的进展。

关于古代邸报研究的现状。在我国古代新闻传播史研究中有一个悬而未决的问题，就是关于汉代是否存在邸报。国内多位业界著名专家学者一致认为汉代只是出现了皇家颁布的文书，邸报的应用无从考证。在综述中研究人员进行了认真的分析，做出了详细的说明，终于使这一历史性难题有了较为明确的答案，使汉代无邸报的说法更具科学性。与此同时，关于宋代邸报的研究也有所进展。有学者认为，在王安石变法过程中为了政治需要，当朝皇帝便下旨颁布了一种内容类似于邸报的官报，因其按月发行遂称为月报。这也是我国古代历史最悠久且有史料考证的新闻月报。此外，对于元代是否有邸报存在又展开了争论。有专家根据相关史料记载推断出元代确有邸报，而对此持相反意见的学者同样是在新闻传播史方面的资深教授，争论到最后，人们还是更倾向于元代无邸报的说法。

关于近代报刊时间起点研究的现状。关于近代报刊的时间起点也是新闻传播史中的研究热点，之前学者普遍认为我国近代出版的第一份华语报刊是1833年6月创办的《东西洋考每月统记传》，而今专家认为同年4月创办的

《杂闻篇》担此名号才受之无愧,这一研究理论无疑意味着把我国近代报刊的时间起点再次提前。

关于名记者研究的现状。提到名记者,范长江在业界可谓家喻户晓,他的研究成果主要表现在其关于红军长征的报道方面。这也是有史以来业界广泛争论的一个议题。直到尹韵公先后发表两篇论文力证范长江并非公开报道红军长征的首人,并通过查阅史料、实地考察、访问红军长征亲历者等工作再一次梳理了红军长征这一宏伟史实的时间、地点、人物等各要素,再现了当时的客观条件与主观人物形象,最后得出范长江西北采访并非为了"研究红军北上以后中国的动向"。这一研究成果也算是为关于名记者范长江的研究画上了一个圆满的句号。

二、新闻传播基础理论研究综述

目前,我国学界中对新闻传播基础理论研究的书籍和文献相对较多,特别是传播学研究中一些较著名的理论,无形中为新闻传播学理论的研究提供了新的角度和方法。

关于对新闻传播现象的研究。对新闻传播现象本身的研究,这几年主要是围绕新闻与宣传展开的。新闻学界近年展开的用"事实说话"是不是新闻写作规律的讨论,深化了对于新闻宣传内涵差异的理解。

关于新闻事实问题研究。假新闻泛滥的原因主要有三个方面:假冒伪劣成风的社会环境存在假新闻流通的市场、存在假新闻制造者迎合受众的心理、存在部分新闻工作者职业道德欠缺。基于过去一些假新闻被告上法庭的教训,现在的假新闻往往无特定指向,它不以侵害当事人为目的,以真的大地点和假的小地点为掩护,编造煽情、轰动的内容以骗取利益。

关于新闻价值研究。新闻价值是一种认识价值,是指新闻事实与人们原有认识之间的距离,差距越大,新闻价值就越高。人们认识在变化,某些熟悉的事实中与众不同的情况,事实数量的明显变化本身,都可能具有新闻价值。由于当代社会生活类新闻大量进入报道,新闻来源发生了变化,构成新闻的因素扩大了,新闻需要解决大量社会问题等原因,构成现代新闻的价值因素应当是获知价值、激励价值、获益价值、娱乐价值。与强调新闻价值相反,《反新闻价值》的新闻选择标准在新形势下也得到论证,强调用"社会意识"校正以往的选择标准，反对新闻传播中对弱势群体的歧视。

关于新闻法制研究。近年讨论较为集中的是隐性采访中的法律问题。多数学者认为，这种采访应是在极为偶然的、万不得已的情况下方可考虑使用，且要经过传媒领导层的批准和责任程序。关于记者采访权的讨论，有的文章认为，记者的采访权是与生俱来的，当他们担负起发布新闻的责任时，便拥有了采访的权利；另一种意见认为，采访权在中国没有作为一项授权性规范在法律上加以规定，它是从公民的言论出版自由权中延伸出来的记者不享有行政司法等国家公务人员的特权。

关于新闻舆论监督的研究。舆论监督的研究可以视为新闻理论的一个话题。学术性文章集中讨论的是对舆论监督本身的认识，以及舆论监督与司法公正的问题。有人认为，鉴于我国特殊的媒介体制，舆论监督是作为党和政府管理领导职能的延伸和补充发挥作用的，现在舆论监督中出现的种种问题，原因在于我国各级权力组织，一方面没有真正履行自己的职责，另一方面又在无节制地扩张权力。同时，某些媒介的职业化水平也不高。有的文章强调，舆论监督是一种软监督，绝不可以靠言辞的尖锐和态度的激昂来解决问题。

关于新闻职业精神与职业规范研究。新闻职业精神和职业规范的研究，主要困难在于我国传媒业在许多方面普遍地而不是个别地违背国际传媒业界公认的职业准则传媒的违规行为，半数以上表现为传媒或记者的角色与利益的冲突。因而，需要强化新闻专业主义，健全有效的传媒自律机制就传媒职业道德和工作规范的现行法律法规行政规章而言，这方面已经相当全面，对绝大多数传媒业的违法和违规行为都有明确的禁止性要求。

三、关于传播学研究文献统计

从论文数量分析，从2015年到2017年关于传播学研究的论文的发文量一直在稳步上升，如今已经进入稳定发展阶段。总体来说，我国的传播学研究在这些年间保持了稳定的发展与延续，依然具备相当的研究热度和学术活力。新闻传播研究由萌芽到繁荣，进而到近几年的平稳持续，说明该领域的研究经过了从慢到快、由低到高的发展之后，已经进入更深入和理智的研究阶段。这意味着国内传播学的研究基本已经涵盖了传播学的大部分领域，各方面都已经多少有所涉及，接下来的发展方向就是纵深化研究，一篇优秀论文的认定在质量、深度以及创新上，都有了相比之前更严格的要求。

从论文主题分析，可以看出2004—2020年我国有关传播学研究各类主题的分布情况。有关传播学研究的热点与重点依然集中在传统的传播学研究领域，比如传播理论与媒介研究，二者加起来占据了总量的47.35%，尤其是媒介研究，占据了其中的29.57%。由具体媒介入手，结合具体媒介探讨新闻传播理论，依旧是业界研究的热点，这些领域的研究具有较强的连续性。

另外，从各个类目的论文数量所占据的当期论文总量的百分比变化状况来看，媒介研究与传播学理论与方法研究尽管屡有波动，但所占比例始终高于其他类目，诸如媒介与社会经济文化研究等。但传播学的研究与社会生活、科技革新结合得越来越紧密，把传播学同其他学科相结合来创新传播理论，是传播学研究的突破点，也是未来传播学研究的一个趋势。

随着互联网在我国的迅速发展，网络及新媒体研究呈现出明显的上升趋势，说明业界对新媒体领域的兴趣越来越火，并且可以预期这股新媒体热会持续下去。这显示了传播科技对传播学发展的重要推动性，也说明了新媒体给研究者在面对社会现象的时候提供了新维度和新视野，让研究者从研究接受行为转变为研究使用行为，等等。

考虑到传统领域推陈出新的困难程度，我国的传播学研究者大可利用新媒体环境下产生的新的创新机遇，开拓更为广泛的研究视野和研究实践。

总体来看，传播学理论与媒介研究这些传统研究主题的研究虽然依旧占据新闻传播类研究的主体，但近年来已经出现了下滑趋势，此类研究在我国已经进入了瓶颈期，从目前国内的传播学研究现状来看很难推陈出新。把理论与实证研究相结合，或许是一个出路。

与此相对的是，以网络及新媒体研究为代表的新领域的小段拓展，成为崭新的学术增长点，对于传播新领域的研究与探索，有助于打破窠臼、推陈出新，对我国传播学的发展具有重要意义。业内人员可以进一步挖掘研究领域，比如社会化媒体的价值研究等。

近年来，多人合著的论文在新闻传播研究中所占的比例整体呈现上升的趋势。一般来说，实证类定量性研究更倾向于多人合作，这和实证定量性研究本身具有的综合性与复杂性有关，多人合作、成果共享取代了个人研究，逐渐成为传播学研究的主流趋势。

第三节 相关概念辨析

新闻传播学相较于其他学科来讲还是一门比较年轻的学科，是在传统的新闻学基础上引进传播学内容之后重新构架起来的新闻传播科学。以新闻学和传播学等作为基础内容，已经被列为我国一级学科，下设有新闻学、传播学、广播电视学、广告学、编辑出版学等五个二级学科。目前对新闻传播进行相关研究，需要对新闻传播的相关概念进行辨析，而当前学界对于新闻传播概念的探讨有着不同的理解和着重点。本书主要将其归为两大类。

第一，新闻学相关概念。新闻学起源于19世纪与20世纪之交，在德国和美国的学术中形成了独立的学科，而从我国的新闻学发展来看，新闻学正式作为一门学科进入我国的教育领域内还是要以1918年北京大学新闻学研究会的成立作为主要标志。从内容上来讲，新闻学是一门研究新闻工作规律以及新闻事业价值的科学，以人类社会产生的客观的新闻现象作为研究对象，探索新闻事业与人类社会之间的关系，并从源头探索新闻视野产生、发展的特殊规律。随着社会的发展，时代的进步，传媒科技高度发展，传统媒体的竞争也日渐激烈，新闻学的发展也渐渐向应用性的选题上偏移，这对我国的社会发展起到了非常大的推动作用。下面从新闻二字入手，举例对新闻及新闻延伸概念进行辨析。

新闻：新闻是新闻学的核心概念，一定要对新闻概念清晰准确化，才能进行新闻学理论的建设工作。什么是新闻？长期以来我国新闻界在理论讨论和实务研究中，对一些概念的理解很不一致，有时还存在种种混乱。有些人对此不以为意，不仅在旧有概念的使用上充满随意性，还生造一些晦涩含混的新闻新概念，认为这就是理论上的创新。也有些人根本看不起概念的辨析，认为这是咬文嚼字的学究气息，没有多少实际意义。其实概念是逻辑思维的起点，任何判断、推理、演绎、归纳、立论、反驳无不以概念的准确清晰为前提。概念混乱必然导致逻辑混乱以至整个理论表达的杂乱，甚至会把严肃的科学讨论沦为街坊辩嘴式的胡搅蛮缠。

新闻延伸概念：需要澄清的问题是新闻的延伸概念都能叫作"新闻"

吗？现实生活中有许多因新闻而存在、由新闻而派生的事物或形象，为了指说它们，人们使用了许许多多带有"新闻"二字的复合词组，这便是新闻的延伸概念。这些延伸概念，大致有如下几类：一、指说事实的新闻事实、新闻事件、新闻素材、新闻线索等。二、指说作品的新闻作品、新闻报道、新闻通讯、新闻特写、新闻述评、新闻专题、好新闻、新闻奖等。三、指说事业的新闻事业、新闻工作、新闻传播活动、新闻机构等。四、指说抽象命题的新闻自由、新闻道德、新闻改革、新闻腐败、新闻理论、新闻史等。五、指说实务的新闻媒介、新闻报刊、新闻广播、新闻电视、新闻网络、新闻节目、新闻采访、新闻写作、新闻编辑、新闻管理等。这种延伸概念还有很多，以上几类是主要的。延伸概念是由主从关系的词组来表述的，它们的内涵要按整个词组来把握。比如"新闻自由"即"新闻传播活动的自由"，"新闻道德"即"新闻工作的道德"，"新闻改革"即"新闻事业"或"新闻工作"的改革，"新闻史"即"新闻事业史"或"新闻传播史"。再如，在"新闻策划"的讨论中，有人不仅把编辑、采访、报道、办栏目、拍专题片列入"新闻策划"的范围，而且把怎样办报办台，怎样经营管理新闻媒介，甚至怎样规划我国新闻事业的发展方向，一股脑儿都称为"新闻策划"，这样混淆了概念。但是我们完全可以说得清楚明确一点，称为编辑策划、采访策划、报道策划、栏目策划等，不要省称为"新闻策划"，因为真正意义上的"新闻"是不应该人为策划的。

第二，传播学相关概念。传播学是一门研究人类一切传播行为、传播过程中发生的规律以及传播对人与社会产生的影响的一门学问。简单来讲，就是研究人类如何运用符号这一社会基础元素来实现社会交流的一门学科。其实传播学在传统的教育门类中是一门相对独立的学科，而现在它是新闻传播学下属的二级学科，这意味着人类社会对于符号这种概念研究越来越深刻，发现新闻与传播之间的具有的紧密的内在联系。从起源上来讲，传播学诞生于20世纪30年代，是一种跨学科研究的产物，而且虽然说传播学与其他社会科学学科有着非常密切的联系，但是一直以来传播学都处于边缘学科的尴尬地位。而现代研究从根本上重新认识了传播学的价值，并将其与新闻学相互关联形成了新闻传播学，而现代传播学又以大众传播作为主要的研究的课题。下面仅对新闻传播理论或活动中传播学中的部分概念进行辨析。

人际沟通：新闻传播中"沟通"，通常指人际交往之间的沟通而不是动物之间的沟通，"通信"发生在一个社会中，而不是在其他环境中如自然、物理或生物领域。为什么我们需要研究"人际交往"，沟通是社会运行的工具，没有沟通就没有社会。转让信息：当"沟通"发生时，信息从一个人流向另一个人，然后另一个人可以提供一些反馈给信息输送给信息提供者。在此过程中信息是共享的并且给予发送者和接收者相同的反馈信息。此外，通信需要一定的媒介，例如两个或更多的人走到一起，试图分享一些信息，但他们是来自不同国家有着不同的生活经历，所以如果他们想了解彼此，他们必须使用一些介质，如英语甚至肢体语言，到了近代，话语或媒体是重要的进行沟通的工具。但沟通并不完全在口头上。一个手势、一个表情、一个音调模式、语调的起伏等这些肢体行动都传递着信息，在人与人之间的沟通中扮演重要角色。

内省行为：指自己发展自己的思想和观念的行为。这种内省通信如同之前我们的演讲或表演。内省通信的信息交流是我们从自己做起，比如当我们想到了我们在视频游戏中的下一步行动或在淋浴中唱歌给自己听。输入到计算机中以电子中介为内省通信，这样的行为是内省行为。

大众传播：利用大众媒体将消息发送到大批观众，实现娱乐或说服目的的过程。听众能够达到数千人甚至上百万人是大众传播。它是通过像电视或报纸上的大众传播媒介来实现。大众媒体是传递信息的工具。主要的大众媒体有书籍、杂志、报纸、电视、广播、录音、电影和网络。大多数理论检视媒体作为信息的中性载体。在媒体里的人谁是专家，技术员谁保持印刷机运行，谁保持电视发射机的频率，这些都需要明确。媒体专家也和发明家一样想提出技术改进措施，如光盘、DVD光盘、调幅立体声收音机和报纸印刷机能够生产出高品质的新闻载体。

信息质量：一个新闻项目是一个短信群发，因为新闻项目可以是一部电影、一本小说、一首歌曲录制或一块广告牌。这一点在大众媒体的关系中是最明显的。我们要注意媒体的消息，我们不听广播，但我们可以惊叹于这项技术，我们只是用来听听音乐。大众传播的心脏是在大众媒体进行消息传播的发出者是谁。这些人包括记者、编剧、填词人、电视主播、电台音乐节目主持人、公关从业者和广告文字撰稿人。这个名单可以一直开下去。大众传播者不像其他传播者，因为他们看不到他们的观众。他没有收到来自他的广大观众的直接的反馈。这与一个看不见听众的沟通是有区别的，在形式和传播质量上就有区别。

第四节　主要内容与方法

一、主要内容

本书的主要内容由四篇十三章构成。基础篇阐述新闻传播的相关概念、主要内容、研究思路、方法和意义；简要概述国内外新闻传播的理论发展情况和新闻传播的理论前沿内容；分析阐述了新闻传播的新闻观、国内外新闻传播学派和研究方法。理论篇通过阐述古代的信息传播、近代的信息传播以及新闻传播的革命等内容；简要分析新闻传播的历史演进；论述新闻传播的理论溯源、新闻传播的本质和社会功能；分析研究新闻传播者、新闻受众、新闻内容、新闻媒介等新闻传播的要素理论和新闻传播的伦理范畴、伦理流派和伦理和谐等理论内容。实践篇分析阐述新闻的生产、新闻传播的实现以及融媒体时代的新闻生产等传播过程；论述新闻传播的政策和法制内容。时代篇简要阐述新闻传播者脚力、眼力、脑力、手力素质锤炼"四要素"内容；简要论述新闻传播的新媒体应用；分析论述新闻传播举旗帜、聚民心、育新人、兴文化、展形象等时代使命融媒体时代的新形势新要求。本书论述文字流畅、语言精练、逻辑思路清晰，是新闻工作者及社会大众了解新闻理论知识的著作。

二、研究方法

本书主要采用以下几种研究方法。

（1）文献分析法，是新闻传播学领域常用的研究方法。本文主要借助相关书籍、期刊等工具对当前学界对新闻传播部分核心概念的界定、热点事件中新闻传播内容生成的具体情况，以及新闻传播扩散方式等进行梳理分析，并进一步得出对全媒体背景下新闻传播内容生成和传播的认知和看法。

（2）比较研究法，把研究对象纳入不同的媒介背景之中，分析异同，认识本质，得出当前全媒体下的新闻传播的媒介具体情况。通过对新闻传播进行结构，比较分析五种不同类型的新闻传播，梳理各自不同的生成逻辑并得出新闻传播生成的周期和基本路径。

（3）案例分析法，因新闻传播与网络传播相比更加抽象宏观，借用各类实际案例将相对抽象的新闻传播进行更加具体、深入的实证化分析，以此来为本书提供研究材料和论据。

第五节 创新之处与不足

从上文的分析来看，因学界目前对于新闻传播的内容结构、内容生成路径，扩散方式等关键问题探讨少之又少。所以，本书的相关研究可以为学界提供一些新的研究视角和研究内容层面的创新。另一个新颖之处，主要是本书首次从宏观层面提出了新闻传播的流变问题。但因笔者才疏学浅、学术能力欠佳，使著作存在众多不足：

1. 在探讨新闻传播的内容生成时，新闻传播的主客体和受众易被混淆而谈。

2. 新闻传播基础相关研究较少，具体研究难度较大，新闻传播生成与传播易出现杂糅而谈的情况。

3. 对新闻传播扩散及流变的认识存在被忽略或考虑不够周全的地方。

第二章　国内外新闻传播理论概述

本章简要论述国外新闻传播理论，国内新闻传播理论发展情况，并进一步论述新闻传播的理论前沿。

第一节　国外新闻传播学派及理论

关于传播学的主要学派，一般将其划分为经验学派（又被称作经验——功能学派、管理学派）和批判学派（又被称作结构主义符号——权力学派），随着我国传播学研究的深入，尤其是媒介环境学派的强势崛起，有学者（陈力丹）将媒介环境学派称作技术——控制论学派。

一、经验学派及理论

1. 经验学派。经验学派是西方传播学的主流学派，尤其指以美国学者为代表的主流传播学。代表人物：拉斯韦尔、拉扎斯菲尔德、霍夫兰、施拉姆等。

2. 经验学派特点。研究方法上，坚持经验性实证研究（采用社会学、心理学的方法，强调定量分析，注重实证、微观），将学术研究与政治、商业利益结合。社会观念上，认为西方社会是一个由多元利益相互竞争、相互制衡的社会，而非受阶级支配；维护现存社会制度与传播制度；为大众传媒充分实现其政治、经济、军事等功能服务。研究焦点上，研究如何传播、有效传播，传播自身的规律，落脚点在传播效果与受众。

二、批判学派及理论

1. 起源。批判学派20世纪60年代起源于欧洲，对于美国传播学的实用主义与实证主义进行批判。主要流派有德国法兰克福学派、英国伯明翰文化研究学派、政治经济学派等，另外批判学派还发展了葛兰西的意识形态"霸权"理论。

2. 批判学派特点。研究方法上，以思辨为主，强调定性、全面、宏观，反对实证主义。社会观念上，资本主义及其传播制度本身并不合理，大众传媒本质上是少数垄断资产阶级用来实现统治的意识形态工具，必须进行批判和改变。研究焦点上，关心为谁传播；传播体制和社会各要素间的关系，落脚点在传播意义。

3. 批判学派的主要流派。

（1）法兰克福学派。1923年，德国法兰克福大学社会学研究所成立，其代表人物有霍克海默、阿多诺、马尔库塞、本雅明、哈贝马斯等。他们从马克思主义理论出发对资本主义社会进行宏观的、广泛的批判性研究。比如，阿多诺、霍克海默与文化工业理论。阿多诺和霍克海默创立了文化工业理论，全面批判了被工业流程化了的大众文化，认为它们是技术理性的产物，大众文化的雷同扼杀了大众的创造力和自主性，并具有一种强制力迫使读者屈从和顺从，使大众认同文化工业的合理性，从根本上维护了资本主义统治。

（2）伯明翰学派（又称文化研究学派）。以英国伯明翰大学当代文化研究中心为核心，主要代表人物有斯图亚特·霍尔、约翰·费斯克等。前者是媒介通过象征事物的选择和加工，将社会事物加以"符号化"和"赋予意义"的过程；后者是受众通过接触媒介讯息，进行符号解读，解释其意义的过程。

（3）英国政治经济学派。源于英国莱斯特大学成立的大众传播研究中心，政治经济学派依据马克思关于"支配着物质生产资料的阶级同时也支配着精神生产资料的观点"，从经济基础决定上层建筑的角度出发，揭示资本主义社会大众传媒支配与控制的现状。认为大众传媒是一种特殊的资本主义生产部门，统治阶级通过控制媒体达到维护统治和现存制度的目的。

（4）葛兰西的意识形态霸权理论。意大利共产党创始人葛兰西在《狱中札记》中提出，原指国家政治霸权，后把"霸权"看成统治阶级在一定历史时期内为了维护自身利益而行使的社会文化主导权。通过掌握国家政治经济文化方向（而非武力），来维护现存权利结构。

三、媒介环境学派及理论

媒介环境学由尼尔·波兹曼创建。媒介环境学是20世纪30年代在北美萌芽，在70年代形成发展起来的一个传播学派。经过三代学者的努力，它已成为与经验学派和批判学派鼎立的第三学派。

媒介环境学的独特性表现在将研究重点放在研究传播技术本质或内在的符号和物质结构如何对文化导致深远的微观及宏观的影响，探究媒介与人类社会文化的关系。

传播学是独具魅力的学科，对于传播学学派自己一直只是了解片面，一知半解，今天将传播学主要学派、代表人物及理论进行大致整理，算是做了一篇笔记，方便以后复习，待笔者他日回望；当然也希望对以后的传播学学子能有所裨益。

第二节　中国新闻传播活动及理论发展情况

一、中国古代的新闻传播活动

"开元杂报"和"敦煌进奏院状"

开元杂报：最早的有关唐代官报的文字记载，见于孙樵《经纬集》所收的《读开元杂报》一文。"开元杂报"并没有固定的刊期和报头，只是孙樵为了行文的方便而随意使用的称呼，意为有关开元政事消息的杂乱报道。对于它的性质，新闻界有不同的看法，但大多数认为它是一种报纸，是一种类似"进奏院状""邸吏报状"之类的报纸。它说明，中国开始有报纸的时间不会晚于唐玄宗开元年间。原件早已失存。

敦煌进奏院状：是被保留下来的仅存的两份唐代的官报。是1900年在敦煌莫高窟出土的两张"进奏院状"的残页。这两份"进奏院状"都是在唐僖宗时期由驻地在沙州的节度使张淮深派驻朝廷的进奏官发回沙州的。因为沙州今在敦煌地区，所以被定名为"敦煌进奏院状"。由于开元杂报已经无存，这两份报纸成为我国，同时也是世界上仅存的年份最早的两份原始状态的报纸了。

进奏院是地方行政机构的驻京办事处，汉朝初建时称邸。

宋代的邸报改革：（1）加强了中央集权。（2）内容上：抄报内容只是朝政简报，明发上谕和大臣奏章，而没有进奏官自行采写的消息。这种官文书的手抄件便是邸报，又称进奏院状或进奏院报状。中央发布更具有权威性，传播速度也快。（3）管理上：在宋代还形成了一套相当完整的邸报审稿制度。

"定本"制度，是我国最早的新闻检查制度，也是为中央集权服务的。定本制度：根据进奏官采集来的各种发报材料，经本院监官编好，送请枢密院或当权的宰相审查通过后产生的邸报样本，进奏官们必须根据这一样本进行发报。

小报：是中国新闻史上最先出现的民间报纸。小报产生于北宋，流行于南宋。人们暗中把小报称作新闻，这是将报纸和新闻联系起来的最早记录。小报的发行人是使臣和在政府机关中工作的中下级官员及书店主人。小报报道内容主要是皇帝的诏令，臣僚的议疏章奏等，但由于小报触犯了统治者的议论朝廷之禁和新闻泄露之禁，所有就受到了统治者的查禁。

《万历邸钞》：是一种明代万历朝邸报按时间的先后顺序摘录的旧抄本，部分反映了当年邸报的面貌。

《天变邸抄》：是明代一份专门报道发生在北京的特大事件的报纸，非官方发布，而是抄报人自己编写的。

二、中国近代报刊的产生与发展

（一）国人办报活动的开端

1. 第一份中文近代报刊。《察世俗每月统计传》是世界上第一份中文近代报刊，它是1815年8月5日在马六甲由米怜主编的免费赠送的宗教月刊。该刊以传教为宗旨，绝大部分内容首先是阐述基督教教义，其次是宣讲伦理道德，再次是介绍天文学等科学知识，后期增辟专栏，介绍世界各国概况，涉及时政，语言风格生动平易，通俗易懂。创造了"孔孟加耶稣"的对华宣传模式。《察世俗每月统计传》中的中文近代报刊上的新闻之最：①最早的预告性新闻《月食》；②最早的广告《告贴》；③最早的新闻图画《事逗娘娘悬人环运图》。1815年，标志着中国近代报刊开始。

2. 太平天国后期重要的领导人洪仁玕在向其天王洪秀全进呈的《资政新

篇》中，从整个国家政权结构的宏观角度着眼，一系列新闻思想：①设新闻馆；②准卖新闻篇；③兴新闻官；④只须实写。

3.《申报》的创办和它早期新闻业务的特点。《申报》是中国现代报纸开端的标志。1872年英商美查创办，以赢利为主要目的的商业报纸。在外国人办的报刊中，由中国人主执笔政的，《申报》是第一家。《申报》对新闻业务进行的改革：一是发表政论文章。报纸的言论要"有系乎国计民生"，要"上关皇朝经济，下知小民稼穑之苦"。二是改革新闻报道。首先是重视新闻的真实性，日本侵略台湾，美查为了了解事实真相，派人去台湾采访，这是上海中文报纸中军事通讯的开端，也是《申报》重视新闻真实性的反映。其次是注重反映社会实际生活，连续三年报道"杨乃武冤案"，这是当时中文报刊中最早最长的连续报道，最后披露了冤案的真相。三是重视发表副刊性文字。四是经营副业。

4.近代办报的典型人物。在近现代，像于右任那样义无返顾地按既定宗旨连续筹办多份大型日报的情形，是不多见的。此外，这些报纸的社会影响也非常之大，于右任倾注大量心血的"竖三民"，虽然印行的时间不算太长，但它们在反帝反封建斗争中起了积极的作用，也在上海新闻史中有着瞩目的地位。于右任"竖三民"——《民呼日报》、《民吁日报》和《民立报》之所以被称作"竖三民"，这主要是因它们同为于右任一人所发起创办，形式上虽然是3份报纸，而实际可算一家日报的两次再版（与此相对应，同盟会后期在上海的报纸《民权报》、《中华民报》和《民国新闻》，因各有主持人，又同时期创刊，犹如兄弟并立，被人们称作"横三民"）。

5.外国人在华办报的历史作用。主要有三个方面的作用：一是外国人在华办报活动是一种殖民主义文化侵略活动；二是外国人办报的出版客观上促进了中西文化交流；三是外国人办报的实践有助于中国民族报业的发展。

（二）维新派的办报活动

报章文体是指出现在报刊上，不同于当时流行文坛的桐城派古文的，比较通俗浅白的文体（王韬发明）。这种文体的特点表现为：半文半白，平易畅达，笔锋常带感情。有时还加以口语和外来语。在《时务报》上发表的像梁启超的文章那样谈论时务，宣传维新变法的文章，被人们称为"时务文体"。

1. 维新派报刊思想。(1) 早期维新派思想家的办报主张。把办报比作人的耳目、喉舌；提出报纸就是民史民口，更有民主民权和言论自由的色彩，早期维新派还带着浓厚的封建色彩。(2) 戊戌变法时期维新派办报思想。梁启超在海外办报，新闻思想有所转变，提出报馆的"两大天职"，即"监督政府""向导作用"。为中国资产阶级新闻思想的形成奠定了基础，也为后来的中国革命派人士们所借鉴。

维新派办报活动的作用与贡献。第一，维新派办报的作用：①向读者进行了救亡图存的爱国主义教育；②向读者进行了资产阶级思想启蒙教育；③推动了维新运动的发展，促进了变法的实现。第二，维新派办报的主要贡献：①冲破了封建统治者的言禁；②开了政治家办报的先河；③创造了报刊新文体，推动了政论写作的发展。

2. "苏报案"。苏报案是清政府勾结帝国主义镇压资产阶级民主革命思潮的政治案件。《苏报》是以章士钊为主编的革命刊物，1903年5月后刊登了介绍邹容的《革命军》和章炳麟驳康有为政见的文章，鼓吹革命，在社会上引起很大反响。6月底，清政府串通上海租界工部局查封《苏报》，逮捕章炳麟等人，邹容投案自首。经会审公廨，判处章、邹分别监禁三年和两年。1905年4月，邹容病死狱中。"苏报案"不但没有阻止革命传播，相反促进了爱国志士的进一步觉醒。

（三）辛亥革命时期的新闻事业

1.《民报》：中国同盟会的机关报。孙中山为其撰写发刊词，提出了"三民主义"，即"民族主义、民权主义、民生主义"。该报的创办及其宣传壮大了革命派的声势，也壮大了同盟会的队伍，成为进步舆论的中心，但是其宣传对帝国主义抱有幻想，过分强调了排满而陷入了狭隘的民族主义，后期该报大谈佛法，进步性锐减。

2. 民国初期的新闻事业保障言论出版自由的法令："癸丑报灾"：二次革命失败后，袁世凯为了实现独裁统治，对国民党系统的报刊和其他反袁报刊进行了大扫荡。据统计，到1913年底，全国继续出版的报纸只剩下139家，比1912年初的500家少了2/3，同时有大批报人受迫害。新闻记者中至少24人被杀，60人被捕入狱。这段历史，在中国近代新闻史上被称为"癸丑报灾"。

（四）"五四"时期的新闻事业

1.《新青年》创刊及发展。《新青年》（第一卷名为《青年杂志》）1915年9月15日创刊于上海。它的出现标志着新文化运动的开始。《新青年》在新文化运动上中主要的宣传贡献有哪几个方面？《新青年》高举民主与科学的旗帜，发动了一场以反对旧道德提倡新道德，反对旧文学提倡新文学为主要内容的波澜壮阔的新文化运动。它主要的宣传贡献有以下三个方面：（1）批判封建的旧道德，抨击尊孔复辟逆流，提倡民主、自由、平等、博爱的新道德新思想。（2）提倡科学、反对迷信。（3）发起文学革命，提倡新文学反对旧文学，提倡白话文反对文言文。意义：对广大读者进行了彻底的民主主义和马克思主义思想和启蒙教育，激励、团结一代新人走向马克思主义的道路，为中国革命做出了重大贡献。

2.《每周评论》的发展及影响。《每周评论》旨在"主张公理，反对强权"，内容侧重时事评述、文学创作和文艺批评，它与《新青年》相互补充成为五四运动时期最重要的报刊之一。《每周评论》是"五四"时期新文学运动的旗帜，在国内文坛有广泛的影响。

3.五四时期新闻事业的重大改革。主要有五个方面的改革：一是自由讨论风气的出现与政论的发展；二是倡导新文风；三是新闻业务的改进；四是副刊和杂志的革新；五是新闻教育和新闻学研究的开端。

（五）民国时期的典型新闻人事

黄远生（黄远生的新闻活动）：原名黄为基，民国初年著名记者。他善于调查研究，勤于采访交人广，以擅长写新闻通讯著称于世，是我国新闻通讯的奠基人。被称为"报界之奇才"。黄远生的新闻通讯的特点表现在：一是报道新近发生的事实，注重时效和事实。二是报道重要的人物事件。他报道的人物有孙中山等中国政府和中国政治的代表，善于从他们身上发掘重大新闻，从某种意义上来说，黄远生的通讯是当时社会的一面镜子。三是抓住具体的场景细节。他的通讯善于抓住具体的场景细节进行绘声绘色的描绘，如《外交部之厨子》。四是语言通俗生动，他追求通讯语言的通俗和生动。黄远生对新闻记者提出的"四能"要求，即脑筋能想，腿脚能奔走，耳能听，手能写。

邹韬奋：我国杰出的新闻出版工作者。他一生主办过6刊1报，撰写评论、通讯报道达数百万字,他创办的"生活书店"在全国拥有56处总分支店,对中国进步新闻文化事业作出了创造性的贡献。这主要表现在:第一,坚持正确的办报方向。邹韬奋主持《生活》周刊,"以读者的利益为中心,以社会的改造为目的"。第二,发扬为读者服务的精神。第三,倡导创造的精神,办出报刊的鲜明个性和独特风格。第四,推崇"视事业如生命"的傻子精神。邹韬奋1944年病逝,毛泽东题写挽词:"热爱人民,真诚地为人民服务,鞠躬尽瘁,死而后已,这就是邹韬奋先生的精神,这就是他之所以感动人的地方。"

范长江:著名记者。1933年下半年起,开始向平津报纸投写新闻稿件,1934年底,首次用"长江"笔名在《北平晨报》署名发稿,并担任该报特约通讯员。这是他从事新闻生涯的起点。他于1939年加入共产党,从一个爱国的民主进步记者成为一名自觉为民族和阶级利益而奋斗的无产阶级新闻战士。他的通讯作品以纪实的方式谈古论今,既有大量的历史、地理、人文与自然知识,更透露了重大的政治消息,笔触生动而有感情,刊出后受到广泛欢迎,他的作品以其特有的风格和深远的影响,为我国新闻通讯写作提供了新经验和新样本,在我国新闻史上有重要的地位。

三、中国抗日战争时期的新闻事业

(一)新中国成立前的新闻事业

1929年12月,中国共产党红军第四军第九次代表大会的决议规定,红军政治部要出版《时事简报》,作为宣传群众的工具。1931年3月,由毛泽东起草并签署,以中央革命军事委员会总政治部名义发出的《普遍地举办〈时事简报〉的通令》和《怎样办〈时事简报〉》的小册子,要求红军和工农民主政府普遍的举办《时事简报》。它是面向群众的读物,用大张纸大黑墨字抄写;不登文章,只登消息。

《新生事件》是指1935年上海《新生》周刊发表艾寒松化名"易水"所写《闲话皇帝》一文,由于其中一段文字涉及日本天皇有"不敬之辞",而引起的中日外交纠纷、国内当局对《新生》相关人员的惩处事件。

中国青年记者协会:以范长江为首的新闻工作者在上海成立中国青年记者协会,这是中国记协的前身。60多年来,特别是新中国成立以来,中国记协为团结广大新闻工作者，推动中国新闻事业的发展，以及在开展国际新闻界友好往来等方面做出了显著成绩。

（二）抗战时期的新闻事业

1.新闻的作用与任务。在于它能使党的纲领路线、方针政策，工作任务和工作方法，最迅速地同群众见面。同时通过报纸加强党和群众的关系。方针和路线：报纸要靠全体人民群众来办，靠全党来办。风格：我们的宣传工作应当是生动的、鲜明的，尖锐的。学习修养问题：应当轮流出去参加群众工作，土改工作，在没在出去的时候，也应当多看关于群众运动的材料。

2.新闻的指导方针。"四不方针"。第二次国内革命战争时期民国政府对日本侵略采取的政策。1932年1月，上海《时事新报》发表蒋介石的《东北问题与对日方针》。他反对对日开战，提出不绝交、不宣战、不定割地之约、不签丧权之字。蒋介石的四不方针，是因为不抵抗不行，又不能真抵抗。如果承认日军侵占东北，国民党必将遭到全国人民反对。于是，蒋介石默认现状，但不和日本讲和订约。

刘少奇《对华北记者团的谈话》，刘少奇在讲话中表达了党中央对新闻工作的重视，为新闻工作者适应新的形势、完成新的任务提出了明确的努力方向。一是深刻阐明了新闻工作的作用与任务。二是提出了党和人民的新闻工作者必备的四个条件："第一要有正确的态度，第二必须独立地做相当艰苦的工作，第三要有马列主义理论修养，第四要熟悉党的路线和政策。"

"拒检运动"。抗战胜利后，国统区新闻界掀起了一次又一次争取新闻自由的浪潮。其中之一的"拒检运动"声威最大。重庆16家杂志社拒检声明一发表，立即得到了整个文化界的支持与响应。

毛泽东同志对《晋绥日报》工作人员的讲话：1948年3月下旬，毛泽东同志接见《晋绥日报》编辑部人员，在听取报社工作汇报后发表了重要讲话，即著名的《对晋绥日报编辑人员的谈话》。主要对包括《晋绥日报》在内的在解放区新闻工作经历的"左""右"两条战线的斗争作了全面总结。并指出：我们在纠正偏差的时候，应当采取分析的态度，不应当否定一切。同时，还精辟地阐述了无产阶级党报理论的几个基本问题。包括：无产阶级党报的作用与任务，办报的方针和路线，无产阶级党报的风格，党报工作者的学习与修养问题。

四、中国特色社会主义新闻传播理论体系

（一）理论来源

1. 理论基础——中国特色社会主义理论

改革开放伊始和社会主义现代化建设初期，是中国特色社会主义新闻传播理论发展的开始，中国特色社会主义新闻传播理论不仅是中国特色社会主义理论结构中的组成之一，同样也是重要的指导基础。从理论主题上进行分析，目前我国的发展主题就是始终坚持与发展中国特色社会主义道路，因此，中国特色社会主义理论就是新闻传播理论要进一步研究的主题；从核心理论上来说，改革开放的发展是对理论实现进一步的完善，恢复思想的自由，结合实际发展情况进行分析与解决，同时追随时代的发展脚步，都是中国特色社会主义理论的核心内容，而且也是中国特色社会主义新闻传播理论的核心内容。从理论原则上，中国特色社会主义理论始终坚持以人为本、依法治国以及执政为民，而当明确解决问题的对象自然就形成了社会主义核心价值观，有效解决标准以及推动力等方面的问题，而这也同样是中国特色社会主义新闻传播理论体现出来的价值。从理论基础上来说，中国特色社会主义理论是以社会主义初级阶段的中国基本国情出发的，基于此来分析和解决问题，绝不随意承诺、绝不夸张能力，国内各个行业的发展也是这样，特别是新闻传播行业的发展。在新闻传播的发展与完善过程中，我国会深入研究中国特色社会主义理论，从而促进中国特色社会主义新闻传播理论的逐渐完善，并取得更优异的成绩。

2. 哲学基础——马克思主义新闻理念

马克思的新闻理念阐述了无产阶级革命报刊的特点，以及对革命活动的影响，同样也指出了新闻传播人员在政治素质、思想道德以及新闻工作中存在的一些问题，并提出了相应的理论与观点。

列宁同志通过报刊的创办来推动建党与建国的革命实践活动，并形成了党报基础理论。我国以伟大领袖毛主席为代表的中国共产党，在马克思主义理论的实践上实现了中国特色化，并且形成了具有中国特色的马克思主义新闻理论，而新闻的指导思想也形成了由党政管理党报与党刊。

为了能够适应于中国特色社会主义理论与实践，我党在各个发展阶段中

展开有针对性的党的工作，并提出了合理的新闻传播发展思想，如邓小平同志提出的思想中心论，或者是江泽民同志提出的"四议论"，又或者是胡锦涛同志提出"三贴近"思想原则，都在一定深度上推动了马克思主义新闻理论的发展。目前，习近平总书记提出，我国发展战略要将"两个巩固"当作首要任务，高度重视网络舆论的发展方向，落实党的思想工作，让群众清楚的了解中国故事，这也是马克思主义新闻理论的全新发展路线。基于马克思主义新闻理论，中国特色社会主义新闻传播理论在解析与了解群众生活方面有了坚实的思想指导，同样也给新闻传播的发展提供了强而有力的思想工具。

3. 实践基础——中国特色社会主义传播实践理论

中国特色社会主义新闻传播理论上的显著特点就是内生性，随着改革开放的深入发展，新闻传播在给中国特色社会主义的建设方面提供了良好服务，推动中国社会主义现代化建设的进一步发展，获得优异成绩的同时，总结出一定的发展规律。

因中国共产党实现了阶级斗争与社会经济建设发展战略的指导新思想上的转移，新闻机构一改"左"倾思想，为了深入实现思想解放的发展方针，首先要解放自己的思想，给改革开放的发展提供源源不断的动力，让新闻传播成为其发展的核心力量。

重视结合思想宣传教育与网络服务、正面思想的宣传和舆论走向监管，才能从根本上推动国内外舆论传播的发展，实现从国内发展到国外，从封闭到半封闭再到开放发展趋势的转变，而新闻传播的主要责任就是促进社会的和谐发展，并合理引导社会舆论，以及提升国际新闻传播的发展能力。新闻传播的全面管理从机构以及公司化管理转变成价值的提升管理与国家文化软实力的加强管理，而正是群众共同的智慧给中国特色社会主义新闻传播理论提供了实践基础。

4. 文化基础——中华民族传统优秀文化

中华民族的传统文化历经5000年的积累，博大精深且老而弥坚，优秀的文化中包含了哲学思想、道德理念、教育经验以及人文精神等多种内容，在一定程度上影响着新闻传播理论的多个方面。在意识理论上，我国"修身、齐家、治国"的思想，"水能载舟亦能覆舟"的民本精神，以及"居庙堂之高则忧其民，处江湖之远则忧其君"的责任精神，又或者是宏观与微观的逻辑思考方式，都对新闻传播理论中价值观产生极大的影响。这些影响，我们可以从对大局以及长期发展的重视程度有所提高感受到，同样，也能够从相同的视角上出发对新闻事件的光明性由更深层次分析上体现出来，解决方式上采取了辩证施策的方式。

从基本内容上，我国传统文化中的中庸思想、诚信哲学思想以及利益观念，都丰富了新闻传播理论，使其在分析事件的时候保持中立态度，不偏不倚不虚妄，将公众利益与责任作为基本原则。

（二）理论框架

1. 新闻传播的特性

从群众在社会生活中体现出来的主观能动性，我们能够知道新闻传播不仅具备了本源的真实性，同样也具备一定的意识形态，这就表现出在客观性基础上的观念倾向性，简单来说就是政治思想与价值观。在马克思主义理论中提出，"不论是在哪个时期中，统治阶级的思想都是占据统治地位，并支配社会物质的生产，同样也管理精神的形成"。中国特色社会主义新闻传播的发展和中国共产党有着密切的联系，也是中国共产党全面发展的组成部分之一，对社会精神的形成与群众的思想有着非常显著的影响。

2. 新闻传播体系

新闻传播的发展是在特定的社会管理环境下展开的，国家政治机制对新闻传播的体系有着决定性作用。在西方国家中，尽管是倡导独立化媒体的新闻传播体系，但实际上，并不是全部的媒体平台都是自行管理的，而是被一些财团或者是报系所掌控。在我国有着特色的新闻传播体系与管理方式，中国共产党始终坚持党报的基本原则，这不仅是中国特色社会主义新闻传播理论的基础，同样也给政治的发展指出了正确的方向。此外，加强了新闻传播的社会责任，在新闻传播的发展中，我国实行了公有制政策，各个机构要有机结合属性与效益，对新闻的义和利、经济价值与市场价值之间存在关系进行正确的处理。

3. 新闻传播的目标

受众是新闻传播的主体，也是活动的参与者，对传播内容做出一定的反馈，同样也是活动的重要影响因素之一。

新闻传播理论的建构、基本内容的形成与时间渠道的调整，都是为了能够把新闻事件让受众快速了解。与西方国家新闻传播将受众当作本位的模式不同，中国特色社会主义新闻传播理论中是将传播者当作本位，要对受众心理进行分析，能够承担起社会的共同责任，正确引导社会的舆论走向，同时满足受众的心理需求。我国新闻传播的工作方向要坚持以群众为核心，这也是中国共产党的执政原则，给群众提供服务才是新闻传播的目标，重视对群众的思想教育，坚持结合党性与群众性。此外，重视还原群众生活的真实性，也就是马克思主义新闻观念提出的"三贴近"理论（贴近实际、贴近生活以及贴近群众），从而发现新闻事件的内涵，让群众全面认识新闻。

总之，中国特色社会主义随着改革开放的发展在我国社会中逐渐的深入与实践，在这一过程中，新闻传媒有着非常关键的推动作用，但是由于中国特色社会主义新闻传播理论的建构存在一定的滞后性，因此不完全符合时代发展以及实践的基本需求，更是有时成为其他国家批判中国新闻传播发展与管理制度的途径。为了有效地推进中国特色社会主义新闻传播理论的建构，就应当对其发展规律展开系统总结，在加强理论建构的同时，推动我国新闻传播的快速发展。

第三章　新闻传播的新闻观和研究方法

本章内容简要介绍了马克思主义新闻观，国内外新闻传播学派，以及新闻传播的研究方法。

第一节　马克思主义新闻观

新闻观简单来讲就是人们对于社会中的新闻现象和新闻活动的看法和观点，它涉及人们对于新闻现象和新闻活动的性质、地位、作用、意义乃至衡量准则和现实价值的总的看法，也是对新闻工作中应该恪守的基本原则和思想方法的集中概括，是世界观和价值观在新闻领域的集中体现，深刻地影响着新闻从业者的新闻态度乃至新闻传递的角度，也对受众的新闻理解视角产生很大的影响，在人们的心理和行动方面产生多方效应。

一、马克思、恩格斯的新闻观

马克思主义的新闻观，相对于传统的资本主义新闻观而言是一种更有时代意义的新闻观，"它指的是马克思主义经典作家和后来党的主要领导人关于信息传播、宣传、新闻文化、传播政策以及党组织内部思想交流等等的论述"[①]。马克思主义新闻观的形成是一个与时俱进，不断充实、完善、创新和发展的过程。马克思和恩格斯作为创立者和奠基者，深刻阐述了一系列基本理论和基本观点，100多年来，经历了以列宁为代表的俄国布尔什维克党人和以毛泽东为代表的中国共产党人不断继承、创新和发展的长期过程，逐步形成了科学、系统的理论体系。它是在批判资本主义新闻观的立场上形成的有独立体系的新闻视角和价值判断标准。马克思主义新闻观不是有关新闻传播的成体系的理论，而是后人根据这些伟大领袖的思想归纳和梳理出来的。

---

① 陈力丹：《马克思主义新闻观教程》，中国人民大学出版社2011年版，第2页。

这也就意味着它有丰富的理论发展空间。

马克思和恩格斯是马克思主义新闻观的创始人和奠基者。马克思和恩格斯以文字撰写书籍、在报刊上发表文章等形式，创办和参与编辑了一批卓有影响力的报刊书籍，在这过程中逐渐形成了他们自己关于新闻业的看法和观点，确立了马克思主义新闻理论的基本观点，形成了马克思主义新闻观。

马克思和恩格斯的新闻观是一种全新的无产阶级的新闻观，是在辩证地批判了资产阶级新闻观的基础上形成的独立的新闻观。作为对资产阶级新闻观的辩证的批判，无产阶级新闻观也借鉴了资产阶级新闻观中的有益成分。

马克思和恩格斯的新闻观，包括两部分的内容，一部分是他们对新闻领域一些基本问题的看法；另一部分是他们关于无产阶级党报工作的一系列思想观点，这一部分的内容构成了马克思主义新闻观的主要内容。

马克思主义新闻观的基础部分是马克思和恩格斯关于新闻传播的一系列看法。首先，就是要根据事实来描写事实，不能歪曲或根据个人需要臆造。新闻传播的真实性是马克思主义新闻观的根本要求。马克思在1843年1月担任《莱茵报》主编期间发表的《摩泽尔记者的辩护》[①]中多次强调新闻要用事实说话。这里的真实性是指新闻报道同其所反映的客观事实应该是相符合的。一切传播活动的根本目的都是建立在传播必须有效的基础之上的，所以根据事实进行描写传递是新闻传播的根本出发点。马克思主义的新闻观指出，辩证唯物论和实事求是的思想路线，要求新闻从业者必须真实客观地反映新闻事件，坚持报道的真实性才能实现报道的有效性，在新闻传播的思想上始终要保持忠于新闻事件、忠于新闻发展的全部过程，不添加任何额外内容，要坚持只有通过真实的报道才能实现新闻的传播使命。

其次，马克思和恩格斯强调了报刊作为社会舆论的纸币的强大作用，它如同纸币一般承担社会关系的流通和中介作用。马克思和恩格斯还指出报刊是社会的耳目和社会的捍卫者，是对当权势力的披露者，它能监听社会每一个角落发出的声音，并将其传达出去，它无时无刻不监视当权者的一举一

[①] 1842年底，《莱茵报》驻摩泽尔记者彼·科布伦茨如实报道了摩泽尔河的一些小葡萄酒酿造者的贫困生活，遭到了莱茵省总督冯·沙培尔的无理指责。在仔细分析各种材料并进行实地调查研究的基础上，马克思以摩泽尔记者的名义，发表《摩泽尔记者的辩护》，以详尽的事实和无可辩驳的论证对冯·沙培尔的指责作出了全面、客观深刻的答辩。

动,以难以控制的速度将每一个不合时宜的举动展现给社会大众。同时,报刊也是人民日常思想感情的表达者,在马克思和恩格斯眼中,"报纸最大的好处就是它每日都能干预运动,能够成为运动的喉舌,能够反映出当前的整个局势,能够使人民和人民的生活发生不断的、生动活泼的联系"。[①]他们认为,报刊应该成为人民所期待的意见传递途径,是人民的喉舌。

马克思和恩格斯认为报刊具有自己的内在规律,如同植物的生长规律。马克思在承担《莱茵报》的编辑工作之后,面对普鲁士当局对人民报刊以及众多先进报刊的限制,写下了《〈莱比锡总汇报〉在普鲁士邦境内的查禁》等一组(共七篇)文章,公开抗议普鲁士专制政府对进步报刊的迫害。在第二篇文章《〈莱比锡总汇报〉的查禁和〈科隆日报〉》中,马克思提出了"报刊的内在规律"这个概念,"要使报刊完成自己的使命,首先必须不从外部为它规定任何使命,必须承认它具有连植物也具有的那背景延伸通常为人们所承认的东西,即承认它具有自己的内在规律,这些规律是它所不应该而且也不可能任意摆脱的"[②]。报刊的内在规律这一观点虽然在马克思后期的研究和论述中并没有做详尽的叙述,但是无论就报刊本身还是传播学的发展以至哲学的发展这些观点都产生了重大的影响。

马克思主义新闻观除了以上内容,还具体地体现在马克思和恩格斯提出的党报思想上。马克思和恩格斯认为,党报党刊是党的重要思想武器和政治阵地,是党存在和发展的标志,是精神气质;党报党刊必须遵守和阐述党的纲领和策略,按党的精神进行编辑工作,党报党刊应当真正代表和捍卫无产阶级和人民大众的利益,成为他们自己的报纸;党报党刊要成为党内批评的强大武器,敢于开展新闻批评是一个党有力量的表现;党报党刊要处理好与党的领导机关的关系,在党的领导和监督下开展工作,党组织要加强对党报党刊工作的领导和监督。

与此同时,马克思和恩格斯在方法论上阐述了"交往"这一人们在世界地理大发现之后开始了大范围的交往活动,但是,由于自身的成长和相应的文化背景,人们很难摆脱固有的观点和"偏执",很难摆脱国家所带来的无

---

① 《马克思恩格斯全集》,人民出版社1959年版,第7卷,第3页。
② 《马克思恩格斯全集》,人民出版社1995年版,第1卷,第39页。

形的文化传统和社会意识的影响。马克思和恩格斯认为自己之所以能摆脱局限的视角看问题,正是因为他们不属于任何"祖国","我是世界的公民,我走到哪儿就在哪儿工作"①。马克思和恩格斯重视"交往",尤其是在现代社会,伴随铁路、电报和工业的兴旺,"交往"变得越来越重要,他们提出从"精神交往"、"民族交往"到"世界交往"。

马克思和恩格斯都主张要站在世界的角度去观察事件,利用交往所产生的力量来解释和传递信息,他们预言在未来的信息社会之中,"交往"将会产生更多能量,带来更多变化。

马克思主义新闻观发展的100多年以来,经历了社会的变迁和时代的进步,马克思主义新闻观得到不断传承与发展,主要是以列宁为代表的俄国布尔什维克党人和以毛泽东为代表的中国共产党人。

二、列宁对马克思主义新闻观的传承

列宁是马克思主义以及无产阶级事业的忠诚继承者,他在传承了马克思主义新闻观的础上,结合了自己从事报刊活动的大量实践经验,认为报刊对于革命活动有着至关重要的影响,由此列宁进一步发展了马克思主义新闻观。

首先,列宁说,"报纸不仅是集体的宣传员和集体的鼓动员,而且是集体的组织者"。②强调了党报的组织功能和作用。列宁将党报比作正在施工的建筑物的脚手架,指出党报是人们借助完成宏伟建筑的工具,是参与整个过程的一部分。

其次,列宁明确了党报的党性原则,强调了党对党报的领导和监督责任。列宁首次使用"党性"一词,并对党性这一概念作出了理论阐述。列宁认为"写作事业应当成为整个无产阶级事业的一部分,成为由整个工人阶级觉悟的先锋队所开动的一部巨大的社主义机器的'齿轮和螺丝钉'"③。党刊应是党的工作机构,应成为党组织的机关报,应当接受党的领导和监督。只有真正按照党性原则工作的报刊才是真正的党的报刊。党组织要关心和重

---

① 中共中央马克思恩格斯列宁斯大林著作编译局:《摩尔和将军》,人民出版社1982年版,第90页。

② 《列宁选集》,人民出版社1959年版,第5卷,第8页。

③ 《列宁选集》,人民出版社1987年版,第12卷,第9页。

视党报工作，要加强对党报的领导和监督，要清洗违背和破坏党性原则的成员，使党报党刊成为真正的党的事业。列宁强调要坚持党性原则，谴责一切违背和破坏党性原则的行为。列宁对于如何判定报刊及其工作人员是否违反党性原则、如何区分某观点是"党的观点"还是"反党的观点"规定了明确的标准。他提出的三个标准：一是是否按照"党纲"要求，二是是否符合"党的策略决议和党章"，三是是否遵循"党部工作经验"。列宁认为因此就可以避免少数人滥用、乱用自己在党内拥有的地位和权力任意迫害他人。与此同时，列宁也指出这种规则的制定并不违背党报的自由宗旨，因为它始终以社会主义思想代表着劳动人民，列宁将报刊的党性与为劳动人民服务结合起来，党的报刊同时是人民的报刊。列宁关于报刊党性原则的思想是对马克思主义新闻观的重大发展，这一系列理论为后来各国无产阶级政党报刊指出了坚持党性原则的方向和途径。

同时列宁也揭示了资产阶级新闻自由的实质，从阶级分析入手，阐明马克思主义的新闻自由观。列宁同马克思一样认为出版自由、报刊自由是人类文明进步的成果，他认为无论是资产阶级还是无产阶级都可以利用出版自由为自己的思想做宣传；但同时他冷静地以阶级眼光分析了出版自由，他认为出版自由是需要被讨论的，要明确是什么样的出版自由是哪一个阶级的出版自由。列宁强调资产阶级的出版自由是由经济占有有利地位的阶层所决定的，富人才拥有买卖报纸、出版书籍乃至控制言论自由的可能，列宁指出只有无产阶级的新闻自由才是劳动人民真正拥有的自由，由此揭示出新闻自由的阶级属性，丰富了马克思主义新闻观。

在俄国十月革命取得胜利，苏维埃政权建立之后，经济建设逐渐成为整个社会的中心，由此，列宁将马克思主义新闻观运用于经济宣传领域，提出了社会主义经济宣传的思想和方法，"他的这一基本思想可以用他所说的'少谈些政治'和'多谈些经济'来概括"。[①] 他在经济宣传思想中指出，社会主义报刊要把生产宣传放在第一位；社会主义报刊要善于从政治上说明经济；社会主义经济宣传要有切实的内容，要杜绝空谈；社会主义报刊要善于运用实例和典型开展经济宣传；社会主义报刊要善于运用表扬和批评两种形式对

---

① 陈力丹：《马克思主义新闻观教程》，中国人民大学出版社2011年版，第88页。

群众进行经济教育；领导机关和领导干部要善于运用报刊来指导经济工作。列宁将这些思想落到实践当中，要求报刊扩大经济宣传部分，减少政治偏向，从而促进了无产阶级在经济宣传方面的道路探索，成为马克思新闻理论的重要组成部分。

列宁对于新闻传播的贡献着重体现在他所倡导的新闻自由和以经济为中心方面，他的一切新闻理论和方法的前提都来自社会的需要、来自实践的要求，具有很强的时代气息。毛泽东对马克思主义新闻观的传承、毛泽东关于新闻的研究概括是在运用了马克思列宁主义前提下结合中国革命的建设需要而形成的实践产物，是对先进报刊思想的继承和发展。毛泽东和马克思、列宁一样始终都将报刊工作视为革命和发展所需要的重要手段，他将个人新闻实践和集体新闻实践相结合，为中国无产阶级新闻事业开辟了道路。

三、毛泽东对马克思主义新闻观的弘扬

毛泽东认为报刊是一定社会经济基础的反映，他认为报刊是运用新闻手段对社会现存的经济状况进行反映的一种方式。同时，毛泽东指出，报刊的作用在于及时有效并且能广泛地宣传党的方针政策，毛泽东十分重视报刊的作用，他与早期的无产阶级革命家一样视报刊为革命的重要手段，是阶级斗争的重要工具。毛泽东还提出了全党办报的思想，还要允许批评的自由和批评者的自由，指出"人民的言论、出版、集会、结社、思想、信仰和身体这几项自由，是最重要的自由"[①]。毛泽东还指出办报要讲究宣传的策略和艺术，要实事求是，同时也不忘自己要坚持的文风，体现出实事求是和为人民服务的良好态度。除此之外，毛泽东也着重强调了新闻事业的性质和宗旨，是党宣传思想的工具，是反映群众生活的必要手段。他还指出新闻工作的党性原则，认为党性原则是党的新闻事业的基本原则，要把新闻事业看作党领导人民革命和社会建设的重要组成部分，除了坚持实事求是的原则外还应该无条件地宣传党的路线方针，始终和党保持高度一致，做到为人民服务，忠于人民、忠于党。

毛泽东提出了"舆论一律"和"舆论不一律"。毛泽东认识到，要使舆

[①] 《毛泽东选集》，人民出版社1991年版，2版，第3卷，第1070页。

论整齐划一是不现实的，他提出允许人民内部出现舆论的不一现象，这是人民进行自我批判和自我审视的一种手段，同时他也指出，舆论一律和舆论不一律是两种矛盾，出现了舆论不一，就经过反思和批评使得舆论一律，然后又会出现新的舆论不一，他认为这应该是一个不断螺旋上升的矛盾过程。同时，毛泽东也强调，对于敌人必须要坚持舆论一律，"这里不但舆论一律，而且法律也是一律"[①]。坚持矛盾相长的方法论和态度，同时分清敌我界限，实施相应的新闻传播手段。

四、邓小平对马克思主义新闻观的发展

邓小平在继承马克思、恩格斯以及毛泽东新闻思想的同时根据改革开放和社会主义现代化建设、新时期我国经济、政治、文化以及社会发展的需要，对新闻事业进行了又一层的理论提升。

邓小平"要求所有的媒体转变工作重心，从习惯性地以阶级斗争为纲，转变到以经济建设为中心"[②]，认为报纸、广播以及电视要成为维护社会安定的思想传递工具。在改革开放初期，邓小平结合我国的国内实际，将新闻事业的任务主要放在稳定国内大环境方面，旨在为我国社会主义初期经济建设提供一个良好的舆论环境，集中精力发展经济。这一点在当时的社会背景下有着特殊的意义，是适合时宜的决定。同时邓小平也认为党的报刊要无条件地宣传党的主张，而党的主张来自人民，要为人民服务、造福广大劳动人民。

在以经济建设为中心的社会大环境下，邓小平也辩证地提出了他的理论和思想，提出反对"一切向钱看"的文化倾向。要将全社会的效应放在第一位。邓小平认为，思想文化教育都要以社会效益为一切活动的准则，他们所属的企业也要以社会效益为最高标准。他主张有效吸取发达国家在这方面所做的有益尝试，结合自己的实际需要为社会主义社会所用、为人民所用。邓小平认为，报纸等所产生的批评应该是一种建设性的批评，党的组织和共产党都必须要接受监督，报刊新闻监督就是其中一种有效的监督途径，社会主

---

① 毛泽东：《驳"舆论一律"》，载《共和国领袖大辞典·毛泽东卷》，1993。
② 陈力丹：《马克思主义新闻观教程》，中国人民大学出版社2011年版，第139页。

义要发展、能发展，首先就是老百姓有话说、能说话。监督和批评的目的不是产生矛盾，而是化解矛盾，更好地服务于人民。邓小平对于新闻报刊的文风也提出了一定要求，他反对新闻宣传中存在的形式主义思想，强调要继续落实毛泽东所提倡的理论联系实际、实事求是、批评和自我批评相结合的路线。邓小平反对表面文章，认为语言的反复和累赘只会造成有效信息的不明确，给党和人民的沟通造成障碍，影响发展的效率和进度，所以要从根本上制止假大空的文风作风，在新闻宣传中要分清鼓劲与吹嘘的界限，一切都要从实际出发，实事求是。

五、习近平新闻思想

党的十八大以来，习近平总书记站在实现中华民族伟大复兴的战略高度，统筹国内国际两个大局，提出了"讲好中国故事、传播好中国声音"的新任务；提出了"做好党的新闻舆论工作，营造良好舆论环境"的总要求。敏锐地把握了新时代的脉搏，提出了"做好党的新闻舆论工作"这一新使命，将传统的新闻宣传工作拓展为新时代的新闻舆论工作，把新闻舆论工作定位为党的新闻舆论工作，并且深刻论述了党的新闻舆论工作的历史方位、职责使命、方针原则等重大课题，形成了体系完整、内涵丰富、科学系统的习近平新闻思想，科学回答了党的新闻舆论工作要做什么和怎样做的问题。

2018年8月21日至22日全国宣传思想工作会议在北京召开。习近平总书记提出新形势下宣传思想工作使命任务：举旗帜、聚民心、育新人、兴文化、展形象。他同时强调，"不断增强脚力、眼力、脑力、笔力"，"努力成为全媒型、专家型人才"。媒体融合时代，新闻工作者锤炼"四力"要坚持守正创新，一方面秉持我国新闻工作的优良传统；另一方面则要主动学习新的传播知识、传播技术、传播思维和传播方法，练就媒体融合传播的真本领。

习近平新闻思想既是对我们党新闻理论的继承和创新，也是对我国改革开放实践的总结，是做好新时代党的新闻舆论工作的科学指南，为新时代新闻舆论工作指明了前进方向、提供了根本遵循，其所揭示的党的新闻舆论工作基本规律和主要理论包括：一是突出强调坚持党对新闻舆论工作的领导；二是突出强调坚持新闻舆论工作的人民性；三是突出强调遵循新闻舆论工的规律性;四是突出强调新闻舆论工作的创新性;五是突出强调做好网络新闻舆论工作;六是突出强调推进国际传播能力建设;七是突出强调加强新闻舆论队伍的建设。

同时,特别需要重视的是,习近平新闻思想不仅对党的新闻舆论工作具有指导作用,而且对党的执政工作也有指导作用;不仅是新闻舆论工作者做好本职工作的根本遵循,也是每一位党政领导干部做好本职工作的根本遵循。要求党政领导干部要增强同新闻媒体打交道的能力,善于运用媒体宣讲政策主张、了解社情民意、发现矛盾问题、引导社会情绪、动员人民群众、推动实际工作。总体来说,面对新闻媒体,领导干部要学会尊重媒体、尊重新闻传播规律,充分运用好媒体这一平台,对内对外讲好中国故事、传播好中国声音,推动党的新闻舆论工作全面创新。

第二节 新闻传播的研究方法

新闻传播的研究方法是根据新闻传播的学派划分,形成经验学派研究方法和批判学派的研究方法,但是也有学者将新闻传播研究的方法论划分成三个派别,在经验主义和批判主义之外又划分出了技术主义,国内学者陈力丹将其称作经验—功能、技术控制论和结构主义符号—权力方法论三个学派,其实质是将技术控制方法论从经验主义或者批判主义的归类中抽离出来独立存在。

一、经验—功能学派和实证方法

经验—功能学派主要是根据多数人的生活经验和感受以及已有的认识来确定传播所产生的社会功能。之前将传播学分为经验学派和批判学派,经验学派的主要代表学者有哈罗德·拉斯韦尔、拉扎斯菲尔德、卡尔·霍夫兰、威尔伯·施拉姆,他们在各自的实践中都形成了自己研究方法。拉斯韦尔通过一系列的实践不断完善他的"5W模式";拉扎斯菲尔德实践调查美国大选;霍夫兰在第二次世界大战之后就美国军方的战时宣传进行了系列心理控制实验,由此提出了信息源条件、信息本身条件、说服者条件以及说服过程等诸多观点;施拉姆更多的则是在进行总结和宣传,他的主要研究对象和贡献都来自对传播学的推广以及传播学教育的扩展上。

"在研究方法上,经验功能主义除了深化量化研究(如对实验方法的运用与改进),更应该提倡质化研究,贴近转型社会实际,运用田野调查以至人类学的民族志研究方法,发现、思考并解决反映社会脉动的'真问题'。同时,适当借鉴哲学思辨的研究方法,使对传播活动的洞察和解释更具思想的深度和内涵。"[1] 经验—功能主义相信实证的研究方法,他们确信世界是有序的,存在规律的,且规律可以被观察和了解,所以经过对现象科学的分析是可以来找寻、解释并最终利用规律的。这也就意味着经验—功能学派的研究对象是可以被感知的传播对象,对象要能够被规律精确地测量,规律性的现象是可以重复的,研究中要严格保持中立的价值立场。因此可以说经验—功能学派得出的研究成果大多都来自众多人的经验和体验。这种实证的研究方法对于分析具体的传播现象是十分有效的,能够提出比较明确的结论,有助于解决现实中的问题。但是,就事物背后所产生的社会现象而言,这种方式过于简化,在关于复杂的人类情感和思维的研究上不免难以招架。如同陈力丹所总结的一般,"经验—功能学派具有杜威实用主义的明显特征:大胆假设,小心求证"[2]。

二、技术控制论学派和控制论

技术控制论学派的理论中,控制论思想起着核心作用。控制论看重的是原因对结果所起的决定性作用。工业国家的传播路径随着科技的发展进步不断增加的同时,信息逐渐成为一种可计算的通信符号。科技大发展带来的是作为信息载体的媒介变得越来越强大,正如陈力丹所言,社会变得机器化,将人的行为按照机器活动的原理来理解或者努力让机器拟人化,像人一样思维和传递信息,这一系列的思考都是从自然科学的角度论证传播现象,信息论为控制论奠定了一定基础。

同时,如果一个系统与其外在的环境很少甚至不能发生交互关系,这

---

[1] 张勇锋:《经验功能主义:还原反思与重构对中国语境中传播学经验功能主义的再认识》,载《中国传媒大六届全国新闻学与传播学博士生学术研讨会论文集》,2012。

[2] 陈力丹:《传播学是什么》,北京大学出版社2007年版,第52页。

个系统很可能就处于内部混乱解体的境地，与此相反，开放的系统肯定就有着积极的信息交换，不断有新的信息加入其中。另外，控制论还讲求"系统平衡"。如果一个系统由于环境的变换而从正常状态走向混乱状态，为了回到正常的状态，它需要进行充分的信息交流。进而分析到社会层面，稳定的社会实质就是有着丰富信息交流的社会，社会反馈是社会控制的要义，传播者要对反馈的信息做出积极的反应和调整，这一点要落实到各种管理程序当中。系统论最早是由奥地利生物学家贝塔朗菲提出，系统论给予控制论和信息论以整体大于各个孤立部分之和的思想，它将研究对象视为有动态反应的整体，这种从整体上的理解，比仅仅从物理或生理现象上的分析更加透彻。

三、结构主义符号—权力学派

结构主义符号—权力学派的论证前提在于人的思维和信息的传播，这两者都受制于传播的基本符号系统，也就是语言，而语言中所包含的是每个国家历经千年所形成的文化意识和传统，这些传统通过语言内化为社会成员的集体心智，由此而得出的结论就是：任何传播实际上都是早已被"结构"了的，从这样的研究中，我们可以得知在传播中符号所蕴含的深层意义，是符号背后所隐藏的政治、意识形态或者经济和文化的权力。

这一学派的理论和研究方式都给人以深刻的思索和反思。然从某些方面来讲，结构主义符号—权力学派过于敏感，他们不相信社会建立起来并提供给每个社会成员的行为准则，他们无视大众传播在技术和形态上的日新月异的重大变化，没能对新的传播环境做出有力论证，这也就导致他们的判断或者本身就存在一定的片面性。

将这三个学派的研究方式来分析新闻传播活动，我们会发现，经验—功能学派着眼于既定的政治、经济目的，关注发现新闻传播活动中能够切实解决具体问题的方法，或能够对新闻传播现象加以科学解释的规律；技术控制论学派着眼于媒介机器与人的交流设计，关注不同新闻媒介的传播对社会影响的比较和新的新闻媒介对社会影响的前瞻研究；而结构主义符号—权力学派着眼于"符号—认识—权力"之间的相互运作，关注新闻传播制度、传媒意识形态性以及传媒对人的异化和控制。"传播科技发展的今天，传播学的三大方法论学派已经开始交融，出现了后实证主义、解构主义、新传播效果理论等融合各种研究方法的研究。"① 因此,新闻传播学需要紧跟社会实践的发展而更新,充分体现当代社会的信息性特征。在新的新闻传播环境下,三个方法论学派的任何一个都难以充分阐释如此丰富和复杂的新闻传播现象,需要在方法论上相互补充、相互支撑,这样才能真正推动新闻传播学研究的发展和新闻传播事业的进步。

---

① 陈力丹:《解析中国新闻传播学》,上海交通大学出版社2007年版,第200页。

理论篇

本篇主要阐述了古代的信息传播、近代的信息传播以及新闻传播的革命等内容；简要分析了新闻传播的历史演进；论述了新闻传播的理论溯源、新闻传播的本质和社会功能；分析研究了新闻传播者、新闻受众、新闻内容、新闻媒介等新闻传播的要素理论和新闻传播的伦理范畴、伦理流派和伦理和谐等理论内容。

第四章 新闻传播的历史演进

本章通过分析阐述古代的信息传播、近代的信息传播，以及现代新闻传播的革命等内容，考察了新闻传播的历史演进过程。

第一节 古代的信息传播

在远古时代，人类仅仅是通过一些简单、来自身体组织的声音、姿势、手势等来传达信息。随着产业的发展和对传播的需求不断增加，人们逐渐创造了一套约定俗成的传播方法，如标识、声音光图和一些象形符号、表意等。真正导致人类传播的根本原因是语言产生。随着人类的发展，生活内容的丰富，频繁的传播活动，口头传递的局限性也日益显现，于是人们开始制作文字和书写材料，进入传文字传递时代。

随着印刷技术的发展，近代的印刷也随之兴起。20世纪早期，电子传播技术的发展将人类带入电子传播的时代。20世纪后期，计算机网络、多媒体技术的应用，宣告了国际网络传播的到来。在我们看来，只要有新的事实发生在身边，就可以把这些事实看作人类新闻的开始。因此，人类的新闻传播演变过程主要包括四个部分：口语传播、文字印刷、电子传递和国际网络传播。口语传播，语言在传播历史上是第一个重大的里程碑。口语传播是新闻宣传活动发展的第一阶段，其内容以音讯为主。音讯是由某个来源的发端提供的符号或某一组信号，可由接收者对其进行解释。但是，音讯不同于新闻，音讯是一种笼统的传播名词，新闻和非新闻都可以包括在内，音讯也可能是指最近发生的事，但并不一定要有新闻元素。然而，值得一提的是，音讯可以被转化成新闻的声音，作为笼统传播名词，仍然有一些原始性。在新闻传播方面，具体表现为：没有意识对抗、思想的控制，人人都可以是传播者和观众。传播的需求是自发的，传播就是无处不在而又必要的活动。

一、文字传播

文字新闻传播阶段是我国新闻信息传播管理工作的第二个重要发展升级阶段，最早的手写文字新闻传播阶段指的是手写文字媒介，是我国新闻信息传递史上的第二大重要里程碑。在这个时期，出现了许多专业的新闻传播工作人员或其他职位。此外，古代中国统治者已经巩固了他的政权，商人为了容易获知他的知情，手写字的传播对古代社会上的生活方式起到了重要指导作用。其中，有两个特别重要的：一个就是关于官方媒体宣传，另一个就是关于书信的官方新闻讯。

（一）主要官方媒体及新闻讯

1.《每日纪闻》

每日新闻是一份公告式的正式报纸，由尤利乌斯·恺撒在公元前59年当选执政官之后，于公元前59年命令创立，其形式为用尖笔在罗马会议厅外涂上一块特制的木板。当时叫作"阿尔布"，后来又被称为"每日纪闻"。它的传播内容主要是政府重大事务，具有强烈的政治意义。恺撒设立《每日纪闻》，是为了通过宣布元老院和公民大会的议事内容，争取公众支持，扩大政治影响力。从这个角度可以看到，新闻的传播是政治斗争中的一种工具。

2.新闻信

新闻信件也是一种区分公私的新闻信件，用于信息传递和进行交流。它可能是古代西方社会历史上最广泛的一种手写文字传播方式。官方中央新闻社的信往往因为具有及时传达中国政情的重要特点，而私营官方新闻社的信往往主要在中国上层社会中较为流行。

3.威尼斯手抄小报的兴起

手抄小报发源于威尼斯，位于意大利。由于它位于东西方的交通中心和贸易中心，因此在15世纪，资本主义的生产方式在这里开始萌芽。正是因为商业活动的需要，手抄小报就应运而生了。有资料称：1536年威尼斯就有专门收集消息和贩卖小报的机构。1563年，威尼斯政府在与土耳其的战争中也发行了手写小报。1566年这里再次出报，被称为"手抄新闻"。以上各类小报内容以商品情况、船期及交通讯息为主，间或报道了政局的变化、战争新闻和灾难事件。

（二）印刷传播及近代报业

印刷传播是指近代出现的媒体报纸，如新闻界等。报纸和手抄报的最大不同之处在于，它是机械印刷的，所以把报纸叫作传播印刷。随着印刷传播的发展，大众报纸问世了，报纸也需要专门的新闻采访机构，因此新闻通信社便站上了传播新闻史的历史舞台。

1. 印刷传播的产生

印刷技术的发明是传播印刷的前提。正是由于印刷能够大量、快速地复制信息，所以印刷技术的发明与应用在人类传播历史上被视为第三个重要里程碑。尽管中国首次发明了印刷技巧，但印刷术却是在1450年前后德国美因茨工匠古登堡创造出金属活字印刷技巧后，才得到了应用。1482年奥格斯堡出版的《巴西探险记》等一些小册子，被认为是新闻印刷传播萌芽的产物。16世纪晚期，在手抄报风靡一时的同时，西欧地区开始出现不定期印刷，报道一些重大事件，与记录小册子相比，新闻的性能明显提高。它们大多是书本的形式，被称为新闻杂志，也有一张单页的新闻传单。后来，16世纪末，新闻刊物开始定期出现，有固定的名称。最早的是1588年奥地利人迈克尔·冯·艾津出版的《博览会编年表》，在法兰克福一年一度的博览会上出售。

2. 近代报纸的产生

近代报纸是以欧洲封建社会到近代社会的过渡为背景创制而成。每周的定期报纸出现，标志着近代的诞生，也标志了这个新闻传播行业的诞生。正如艾德温·埃默里和迈克尔·埃默里在《美国新闻史》一书中所述，"报纸首先兴起于那些权力薄弱或统治者较为宽容的地方。前者就像德国一样，当时是四分五裂成为许多小国；后者就像低地一样"，最早的定期报刊和日报都是在德意志地区出现的。1609年，德意志地区发行了两份周报和一篇《新闻》；1650年，莱比锡的一位书商所创办的《新到新闻》被认为是全球第一份日报。

3. 近代报刊的发展

近代报业发展分为资产阶级革命后政论刊物、资产阶级革命后政党报物工业革命、廉价刊物和无产阶级报纸的产生和发展，以及过渡期报业产生和发展的六个阶段。其中，各时代报刊的代表刊物分别为：美国公共事件报——本杰明在纽约创立的世界上首家成功的廉价报纸《太阳报》；《新莱茵报》世界上首家马克思主义日报；《真理报》世界上首家执政党无产阶级政党中央机关报；普利策的《世界》和威廉赫斯特的《纽约新闻报》开启了黄色的新闻序幕。

4. 新闻通讯社的产生

新闻信息新讯社，是中国一家专门负责收集和管理提供各类新闻资讯稿件、照片和视频信息的综合新闻资讯发布服务机构。它一直是一种重要的公共新闻舆论传播信息渠道，被外界称为"消息的总汇"，是我国新闻信息传播的大脑和动脉。它的正式诞生，是工业革命、近代中国报业的必然之物。

世界上早期创立的通讯社中最著名的有四家：法国的哈瓦斯社、德国的沃尔夫社、英国的路透社和美国的港口新社（现在的美联社）。哈瓦斯社是1835年由法国人夏尔·哈瓦斯在巴黎成立的世界上第一个新闻通讯社；路透社成立于1851年，创始人为德国人路透，19世纪后期，路透社成为全球最大的新闻通讯社；美联社的历史较为复杂，可追溯至1848年，它的起源是美国纽约6家报社联合组建的港口新闻联盟，直到1892年才被正式重组为美联社，是现在美联社的开端。

二、电子传播

电子信息传播电视是泛指20世纪中期兴起的两种电子广播电视和有线电视。无线电和光子电视都同样是关键的，因此我们称为电子传递。广播和数字电视的大量出现标志着数字新闻进入人类文化传播，以数字印刷传播为主，进入融合现代各种大众传播媒体新闻传播的黄金时代，进入数字印刷和现代电子媒体传播的并驾齐驱。

1. 广播的产生

1906年圣诞夜，匹斯堡大学的语言教授雷金纳首次精确发现了美国语言学的广播。

德费森登在他的实验室成功地录制播放了一位布道人的演讲和现场音乐。而且全世界第一个移民新闻广播电台是1916年李奥福雷斯特在美国纽约市的实验移民电台首次播放的威尔逊和休斯总统大选时的最高得票率。

1920年，美国西屋家用电器在美国匹兹堡注册成立了首个kdka有线电台，这不仅是目前美国首家正式注册获得有线广播服务牌照的有线电台，也可说是目前世界上广播首家。因此，1920年被业界认为是中国无线电视和广播电视事业的一个开端。

2. 电视的产生和发展

1936年英国广播公司建立了世界上第一座电视台，这被认为是世界电视事业诞生的标志。电视卫星发展的全过程可以分为黑白、彩色和数字卫星三个发展阶段。

三、国际互联网传播

从共同传播的载体角度看，国际网和互联网在同一传播载体上不仅开创了中国人与公民群体的同一传播，同时它也开创了社会大众与公民群体的共同传播。

存在的新传播形式，是传播历史上的又一里程碑。互联网作为先进的通信与传媒技术的汇聚，在新闻传播领域所引发的变革可以说是一场革命。

首先，由于互联网增加了公众自由参与广播的可能性，传媒机构也有可能再次成为新闻传播的垄断者。其次，新力量加入以及在新领域竞争的改变，使新闻传播者原有的地位不再局限于新闻传播者的发布、服务或娱乐等信息，还推出了聊天室、宣传牌、公告等信息搜索功能。最后，新闻媒体的内部人员组成也随之发生相应变化，技术人员与经营者之间的比重不断增加，而采编者的比重也在下降。

此外，互联网不但带来了新闻传播的主体与受众之间的变化，而且将各种附在这一新媒体之上的思想带入到了新闻传播运作的过程中。例如在线信息的采集，把关权分散，全天候的新闻公布，等等。

目前，网络新闻传播媒体受到强有力网络广播的挑战，但网络广播不会因此取代传统的新闻媒体。并且，两者将在未来进行一次强有力的融合。传媒的发展过程并非媒介被依次替代的过程，而是一种依次层叠的过程，每一项技术都能使人的传播功能有了一个飞跃。

第二节 印刷媒介

一、印刷媒介的复制模式

"印刷的革命印刷"一词,从起源上看,在西方和东方有不同的含义。欧洲印刷技术兴起之时,指的是用活字印刷,即用金属活字。欧洲的印刷始自图板,把图像雕刻在木板用以印刷大量纸牌,那时西欧已有纸的应用。中国发明的纸是由阿拉伯人传给西班牙的,第一家造纸厂成立于12世纪,15世纪就出现了与毕昇一样的伟大发明者,他就是美因茨约翰内斯·谷登堡。他的出现,为印刷媒体的发展奠定了基础。活字印刷术很快传入意大利和法兰西,并很快传入英国。英国肯德公司于1471年在伦敦成立了第一个印刷工厂。1500年,伦敦有5家出版商,1523年增至33家。商品经济发展需要广泛地传播各种信息。书籍、新闻传单以及后来的报纸都已成为与文明生活不能分离的东西,识字人口的多少成为一个国家文化程度的指标。

印刷术的整个历史进程中有几个令人瞩目的事件。1702年,英国第一份日报《每日快报》印刷出版,标志着印刷报纸的诞生。1814年,《泰晤士报》和《晚邮报》采用了蒸汽印机,每小时可印1000张至1200张,展示了印刷新闻时代的到来。1863年,美国人威廉姆·布洛克制造出界上第一台轮转印刷机。轮转机至今还是适用的报纸印刷机,用大捆卷筒纸,可以继续不断地印下去,无须再把纸逐张送入。

二、印刷媒介的诞生

(一)报纸的产生及意义

(1)报纸是发明印刷技术后产生的,是封建社会末期科技发展的产物。印刷术的发明,导致新闻产品传播的广度与速度都超越以往。这一近代科学技术的产物直接催生了报纸这一印刷媒介的产生。

(2)交通设备的进步,邮政制度的建立,人类聚居和城市的出现,是报社产生的一个重要条件。报纸的投递较以往更为便捷,这客观上促进了报纸这一媒介的发展。

(3)印刷和报纸的诞生也是手工工业和单一机械产业与商品经济的发展

结果，同时也是国家统治下的产物。它曾经是国家统治的信使，也曾经是国家统治的一个重要助手。这种依托印刷技术而产生的新媒体，推动了新闻史无前例的一个大跨越，具有深远的历史实意义：首先，印刷技术和报纸实现文字传播复制的扩散，改变了手抄新闻低效和笔误，深入阐述了新闻事件，出现深度的报道，丰富了新闻体裁和表现形式。其次它带来科学知识，促进识字普及，推动人类文化进步，教育工作开始繁荣发展，促进了社会的进一步分工。再次，它推动了科技的进步，生产水平提高，促使了近代工业的发展，反过来城市化也有利于报纸发行；广告投放是为报社的生存发展提供所需资金，促进新闻业的发展，也为资本主义发展提供条件。

（二）新闻期刊的特点

作为一种印刷媒体，新闻期刊是与报纸同时出现的，在一定程度上拓展了报纸的深度和广泛性，其主要功能体现在：第一，新闻期刊是纸质新闻产品的一种主要形式，多刊登深入的报道、评论和知识小品，廉价的销售促进了发行量；第二，新闻期刊的时事性新闻虽然在时效方面不如报纸，但有相应的深度、广泛性，经常插入精美的图片，对特定读者产生一定的影响；第三，新闻期刊一直以"厚度成就深度"为特色，尤其是在调查性报道、解释式报道和图片性报道方面取得了卓越的成效。此外，新闻期刊评论也具有深远的影响，一些封面报道甚至成了时代的标志。如《新周刊》提出用"飘一代"来命名这一时代的一些特殊人群。

（三）通讯社的产生

通讯社党委是中国一家新闻信息发布管理机构，专门负责收集和管理提供全国新闻传播稿件、照片和视频信息，是全国新闻信息传播的重要信息通道，曾一度被誉为"新闻的总汇"，是全党提供全国新闻传播信息的"最大动脉"。通讯社组织是整个现代中国社会大众新闻信息传媒的重要纽带，是社会新闻信息收集和商品批发的主要组织，不断地向社会人们大众传播重大新闻消息。

通讯社产生的时代背景：

1. 报纸的数量不断增加，激烈竞争在客观的影响下，近代报社在工业革命之后迅速发展，报纸的数量也越来越多，对新闻的要求也越来越大。各家报社单靠他们自己的力量收集各地新闻，既不经济又无可能，专门收集和提供新闻信息的机构通讯社就应运而生了。

2. 经济发展引发信息需求

18—19世纪的早期欧洲工业革命迅速促进了中国经济迅速发展，人们对信息生产和传播市场需求信息的迫切需求更加急于迅速得到社会人们的广泛关注，这为大众通信社的迅速诞生发展提供了必要条件。也是产生通讯社的原因。

3. 无线电技术为通讯社提供了技术保障

通讯社能够适时而生，除了人们对于信息的需求以及经济的发展之外，可以说，技术是通讯社的助产士，它帮助了通讯社这一媒介最终来到人间。1820年，法国物理学家安培发现，电流可以通过线路传递信息，最终由美国人塞缪尔·莫尔斯发明，并在巴尔的摩与华盛顿之间建立了一条商业用途的电报线，莫尔斯也因此创造了一个通信码，叫作莫尔斯电码，为世界新闻社的发展，尤其是为通讯社的发展做好了技术准备。

三、印刷媒介的意义

（一）印刷媒介使新闻具有社会职能

印刷媒体一天内就覆盖了一个广袤的领土，将最新信息传播到了千家万户，充分地体现了新闻的性质，获得了新闻传播的全部意义。新闻传播的空间极大地扩展了，这使事件影响到国内外的观众中，引起了广泛关注。新闻的职能开始具有社会价值。从此以后，新闻传播就不再是一个人或几个少数人的活动，而是将相当多的人引入信息中，形成公众价值标准和认识习惯。从这时起，人类第一次被信息整合。

（二）印刷媒介推动大众识字运动

阅读除了需要认识字，还需要一定的政治生活常识，报刊发行促进了教育的发展，使政治更加深入人心。

（三）印刷媒介推动政治文明

印刷媒体曾一度用来维护国家的统治，在政治体制转变期间发挥过政治宣传的作用，使人道、民主等政治思想得到广大人民的接受，推动政治文明发展。事实上，一直到今天，一个国家的报纸个人拥有率与该国公民的政治参与程度存在极大的相关性。

（四）印刷媒介成为现代经济的重要扩张因素

19世纪中叶，需求新闻的人增多了，而且人们急需了解印刷媒介的复制模式以至全球的情况。一批近代廉价报纸涌现出来，使超越印刷术的现代生产方式和生活方式在世界开始普及。在这一时期，几乎所有私有印刷媒介都成了企业，将源源不断的广告夹杂在报刊中间，使印刷媒介和资本结合得更加紧密。

（五）印刷媒介促成媒介市场的形成和传播制度的建立

印刷媒体不仅孕育出大型报刊公司，而且孕育出多样的新闻采编机构，形成了通讯社、特稿社和新闻发言机构等信息公布组织，以满足传媒对信息的订阅需要。此外，纸张、油墨、印刷机等介质材料的生产，形成新闻制造原料市场，并扩大媒介制造市场的规模。媒介活动要建立市场规范、社会规范和法律规范，并在印刷媒体的扩展下建立各种不同的传播制度。

第三节　现代新闻传播的革命

一、电子媒介的感官延伸

电子传播是指利用电讯号、通信线路和接收设备对视听信息进行传播，包括电视和网络等。人类学会运用电子技术，创造出听觉和视觉新闻媒体，极大地扩展了感觉，发生第三、第四和第五次传播革命。电子传播信息的出现具有两方面重要意义：首先，它使世界变得高度整合，传播由即时性变为共时性，信息的获得与分享变成了零时间与零距离；其次，电子媒介扩大了人类的感官范围，传播不仅仅是先前印刷媒介时代的"视觉"感知，而是扩展为"视、听、触"等多种感知。电子媒介带来的这场感官革命，促进了人类对客观世界的认识。

（一）电子媒介的世界整合

电子传播的出现，使媒介具有高度跨时空的特点，信息可以借助于广播、电视和网络，瞬间到达全世界的各个角落，传播从以前的"历时性"演变为"共时性",从以前的"地区性的"演变为"全球化的"。可以说,电子传媒的出现推动了世界整合的进程。首先,电子传播信息高速传播,缩短了人们对客观事物认识的时间,跨越人体不能迅速到达的空间,一切意义随媒介加速的运动而发生变化,一切人与组织之间的相互作用随着信息加速而提高,变化不断;其次,电子传播拉近人类距离,逐步深入整合人类经济和政治活动,推进了世界一体化进程;再次,借助于电子传播,人们对外界的感觉更加真实,听觉和视觉得到了大量的世界真理,人类对真理认识的难度减小,人类对真理认识的曲折度也减小,从而有效促进了社会科技、生产力和社会政治体制的同步进展;最后,电子画和传媒作品突出社会事物形象,栩栩如生地充分展现了社会活动的真实场面,极大的社会促进性和社会感染力,使社会公众对其有了明晰的从事政治、社会公共事务管理印象,激发起了公众对从事政治、社会等公共事务的积极参与热情,极大程度增加了社会公众对政治社会事务管理的积极参与。

(二)电子媒介的感官放大

电子传播的范围扩大了感觉,是一场超感官传播的革命。印刷传媒时代,人类在视觉上的体验只停留于"阅读"一词。随着电子传媒的出现,人类感受体验从"视觉"延伸到"听觉"(广播出现的),从"听觉"延伸到"视觉与音像合一"(电视出现的),最后延伸到"视觉、听觉和触觉"(网络出现的)。受传状态也是由以前单一感觉的"低度"参与而成,发展为多种感觉的"高度参与"。随着新技术的不断出现,它一方面成功地塑造了当前的媒体形态,另一方面又扩大了人的媒体体验。电子传播使人的感觉受到加深,电子传播使人类对客观世界的感觉产生了放大,主要体现在下列两个方面:第一,高科技装备的电子传播使人们看到了更多世界的动态,属于实时感觉媒介,是当前最先进的载体之一。人类可以通过电子传播、广播、电视和网络等媒介来做到"所听即得",比以前文字载体所描述的更多,在某种意义上,电子传播使人们更能观察事物,更能体验到世界,也更能看到微知。第二,电子传播比以前任何媒介具有更好的传播能力,它所传播的信息大、速度快,覆盖范围广,影响明显。电子传播媒体的这种特性使得"分享"社会场景、"共享"社会信息成为可能。人们参与社会事物的能力也进入了"超地域"时代,每个人所知所感不仅仅局限于先前的一地一城,而是跨越国界、走向全球，感知范围的广度与深度都远远超过了之前。

二、电子媒介的受传模式

（一）广播的听觉模式

1920年9月29日，美国匹兹堡约瑟夫霍恩商场的广告上，卖出了10美元一台的电话。10月27日，美国商务部发放了威斯汀豪斯电台营业许可证，并于11月2日正式开播。这是世界上首家正式广播公司，当天哈丁和考克斯都在播送竞选节目，这种听觉模式的电子媒介具有以下特点：

1. 声音是广播的生命

广播是一种听觉媒介，它是一种基于声音的音频媒介，因此，声音是广播的生命。声音的超强联想赋予广播独特的魅力，可以说广播是一种"声"入人心的媒介。广播不仅有声音上的现场直播，同时，热线也表现了广播对人的沟通的直播。

2. 跨时空、跨地域

广播不受时空限制，时效性极强，可以做到现场实时报道。一个新闻事件发生，则可利用广播可以在最短时间内传播很远。

3. 成本低廉，准入门槛低

广播无论从采录设备还是传输设备而言，较之电视都是一种低成本的媒介。它的准入门槛低，这也是有无数"火腿电台"得以生存的理由。随着广播进入新媒体时代，"播客广播"的出现为广播带来了新的发展机遇，这种新型广播也是一种低门槛、人人皆可参与的媒介。

4. 广播是一种移动媒介

在3G时代没有来临之前，最便携的媒介形态可以说是广播。一个收音匣子，可以边走边听，受众的受传状态是一种"动态"行进中的状态，这是广播的优势之一。具有特殊的伴随式收听，只占据了感官对信息的部分吸纳，其他感觉也可以做其他事情，无须特别关注，或注意力也可以随时移动。广播的这种无须占用"眼球"却能灵活移动收听的媒介，在城市化加速、人们拥有轿车数量激增的情形下备受追捧。对中国人来说，广播已经不再是农村的大喇叭，也不再是城里的小喇叭，而是车载广播占主流。

5. 对受众没有文化要求

它是一种广泛的受众媒体，具有很大的影响力。它能将受众的交流范围扩展到最大的空间，随着卫星、网络等广播节目的出现，传输空间达到极限，几乎遍及全球。这种听觉介质具有现场感，对象感，真实性和交流性；按节目安排的时间顺序线性传播，过耳不留，观众无法选择。线性传播的这一状况随着"播客技术"的加入已得到全面改观，播客广播是广播进化的一种高级形态，它是一种"可选择"的广播，"人人皆可播"的广播，是种提供广泛民众参与的新型广播形态。

如果说文字是不在场，视觉是在场，那么，听觉就是半在场，既在场又不在场。这似乎是如今广播现场报道比较受冷落的原因之一。在宗教中，音乐是最佳说服工具。假如说文字靠抽象，视觉靠具象，那么听觉就是靠想象。文字有文学，视觉有电影，听觉有音乐。

（二）电视的视觉模式

1936年8月，英国创立了世界上第一个电视台，11月2日播出第一个电视节目。伦敦奥林匹克展览厅内坐着的几百名观众，第一次看到了魔术般的景象电视这种视觉模式的电子媒介具有以下特点：

1. 镜像媒介

电视节目以事实为主，现场感强烈，能够直接将事实呈现出观众的大脑中，将镜像注入到人的大脑中，是第四场传播革命。电视直接将"事实"展现在观众面前。由观众亲自去看、去观察、去判断。画面与音响画像的绘制再现真实图像。记录的图像、事实具有真切的实感。电视不仅使观众听到记者的口头报道，也能看到新闻人物的形象，看到生活的环境，亲眼目睹事件的真相。电视使用声音和图像向观众直接传播，大众有一种置身事件现场的感觉，媒介反映社会、引导社会观念发生了一场镜像革命。社会发展的真实不但表现为真相的重现，也表现为景象的实录与储存。电视向人的大脑注入镜像因素，使人类正在形成"眼见为实"的历史观。

2. 声像兼有，视听兼备

观众在日常观看电视过程中，伴随着各种电视信息图像的生动色彩转换，声音在影响观众们的听觉中同时也会起着重要作用，对电视信息的所有重要含义都会具有深刻性的体会。报纸、广播把事实变成文字或语言意媒，是一种转述方式。

读者、听众根据转述了解和想象发生的事件，很难还原事件的真相。记者不可能把事实丝毫不差、绝对准确地转述出来，读者和听众对新闻的感悟也不可能和原来的事实一样，报纸和广播新闻不可避免地带来了某些不确定性。

3. 一目了然，思维介入少

声像交流和对各种风景的再现，观众清晰地看到了事件的细节，很少添加思维联想，判断与领会。麦克卢汉称，由于刊电视不多动脑，他说它是一种冷媒体。与报纸、广播所倚赖的文字、声音的"丰富想象力"不同，电视的画面营造真实感的同时，也必然伴随着"弱想象力"，正如麦克卢汉所言，电视是一种低参与度的冷媒介。正是在这个意义上，电视已经演变成了一种家庭伴随媒介，有家庭就有电视，即便是作为听的媒介。

4. 线性传播，不容选择

电视与广播同属线性传播，在报道与叙述事实的过程中，按照自然的方式传播画面，按照媒体的意愿安排新闻，观众选择变得更为困难。电视传播的声像保存需要一种录制设备，对于普通观众来说，这种表现有一些难度的电视限制性：首先，观众看电视时间及所看的画面，受媒体限制，由电视台决定观看多少，这给一般的观众带来了假象，电视没有播放这一事件似乎并未发生，观众视觉上的看法是：被控制在电视媒体的议程框架中。其次，电视图像是客观照片的拍摄，对报道内容看起来并没有什么变化，观众认为这比其他媒体更真实，如果电视镜头是人为设计的，观众所看到的还是真实画面，无法辨认其虚假性，而且欺骗力更大。最后，由于电视是图像的传播，缺乏对其进行深入阐释的功能，所以只有图像才会呈现出事物。如果没有语言解说，尽管其编排得很生动，观众们也很难从图片中看出事实的真谛。

（三）全感互动的网络模式

互联网起源于 1969 年由美国国防部创办的一项名为"arpanet"的项目，当时使用了 4 台计算机进行互联试验。到 1977 年，网络节点已达 57 个，连接了 100 多种类型的计算机。发展到今天，互联网已经成为全球一个无法计算的电脑终端系统，从投入到拥有 5000 万个用户的时间，广播使用了 38 年，电视使用 13 年，有线电视使用 10 年，而互联网只使用了 5 年。随着技术的不断完善，文字、图像、声音等多种手段的应用，形成了交互、全链接、易复制和高时效的信息量媒介。由于网络在通讯、数据检索和客户服务方面有着巨大的潜力，它已经从一种单纯的信息通道转化为一种商业经营模式和生活方法，渗透到人们日常生活中的各个角落。互联网用户的增速正在迅猛发展，有人断言，21世纪是第四媒体时代互联网这种基于网络模式的电子媒介，主要有以下特点。

1. 融合了一切媒体的媒介融合

网络作为一种推动传媒全球化发展的力量，将包容所有媒介，使一切传统的媒体都能包容，成为一种自由的、个人的和公共媒介的高度融合。网络将传统传播的特点融合在一起，形成了发散式的传播结构，以非线性的方式向广大观众发送信息。互联网具有一切的传播技巧和类型，既有人际传播，组织传递，也有大众传播，是多种方式的综合性传播，是多种方式的集成体。是包容了印刷（打印机功能）、电影和广播电视等功能齐全的信息媒介。

2. 具有多种传播方式

与传统媒体相比，网络传播集中了多种媒体的传播方式，更具个性化，包括人际传播、组织传播和大众媒体，实现了点对点、面对面的新闻传播。网络上，国界的差别已经不那么明显了，不同的国家也可以进行直接的交流，加速了全球化的实现。

3. 互联网是受众的高度关注媒介，它是一个受众的焦点

电子媒介的感官革命。互联网实现了点对点、点对面的传播。较之此前出现的媒介、电子媒介的感官形态，它无疑是自由的、个人的和公共媒介的高度结合，对它的感官延伸任何控制都不能改变它的这一本性。它就像一张万维之网，把人传模式媒介的受众纳入信息交互的海洋。它是双向或多向的，并由使用者负责安排如何使用，成为交互的大众新闻媒介。网络新闻的多媒体和互动性可以给受传者以全面的服务，用大量新闻满足他们的需求让其在网上直接交流。通过互联网不仅可以像观看电视一样直接目睹新闻事件及其发展的过程，还可以随时点击反复观看，发表对新闻事件的评论。

除了互联网，基于网络模式的另一电子媒介形态是手机网。手机也具有网络的全感互动模式，而且它加入了"移动"接收的特性。这使得传者与受者的状态都发生了改变。

（1）由于手机网络新闻中的信息通常短小精悍，不仅信息覆盖范围很广，而且手机新闻信息更新、传播转化速度很快。比如手机报纸，一般是将一些新闻进行简明处理，让读者可以在狭小的屏幕上清晰地阅读。

（2）手机具有"贴身"的特性，使其传播成为"任何时间、任何地方、任何人"，从而突出时间限制和空间的局限。从这个角度看，它更像是一个移动的传播网。手机这一特点使新闻在五个要素外增加三个因素，即任意时间，影响任何，可以通过联系现在。

（3）手机交流的方式更加便利，增加交流的频率，扩大交流的内容。手机短信被人们广泛应用，正是说明了这种媒介使用简单，较之面对面的电话，短信而使得传播更富想象空间。

第五章　新闻传播的理论溯源

本章分析研究了新闻传播的概念、传播的本质，新闻传播的社会功能，新闻传播的异化功能。

第一节　新闻传播的本质

一、新闻传播的基本概念

（一）新闻的定义

1. 国内的新闻定义

1919年12月，徐宝璜出版了《新闻学大意》一书（后来改名为《新闻学》），这是我国的第一部新闻学作品。在这部著作中，他给了我们近代新闻研究最早的一个新闻定义。新闻：乃为大多数读者所关注的最近事实。1922年2月12日，李大钊在北大新闻同志会的演讲中给了一个新闻的定义：现在的新闻，活着的社会形势写真。1924年，邵飘萍出版了《新闻总论》，在书中他对新闻进行了定义：最近一段时间里，新闻人士认识到了一切与社会生活有关的兴趣、实益等事物。1943年9月1日，陆定一在《解放日报》撰文，提出关于新闻学基本的看法，文中所给的新闻定义是60年后我国新闻理论界所接受的最广泛认同。他提出的新闻定义是：对最近发生事实的报道。1946年9月1日，胡乔木在《人人都要学会写新闻》一文中，提出了新闻定义：新闻是一个新的现实。范长江1961年在《记者工作随想》一书中提出了新闻定义：新闻是广大民众所欲知而不为人所知的一个重要事实。复旦大学新闻学教授王中1981年5月在《新闻大学》第1期上撰文就陆氏定义进行了修改，指出新闻的定义：新闻传播是一种新近发生变化的事实。1982年，中国人民大学新闻教授甘惜分出版了《新闻理论基础》，书中对新闻进行了定义：新闻是一种特殊的报道和评论，用来影响公众舆论。复旦大学新闻学教授宁树藩 1984 年 12 月在《新闻大学》8 期撰文，提出了新闻定义：新闻就是向公众传递最近的信息。1993 年，中国人民大学新闻学院的教授成美、童兵提出了新闻理论教程：新闻是最近发生事实性变化的信息。中国传媒大学教授胡正荣于 1995 年在《新闻理论教程》一书中提到：新闻是最近发生的关于事实的报道。复旦大学新闻学院教授李良荣于 1995 年在《新闻学概论》一书中提到：新闻是信息，它传达的是事物最新状态，也就是传递的信息。

2. 结论

我们可以提出这样的问题，没有发生的事情是新闻吗？按照传统的新闻学定义，新闻应该是指发生过的事情，也就是说，是过去式。可是，今天的情况有所不同，如今很多的新闻都是一种预测，属于未来进行时，报道这个新闻时，这个新闻还没有发生。这是种新闻的透支，被预报出来的新闻可能在后来有所变化，因为未来有许多的不确定性。大数据有可能会增加新闻的预测性。

我们不妨重新审视新闻的定义，我们常常说，今天的新闻就是明天的历史。问题是我们在传统的新闻定义中几乎看不到有历史的元素。新闻定义五花八门，从来就没有统的定义。大部分的新闻定义都是以时间来划分新闻和历史的边界的。可是，究竟什么时候新闻就变成了历史？这个问题一直是模糊的。只有今天的新闻不是历史吗？

再往前看，新闻在未来会消失吗？更激烈的问题：新闻是不是已经消失了？不只是在中国，全球的新闻都输给了信息。娱乐新闻已经蹂躏了新闻的经典定义。我们不禁要问，娱乐新闻算是新闻吗？按照新闻的经典定义，能称得上新闻的东西应该是有变动的，而多数娱乐新闻没这个要素，比如，有的报道是某个明星换了一个发型，这能算是新闻的变动吗？顶多是粉丝关心的信息。也就是说，这是少数粉丝关心的特定资讯，不应该算新闻。所有新闻都是信息，所有信息却未必是新闻。新闻的历史不短，但是，把报道新闻作为职业的历史并不长。如今的新闻只是为了政治而存在吗？

还有一个问题就是，新闻是观点吗？新闻的定义有多种，但是，往往都不会有观点的字样，新闻只能是事实。过去有观点新闻的提法，不过，那仅是指报道观点的新闻。

今天的电视直播对新闻定义产生了很大的影响，传统的新闻定义强调新近发生，而电视直播是报道正在发生的事情，也就是说，有不确定性，属于不完整新闻。广播直播是只闻其声，不见其人。电视直播是色香味俱全，看上去电视直播包括了比新闻更多的东西。如果按此重新定义新闻，新闻就是正在发生或将要发生的事实。

新闻是从何时脱离信息的？听上去这是一个新闻史的问题。我们今天习惯于用媒体或者新闻机构的诞生来确定新闻的生日。虽然信息时代的说法比新闻时代更时尚，但是，这显然属于一种概念的追加和后补。换言之，我们后来意识到，比新闻更早出现的应该是信息。新闻是古已有之吗？我们的新闻定义：新闻是已经发生或者正在发生乃至将要发生的有传播价值的事实。

（二）新闻价值

1. 国内的新闻价值定义

我国最早论述新闻价值的是徐宝璜。他在《新闻学纲要》中提出，"新闻之价值云者，即注意人数多寡和注意程度之深浅之问题"。

关于对新闻价值的定义，我国学者对此有不同的观点，主要是"标准说"，"素质说"，"功能适应论"等。

持"标准说"的代表性观点："新闻价值是记者衡量事实可否成为新闻的标准。"其强调记者的主动性，认为新闻价值是记者凭自己的新闻敏感、自己的经验和对当前形势了如指掌达到的。

持"素质说"的学者认为，"新闻价值就是事实所包含着的足以构成新闻的种种特殊素质的总和"。其强调新闻价值存在于事实之中。

"功能适应论"是从新闻对社会的影响角度来认识新闻价值的，代表性观点："媒体新闻中的价值本身是媒体适应客观新闻社会事实的一种适应能力，是客观上不以当事人的社会意志能力转移活动为主要目标的一种客观存在，其适应功能越大，新闻中的价值也就越高。"它主要关注的问题是寻找新闻来源和满足普通读者的各种需要。

最近一两年，新闻价值的概念被官方突出地提出来，不只是新闻规律的问题，更重要的是提升到了为人民服务的高度。

2. 结论

我们甚至可以把一篇新闻的整体价值这一定义解释为：一篇新闻稿的价

值也就是杂志编辑部或记者对一篇新闻的一种判断评价方式。

3. 国内的新闻真实性研究

国内最早明确地提出"新闻真实性"概念的人是陆定一,他于1943年9月在《解放日报》上发表了一篇文章,阐述了"新闻的本源是事实"。谈到办报的经验,他说:"1942年我在延安办报,有两个主要的经验:一是新闻要真实。二是依靠党的领导。"他指出:作为党报采编者,一定要实事求是,要深入调查和研究,根据实情写出真实新闻。

与西方相比,我国在对新闻真实性的具体定义上也表现得相当详细、具体,不仅提出了"整个真实"(要素真实)、"事项真实"(现象真实)、事件"真实"(本质真实)这些概念,而且还引发了学术上的争鸣,即"本质真实"(整体真实)。例如,李瑞环在《坚持正面宣传为主的方针》一文中提到:"新闻真实不仅要求每一篇具体报道的新闻要素都必须真实准确,而且要求把握新闻宣传整体的真实性,使之客观、全面。"江泽民在《关于党的新闻工作的几个问题》一文中也强调说:"要注意和善于从总体上、本质上以及发展趋势来把握事物的真实性。"

新闻和信息究竟有什么区别?这是老问题。新闻一定是信息,信息却不一定是新闻。信息是实用的,更讲究服务性;而新闻似乎更侧重精神层面,或者说更具有公共性。信息更娱乐一些,新闻更严肃一些。信息基本上没有什么时间限制,而新闻强调时效。信息不那么强调真实性,而真实性是新闻的生命。

客观真实是新闻的基本特征,它主要指的也就是一种新闻报道必须基于客观事实,符合社会客观的实际性。

4. 新闻的客观性

中国学者对新闻客观性的研究。新中国成立后,新闻界对客观的了解逐渐形成,在批评国外资产阶层新闻的"超党派客观性"的过程中得到了逐步建立。他们认为,西方学者将客观性的强调到不恰当地用"客观性"代替了一切报纸的办法,把自己的报道称为完全"超阶级"、超党派"不偏不倚的纯客观性的东西,就好像他们的报道只是陈述事实,从来没有表达意见"。因此,在这个基础上,提出了口号:"用事实说话"。童兵认为,"用事实说话"成了中国新闻界对新闻客观、客观报道原则的朴素理解、操作方式,是具有中国特色的新闻传播"客观性"。

所谓新闻传播行业的客观原则，是指凭借收集和查证所能观察到的各种事实，以及一种试图了解真相的方式，来实现新闻传播行业。李普曼说："真正的新闻从业人员并不是那些会抢新闻的伶俐记者，而是那些无畏的耐心、用科学方法装备起来的人。"

5. 新闻的时效性

具有时效性的新闻传播是中西方国际新闻界共同的价值追求。西方社交媒体一直流传着这样的话：今天的垃圾消息居然有人说是金，昨天的垃圾消息居然有人说是银，前一天的新闻是真的垃圾。

新闻的时效性指的是新闻发生和报道时间之间的差异，时间差越小，新闻的效果就越好。

（三）信息的定义

1. 中国学者眼中的信息定义。根据《辞源》的原文解释，信息指的是"消息"。早在唐朝李中的《碧云集暮春怀故人》这首诗中，就已经有了一句历史名言："梦断美人沉信息，目穿长路倚楼台"，距今千余年。

1984年，李良荣的《信息热与新闻改革》一文，正式将信息论与传播学中的信息引入了中国新闻学，并得出了"新闻是一种信息的传播"这样的结论。因此，我国学者对信息概念的解释一般是指传播的内容，即"信息是消息、情报、知识、资料和数据"，即"具有意义的消息、事实或知识"（《英汉大众传播词典》）。"信息论是指用符号传送的报道，而接收者预先不知道的是符号。"（《现代汉语词典》）当然还有学者将"信息是物质运动的反映式"这一定义从哲学信息的概念上引申出来。

2. 结论：信息是在认识过程中与主体、客体进行交流的中介。从整个物质世界来看，物质、能量和信息是客观世界构成三位一体的重要因素。世界是物质的，物质的运动是物体。运动中的物质能够蕴含和释放出相应的能量。在一定能量的驱使下，物质把自己的要素、结果和功能显现出来，这就是信息。外界事物能够直接刺激人的感官、进入人的头脑，只能是信息而不是物质或者能量。

综合上述，信息的定义是：信息是一种客观的事物运动和变化，它是一种内涵的总称，经过识别而得到这种内涵。所有的新闻都是信息，但是，反过来说，并非所有的信息都是新闻。从大数据的角度来看，数据就是有价值的信息。

从新闻传播学的观点看，信息可以划分为以下三种类型：

第一，语法、语义、语用等信息。语法信息是一组符号组合，用来陈述新闻特性的运动情况。例如，形象，颜色，声音等。气味等同于自然物理信息，以及其他人工自然信息，如各种语言、数字、电码。这类物理信息仅用于表示某一事物客观的物理运动变化情况，而不表述信息所包含的内容。语义信息是指上述语法信息所对观测者的意义。例如从声音信号中可以听懂语言，从光波信号中可以辨别物体。例如"滴水贵如油"对于久旱无雨的农民，"商机值千金"对于商人等。

第二，事实信息、观点性信息和感情性信息。事实信息是客观事物的准确报道，主要对问题是什么"怎样做"。意见信息是客观事物的价值判断，因果分析和理性选择，重点回答"为什么"的问题。情感信息是社会生活中人们对情感经历、精神状态的真正直观表达和说明。

第三，指导信息、证实性信息和娱乐性信息。指导信息是一种有利于证实和调整人类共同活动及相互关系的原则，以及维护公共秩序和正常社会秩序的信息，如法律规定、命令、维护公共秩序等。确认性的信息不是要求人们强制遵守的，只是希望人们认为它所指的就是事实，还有受众自己决定是否采取这些行动。娱乐信息不要求观众遵守，也不需要观众确认，它只是希望观众能很容易地愉悦它。

观点是信息吗？广义地说，观点都是信息；狭义地说，信息更多指向事实，而非观点。不过，当新闻界很多人提倡观点新闻时，观点已被纳入信息。但是，观点好像更倾向于增加不确定性，这不符合信息的定义。观点和事实是不同内容的信息。

（四）舆论的定义

舆论和新闻有类似的地方，都具有客观性，你可以评好新闻，但是，这属于效果评价。新闻并不因为你说是坏新闻就不发生。你也许可以创造好的舆论环境，然而，你无法制造舆论，因为人造舆论和自然舆论有明显的区别。一般来说，舆论有铁三角。我们的社会舆论大体由三种力量组成，官方、媒体和大众。过去没有网络时，大众的舆论表达缺乏渠道，几乎变成隐形的。媒体的舆论常常被视为社会舆论,有了新媒体以后,我们开始有所区别了。官方的舆论通过一些特别的方式释放出来,并非只有媒体一种渠道。新旧媒体的舆论顺序有差异。传统媒体往往是把自己看成舆论的代表,所以,他们的终点站似乎才是舆论;而新媒体就不同了,它们好像从一开始就求助于舆论,舆论是它们的助推器,只有舆论哗然,才能使新媒体受到重视。尽管新媒体的舆论有时会显得负面一点,但是,感觉它离社会舆论场近一些。

综合上述,舆论是指一定范围内,针对现实社会和社会的各种问题,以言语、感情和行为的方式,以大体上表达的信仰和态度,在某种程度上表达的信仰和态度。

(五)媒介的概念

媒介是传递信息的一种工具。《关键概念:传播与文化研究辞典》对媒介的定义:"一般而言,媒介是能够使传播活动得以发生的中介性公共机构。具体地说,媒介是一种科技开发,扩大了传播通道、拓展了传播范围,提高了传播速度。广义地说,言谈、写作、姿态、表情、服饰、表演和舞蹈都可视为一种传播介绍。

传播学意义上的媒介定义,有狭义和广义之分。传学家施拉姆称:"媒介"是指将信息扩展和延伸到传播过程中的工具,被称为"现代大众传播之父"。这是一般认同媒介的定义。由此,狭义定义中所理解的传媒,往往是指包括报纸、广播、电视和当下网络在内的传播信息的载体,而著名传媒学家麦克卢汉则对媒体有更广泛的定义。他认为,媒介是一种人的延伸,除了报纸,电影,广播和电视外,还包括所有的人工生产物,一切科技和文化产品,甚至还包括人的大脑和意识。任何新的媒介出现,导致新的延伸。车轮用品延伸扩大到手手腿脚,书籍用品延伸扩大到鼻子眼睛,衣服饰品延伸扩大到面部皮肤,住宅建筑延伸扩大到房子人体的内部温度控制管理机制,城市发展是为了适应人类群体庞大化的需要,人体器官也是进一步进化扩展延伸到整个人体的。

从汉语词源上面来讲,"媒体"在古代中国先秦王朝时期原本是仅泛指外国媒人,现在也多数使用于"介绍婚姻者",除此之外,还可以延伸使用到"使两国发生关系的人或事物"。意指"在以下两者之间处于中心的,在这两者之间起联系的作用",因此它常常也用于组合名词和其他术语,如"介绍""介入"等。其中,"介质"指一种波状物质同时存在于另一种波状物质内部时,后者则是指前者同时存在的一种介质;某些存在波状物体运动(或者例如说超声波、光波等)通过物体传播时所产生的波状物质可以称为这些存在波状物体运动中的介质,也可以称为"媒质"。

清华大学李彬教授表示:"传播媒介的含义按照一般的理解有两种。第一,它是指通过语言、文字、报纸、书刊、广播节目、电视、计算机、电话和报纸等方式传递信息的工具。第二,是指从事信息的采集、加工和制作,如报社,出版社,电台和电视等信息的社会组织。"在传播学上,传播传媒包含了以上的两种意义,如果它们是指通过传播活动的方式、途径或载体,那么通常使用"媒介"这个术语;如果指的是传播活动的机构或者人员,那么通常使用的是"媒体"这个术语。

媒介主要就是指在公众传播媒体过程中,通过传播双方的直接沟通与获取交流信息等来进行媒体传播的各种渠道。

二、新闻传播的本质

新闻本质上揭示了新闻内部的东西,是指与其他意识形式不同的新闻规定。目前,人们的研究更多地局限于新闻的外在现象,无论认为新闻是新近发生的事实信息,还是重大事实信息,揭示的都是新闻的外观。新闻的本质虽然必须通过它外在实体去认识,即从认识事实开始,但不能把事实视作新闻的本质。通过分析事实跨进新闻的本质之门,再返回到对新闻事实的深入探讨,是本节研究的主要任务,即新闻的事象与事态。

1. 新闻的事象

新闻的事象是构成新闻事实的复合、运动和可感性因素,即每一个最小时间单位都会出现事实,包括记者所能感觉到和描写的事实,可以被记者看到和描写。

首先,事象是构成事实的自然因素,事实一旦出现和存在,就表现为多个事象的复合系统。任何一件事情都可能不是一个截然无缘的单因象,而是多因象相互组合的一种。事实因象是由各种自然因果相互关系所直接产生的各种迹象,构成了一个事物内在运动处于时空的一种连续性,能够被新闻记者们所感觉和具体描写。事实独立于记者头脑之外，发现了它只是发现了它的存在，而它的存在则是一种时空转换的撮合。

其次，事象作为事件的现象环，使事实呈现多脉络的现象序列。

最后，事象和事实的本质可能是分离的。事象是事实的外在部分，可被记者感受到有的事象可能从某一特定联系方面表现本质，有的则不能代表本质。对于记者而言，则是更准确地去感受事实的本质，即不被事象所惑，而能够透过现象看本质。通过对事物与现象的多维观察来接近事实本质。

认识与把握事实具有重要意义：第一，任何新闻都应通过大量的事象来再现现实，将事情分解成现实。可使新闻立足于完整的或主要的事实，但又不至于片面地抓住一点而放弃事实的全局感。第二，对事实中的一些事物进行鉴别，可以分辨哪些事物价值较大或更多地认识到新闻中的关键环节，并能够对主要事物进行挖掘性的报道，从而找到新闻中的真正意义。第三，对于若干事象，记者在建设新闻时，首要是对新闻框架背景整体把握，然后围绕主要事象进行事实组构。第四，则是对这些事象协调地排列、组成有价值的事象，使事实的各部分和谐地呈现出来。

2.新闻的事态

新闻事态指的是新闻中的事实和现象之间的关系，表现出各种事实之间的联系，包括了各种事实之间的状态和动向，形成了以人为核心的事实链。新闻事件是由物态和事态共同组成的。

（1）事物包含了一种物态。在事情关系中，经常出现一些附加组分，即某种物体是人和一个组织使用的，这些物休是事实上的物态，包括日用品，生产工具，武器，食物，建筑或某些自然物，可以说，这些物体正是新闻事件的承载者，一定的新闻事态一定依附于物态之上的，借物态来表达与传递出来。

（2）事态和物态时时发生"用"和"被用"的关系，构成活生生的事实的现象链。事态与物态是不可分离的，任何新闻都是有机地结合在一起的。在事物关系中，经常会出现对某些事物的切入，即某种物体是人和社会组织使用的，它们构成了事实上的动物。物态是指日常用品，生产工具，武器，食物或某些自然产品的附加组成。没有这些东西，就不能构成某一事实。就人们而言，新闻里的人多是穿着衣服做事，只有与某些东西交流的人，才能形成一个完整的局面。这种纽带和它们的变化，形成了新闻外部结构。

（3）事物与物态之间的关系并非单纯耦合，而是必然和偶然的统一。新闻中的大量事态反映出了事实发展的必然性。记者正是由此认识事实的趋向和本质，判断事实的意义。记者常常只见人不见物，或只见物不见人，使物态与事态处于离散状态。新闻中的每一现象都是事实本质的某个侧面，记者采访得到的事实大都是片面的、表面的局部的，更是多变的和易逝的。从事态与物态的总体来说，事象比本质丰富、生动；本质比事象深刻、稳定。好新闻摄录的事实应当反映这两个方面，再现事实的全面联系。

（4）仅有事态构不成新闻实体，它和物态有机结合，形成新闻的外在形体。记者要再现事实的本质，必须把握事态间这种内在的特殊形式，判断事实的知悉意义。任何新闻都必须通过某些事物来表现，而任何一种事物都是在某种特定的联系上表现本质，新闻结构具有这种联系才能发生影响。所以，新闻事实揭示的内在联系，让受阅者认识事件的必然性与作用，表现为事象与本质的统一。记者面对事象和本质之间的关系，不能只看面，不顾另一面。如果只看二者的统一而不注意是否存在对立，就会否认深入采访的必要性；如果只看到它们对立而不重视其统一的一面，就会否认透过事象认识事实本质的可能性，采访就会陷入盲目。

3. 事实与新闻的要素

（1）新闻实情确定。事实就是客观存在的事物、事件或现象，通俗而言是指事情的实际状况，包括原始事实、经验性事实、史前的事实和现在的事实。对新闻报道来说，包括新闻的事实和普通的事实（不包括非新闻的事实）。

事实的特征。首先，事实不是抽象的符号，而是可视可闻的现象，因此可被人们感知和描述。可感是事实的重要特征，古语云"眼见为实"，也强调了事实的这种可感性。其次，事实的客观存在是事实的根本属性，事实是一种客观存在，而不是先验于人们头脑中的主观体验，具有普遍、绝对和永恒的意义。此外，事实一般是可以认知的，具有可陈述性。不可认知、不可陈述的事象我们一般不称为事实，事实一定是人们对于可认知、可陈述的信息的一种描述，在某种意义上具有确定性。再次，事实是变化的，世界上不存在静止的事实。事实的因果关系和各种事实相互存在的前提，构成了事实之间的内部联系；事实与物态之间的关系，以及其变化过程，构成了事实与外部的联系。最后，事实之间的内部联系显示了事实之间的本质，而事实之外的联系则显示了事实。事实上，社会是细胞。自然界由物质组成，人类社会是实际存在的。事实发生与发展是社会普遍存在的，每一个人都会有事实地再现出社会动态，它们互生与更新地表现出社会发展的状态。

事实对于记者的制约。事实对于记者的制约表现在多方面：首先，事实具有独立性。事实独立于记者头脑之外，记者发现了它只是发现了它的存在，没有新近发生于某地的事件，就没有关于这一事实的新闻。在记者发现它之前，它以客观事实的形态存在，记者发现它并加以报道后成为新闻事实。其次，事实不以记者的主观认识为转移，记者不按事实的客观存在反映它，就无法正确地反映世界。事实是一种客观存在，记者如果想探寻外部世界的真理，就要准确地发掘客观存在，描述这种客观存在，并按照客观存在进行其本质的探究。从这个意义上而言，事实实际上制约了记者的主观想象，客观新闻报道原则则是在这一前提下展开的。最后，事实有外部联系和内在联系，不探求事实的内在联系就无法反映事实的本质。记者要在实践中认真地观察、采访才能发现和认识事实；记者捕捉事实的主要环节，抓取最能反映事实本质的事象，才能把事实的真实情况再现出来。

（2）新闻要素是构成新闻事实的重要因素，即事件存在性的要素，可归纳为事件（谁）的主体性（什么时候、何地）和事件的结局（什么时候）和什么事件的原因。

（3）新闻要素之间的关系。新闻通过新闻事实的要素再现新闻事实的基本框架，构成每个要素的内容都是事件的细小部分，它们把新闻事件完整地展示出来。

新闻的主导要素可以是人，也可以是物，回答"谁"或"什么"的问题。

事件是事件主体之间相互联系和作用的状态，通常表现在时空因素"何时""何地"，表现为主体与环境之间的相互影响和事实矛盾。最后显露出"怎么样"这个结局要素。

"为什么"要素是新闻事实的本质。记者掌握了主体行为的归宿和事物的最后走向，有可能或需要的话，还要揭示事实的因果关系，写出"为什么"的要素展示事实的内在联系，即展示事实的本质。

4. 新闻事实的类型与结构

（1）一般事实与新闻事实

一般的事实就是没有了解功能，在自然和人类的社会里，每一件事都处于自然状态、为人所知。一般的事实具有以下特点：一般的事实发生具有必然性，是客观世界规则的直接反映或间接反映，大多具有雷同性；每个一般事实在什么时候、什么地方发生都难以预料，具有不期而遇的偶然性；一般事实大量重复出现，是常见的，不会引起人们的注意，因此一般事实大都被舍弃在新闻之外；一般事实无穷无尽、每时每刻都在发生和消亡，随着时间推移，新事实和旧事实不断交替，构成世界变化的序列。

但一般事实对于新闻报道而言却具有重要作用：首先，一般事实可能成为奇异、重大事实的先导或延续，注意跟踪和观察它有可能最先发现奇异或重大事实。而有些一般事实对奇异、重大事实具有引导和铺垫作用，记者选择、加工新闻事实时，大部分一般事实都要被舍弃，但也有少许的一般事实成为新闻的材料。其次，记者确定重要和奇异事实时是同一般事实比较而言的，较多并反复出现的事实可以肯定为一般事实，罕见的、偶尔出现的事实是对记者有价值的事实。

新闻事实是由记者挑选出来的、具有知晓意义的事实，其中包括时代、现代和未来的事实，具有客观、真实和片段性。新闻事实的特点如下：首先，新闻事实有"未知性"的特点，新闻事实是指真正的现象，事件是实际存在的，但必须是大多数人不知道的事实，一旦被大多数人所知道，就不会再是新闻事实了。其次，新闻事实必须具备"满足人类的知晓需求"的特点，新闻事实也必须为人们提供知道的需要，"从未发生过"是判断该需求的重要标准，因此新闻事实与一般的事实相比，是稀罕见的、少得多，需要记者到处寻找或识别。这一点对于信息过剩时代的新闻事实选择尤其重要，新闻是那些能满足受众知悉愿望且有意义的事实的集合，而不是无意义、琐碎信息的汇集。最后，新闻事实和一般事实往往混杂在一起，是由一般事实变动而来的，它本身也包含一些没有知晓价值的细节或多余情况。一般事实当遭遇特定情境或者遇到特殊变化时，也可能成长为新闻事实而进入到记者的视野中来，新闻报道就是不断甄别一般事实，不断地从一般事实中找到有可能成为新闻事实的元素。从一般事实中发现新闻事实，就要求记者要贴近生活、深入社会，到实践中了解各行各业的活动，越是有冲突的地方、变化较多的地方、人们议论纷纷的地方，就越容易出现新闻事实。记者还要不放弃外界提供的任何新闻线索，要在与一般事实的比较中确定新闻事实。此外，最为重要的一点即是要用受众的眼光衡量事实是否能够满足他们需要，受众感兴趣、受众特别关注的事实，就有可能是新闻事实。

（2）短促事实与连续性事实

短促时间事实通常指的也就是在极短暂的时间内，事件不再正常发生的一种现实。建构这类新闻也有很多方式，但把事实要素一次性都写出来，线索单一，就能构成反映世界的一个孤立的图式。

连续事实指的是继续向成熟发展的事件，在这个过程中，每一条新闻都只是在截取一段新事件。

（3）硬事实与软事实

硬事实是指新闻中时间界限明确、不可任意变化的事实，也称为固态事实。包括人物，地点，时间，数据，服饰风格，色彩等在内的新闻框架建设，是构筑新闻体系的基础材料。硬事实的特点如下：①作为新闻中的刚性事态，硬实事实是新闻的刚性事态，时空观念和事实因素缺乏弹性，必须准确无误。②新闻记者不会有任何改变事物的余地，否则就会报道失实。③硬实事实不存在混沌的形式，记者识别与再现很容易达到一致，大体上都是用相同的语句表现出来。④反映硬事实容易做到准确，甚至达到相当的精确度。⑤一则新闻可以没有软事实，但不可缺少硬事实。

软事实是新闻中很难确定具体的时空界限，表达情绪或意态的现实。情态实际上是事实的声息，通常表现在现场的气氛中和人们对情感的反应；意态事实是新闻议论的一部分，它阐释了事实的特性、意义和功能，揭示了记者对事实的评估。软事实仍是客观事实，不允许记者以主观的杜撰为依据。

软事实的特点如下：

1. 软事实通常比较模糊，更含蓄，可以多写或少写，也可以不写。记者对软事实的陈述具有可变性。

2. 对事实的情态和意态有不同的表达方式，记者只要忠于已经发生的事实，可用不同语言再现这种事实。因为有了软事实，记者在重构这个世界时会表现出不同的角度与描述风格。软事实也是决定新闻报道风格多样性的重要因素。

3.软事实的广延性可以浓缩，也可以伸展，还可进行一定程度的渲染。在新闻娱乐化时代，软事实被媒体强调，"细节、画面感、质感、甚至能嗅得见味道的文字"成为这一时代"软事实"的鲜活注脚。

三、新闻传播的结构

（一）新闻的形态

新闻形态指的是新闻事态、意义和其表现方式的一个总和，也就是所谓的新闻事态。事态和物态相聚合，形成了新闻的外在结构，让观众获得情感的外部世界；新闻意态指的是新闻中蕴含着的思想，它表明了事物的发展趋势。新闻的形态是多维的，包含了事实倾向、种类和视角，从而使新闻实体具有两种主要形式：标准新闻和非标准新闻。标准新闻是一种有机的，或几个事实，它为人们提供了秩序井然的具体事件，给人们带来秩序。非标准新闻不设本报讯或电头，无导语，叙述的事实缺乏严格的结构，各种事实都是随机展开的，适应一个主题。事实和分析是纵横交错的，以表现新闻意义为主线的，如深度报道等。

新闻形态构成的模式如下：

1.最近点投射主题的模式。不管哪种新闻，新闻实体都表现为记者对事实主题的陈述要以最近时间的事实为起点，再现事实的发展。

2.材料堆积模式。这种模式揭示主题主要靠材料的对比，在新闻中收集丰富的材料围绕主题展开，用大量事实客观地显现主题。

3.话语模式。新闻选择重点事实，陈述时多用关键的话语突出事态的特征，点破主题。

4.展示事实过程的线性模式。重视事实的发展进程，由时空某一点展开事实的演变线索，逐一揭示事实的内在联系——事实的现象和本质的关系、事态生成的因果与前提或条件。

（二）新闻的建构方式

新闻建构就是记者协调排列，组合每一个事物和事实，使新闻具有一种真实的性质，并显示出其内在关系和外部结构，使新闻具有实体性。新闻建构符合人们对事实认识的习惯，是报道最好的框架之一。本教材将新闻建构分为以下四步：

1. 选择事实的起点。新闻构建的起始点是客观存在的新闻元素，即没有事实作为基础，新闻构建就无法谈起了。

2. 基础新闻体系。在确定选择事实的起点后，新闻构建面临如何有机地将新闻元素与现实事件有机结合，按照客观的需求合理地排列"五W"或者"六W"，清楚地揭示了新闻事件发展的脉络。

3. 新闻结构的安排。构建新闻也需要合理地安排基本的新闻成分，该新闻通常包括标题、引言、主题、背景和结语等，需要将这些成分和谐相连。

4. 不同事实类型的组构。构建新闻要注意有价值的一般事实和新闻事实的穿插，硬事实与软事实的联结，将软事实自然、圆熟地嵌入硬事实中，使其构成一篇富有生机的报道，是新闻建构完美的重要标志。

（三）事实的品类与新闻的意义

1. 事实的品类，是广泛指反映事实的重要地位程度差异，构成了反映事实中引人注目的特殊性格和重要分量，一般定义是指反映事实的重要地位程度，即新奇性，趣味性和显赫的地位程度。事实地位品类因素是一种整体具有多重具体意义的一类事实品位因素，主要含义包括事实性的一种分量、相关的事实品位和一种异常性的事实品位。

2. 新闻的意义。新闻建构是基于一系列新闻事实的基础之上的，其目的是形成新闻的意义，意义是影响人们观点的原发动力。新闻建构中的意义传达是通过新闻角度的选择、新闻倾向的表达而逐渐建立的。

（1）新闻角度指的是新闻事实由一种或几种事象组成的具有某种意义性的特点，包括主要角度和次要角度，每一种特征都表现为事实的某一部分。

（2）新闻的倾向主要是指新闻记者及媒介机构的新闻立场。

（3）形成新闻的意义。新闻意义是指新闻事实所蕴含的思想，多表现出客观事实趋势，包括传媒所表现的倾向，记者对事实的评估，以及突出新闻事件的利益动机。新闻意义的形成是通过对事实的选择与组构而实现的。

第二节 新闻传播的社会功能

一、新闻传播社会功能探索

（一）新闻传播功能"三元"说

拉斯韦尔在1948年发表的《传播在社会中的结构与功能》一文中，将传播的基本社会功能概括为以下三个方面：

1. 环境监测功能。自然和社会环境不断地变化，只有及时认识、把握和适应外部环境变化，人类社会才能确保自己的存在和发展。

2. 社会协调功能。社会协调是一种建立在一个分工合作的社会基础上，是一种社会有机体，只有实现社会各组成部分的协调与互动统一，才能对社会环境中的变化有效地进行适应。

3. 社会遗产的保护传承功能。人类经济社会的繁荣发展正是建立于知识继承与不断创新之间的基础，只有把这些前人的人生经历、智慧、知识记录下来，积累和消化保存传给后人，才能对这些前人知识进行更深的继承完善，发展与更新创造。

（二）"四元"新闻传播功能

威尔伯·施拉姆在《传播学概论》中，正式确定了传播功能：雷达、控制功能、教育和娱乐等。传播是社会活动中必须起到的作用。无论它是内向的，还是直接的与人交流，还是通过媒体进行的大众传播，还是通过媒体进行的跨国传播。施拉姆总结了大众所传播的社会功能，即政治、经济和普通社会功能。他认为，大众传播政治的主要功能包括：监视，协调，社会遗产，法律和习惯的传播。经济作用表现为：有关资源和买卖机会的消息；解释此信息；制定经济政策；活跃和经营商场；开创经济行动等。一般的社会职能包括：有关社会规范，作用等信息；接受或拒绝这些信息；协调公众对意愿的了解，实行社会控制；向各级社会新媒体成员群众传达有关社会规范、作用、娱乐等各个方面的有关规定。

（三）新闻传播的信息作用

新闻传播最重要的社会职能是信息传播，这也是赖以在社会中生存的新闻传播基础。根据西方著名新闻理论家施拉姆的观念，信息传播具体能够发挥五项作用：

1. 部族守望人的功能：从古代中国原始社会时期起，各村落部族就被划分出一个值勤的"守望人"，他们负责协助每个族人在固定地平线上进行守望，一旦当地发生各种异常情况，立即敲锣鸣鼓发出警告让各族人一并武装聚集起来，群相合力抗争。在当今的中国社会中，媒体承担着一个"鸣鼓的守望者"。它的探测任务非常多样化，不是主动地直接告诉宇宙敌人即将到来，更不是应该进一步正确性地反映实际宇宙环境，以公平、正确的技术手段直接揭示整个宇宙的事实真相，从而真正达到"守望"的积极作用。

2. 会议的作用：当生活群体陷入某种困境时，人们通过亲属协议或村民会议，达成共同协议。现在，大众传媒取代了这一功能，帮助人们将自己的反应和出现在地平线上的挑战和机会联系起来，并调整各种不同的意见，使人类能够一致地采取行动。

3. 教育的功能：在未开化期间，个人的一生行为举止受父母和周围的人影响。散居农业社会，人与人之间相互影响也不如今天那么深；文字发明，简册的传播，以及学校建立起来的教育文化，使其逐渐形成了一个完整的系统。而大众传媒在教育上的影响更为广泛，而且深入人心。城乡差距逐渐缩小，人与人之间的隔阂也逐渐消失，群众知识程度也在不断提高。大众传媒对教育文化发展的贡献是非常大的。

4. 强调娱乐教化功能：对于现代人类，娱乐就像给人吃饭一样，是不可缺少的；而在原始社会时期还有喜庆丰年的传统庆祝习俗活动和新年迎神宾会，因此不能尽可能仅限于强调娱乐教化应用功能的整体重要性，而完全抹杀其在游乐教化应用所占的重要分量，我们甚至已经可以更加断定地解释说，娱乐教化功能至少应该等于娱乐教化后的功能，特别说这是广播电视机对娱乐教化功能的一个等量。在不断调整紧张的生活状况下，大众传媒责无旁贷。

5. 商业功能：早期的农业社会中有固定的商集，然而今天人际关系越来越复杂，商场不再是"以物易物"。为了促进商品流畅，使顾客和厂商的供应能够得到满足，以确保经济体系的健全，这些巨大的任务，便由公众媒体来担负。而上面提到的守望，会议，教化，娱乐和商业等新闻传播基本功能，都是以信息传播为基础的，并充分地体现在当代社会，而且作用不断增强。当今社会大众传播的主要内容包括文化传播，环境监测，社会调整和娱乐共享等方面，进而对社会体制的变化、社会组织构成和社会经济运行产生影响。

二、新闻传播社会功能阐述

新闻传播的社会职能主要包括：在整个社会体系中，各部分具有一定能力、作用和功效。法国孔德和英国斯宾塞首先提出了这一概念，作为社会与生物有机体的类比，认为社会就是事物相互依赖、相依存在的有机整体，彼此之间根据不同的需要，实现不同的社会职能。后结构功能主义对此作了进一步丰富和发展，并创造了一系列功能分析概念，如正功能、负功能、显功能、潜功能、替代功能等。

社会功能主要是：

第一，整合功能。社会把无数人组成一个团体，形成合力，调整矛盾、冲突和对立关系，并将它控制在某种程度上，维持一个统一。所谓的整合，主要是文化、规范和意见的整合，以及功能的整合。

第二，交流分享功能。社会为它与人们之间进行各种交往活动创造了一种基本工具，如各种语言、文字和其他符号，为它与人们之间进行各种交往活动提供必要的的场所，从而得以维持和不断发展它与人类的相互关系。

第三，导向功能。社会上有一套行为规范，用来维持社会正常秩序，调整人与之间的关系，规定并指导人类思想和行为方向。导向可能是有形的，如通过强制方式或舆论等非强制方式进行；也可能是无形的，如通过习惯等潜移默化。

第四，继承人和发展人的功能。人生短暂，一家两代人自然更替，社会和谐长存。通过人类社会的不断积累，人类所共同创造的自然物质文化和人类精神物质文化已经得到了不断积累与逐步发展。

三、新闻舆论传播的社会功能

新闻舆论传播的社会功能，可以分为以下几种：

（一）模拟与预测

舆论在社会的各个角落里弥漫，舆论公众分布在社会的各阶层，行业的各个领域，而作为舆论公众的主要群体，更是置身在社会实践的前沿，既是物质生产活动的主要力量，也是自我互相关系的产物。所在的整个社会运作现状很快就被公众感受到了，各种议题、论辩和意见都形成了社会的氛围，也就是社会的气候，或者说叫作"第二自然"的社会现实。在这样的模拟环境下，人们可以感受到当代社会客观的存在和精神形态，感受到社会变迁的脉搏和时代的变化。因此，舆论是社会本身的感应神经，是权威预测机构，也就是古代人所谓的"天视自我民视，天羲自我民听"。在社会的机体里，在社会的运行过程中，哪里存在问题和矛盾，哪里会发生冲突，什么地方的舆论必然会给出预测和反映。

真正的舆论是来自千百万人心灵的感受和经历，来自人民群众的实践认识。这种舆论是真正可信的。由于社会舆论是整个公众人群认识的结果，这当然也包含了个体对知觉的认识，但舆论中更多地包含了一个单独的认识，相互影响，相互渗透和创造过程。在这个过程中，人们的观点被他们的观点"修正"，差异被融合，偏见受到筛选，因此舆论显得更完整了。客观，全面，深刻地反应了社会发展的客观规律，显示了时代发展的正确方向，不仅能预测到社会病象危机，也能提示改革的趋势。

舆论模拟和预测的功能表明，人们不可能倾听、观察和分析社会的各个角度，从而不倾听、观察和分析舆论。时至今日，人们更加关注舆论的重要性，其制度更加完备，手段多样、方式广泛。

（二）沟通与调节

人类交流是最广泛也是人类行为中最复杂和最重要的一种。任何一种人类的活动，无论是精神或物质活动，都以这样的方式进行交流，并在人类的社会形成与维系中起到非常重要的作用。人类社会和人类文化之间的交流是不可能存在的。

舆论活动实际上是人的一次交流，是在意见沟通的具体过程中，可以统一不同意见，使少数人的观点扩展到多数，使上层决策者的观点转变为下级民众自觉的行动，也可以将下层人民的意见转变为上级决策者。舆论交流消除了人和人与社会之间各种隔阂、误解和壁垒，加强了相互的认识和理解，从而增强人们的共存感、一体性，使整个人的社会化、活动性得到统一，因此借古讽今意见交流能起到沟通的作用，使个体与人和社会的精神意识在个体与人之间发挥作用。越相互交流越趋同,也使社会成为有机整体。沟通是调整的基础,调整取决于沟通。人们有不一致的意见,心灵没有沟通,就不能进行协调行为,而调节则是沟通的延展。

舆论管理细节的主要功能有很多方面,大到社会宏观的整体经济运作,小到社会个体之间的行为,都已经可以直接受到各种舆论的影响和逻辑调整,就目前宏观经济社会的总体而言,舆论管理细节也就是包含着各种社会级别的观点意见。

舆论可以处于构成社会主体意识的中间重要地位,因此,舆论也可以涉及关系到意识形态和其他社会意识心理之间关系的许多详细情况,舆论也同样可以起着重要调节意识形态的重要作用,在上层建筑中也同样起着重要调节作用。

除了制定市场经济价值活动规则、政府职能以及部门结构调整外,人类其他经济社会活动也不能完全忽视社会舆论的引导作用,尤其特别是我国现代经济社会。如今,纵横交错的各种大众传播媒介在广泛地用于传递社会经济发展信息,对我国社会上的物质生产和社会消费都将具有相当大的经济刺激拉动作用。根据马克思社会矛盾就是社会生产力与生产关系,经济基础与上层建筑之间的矛盾,这种基本矛盾关系从根本上直接决定了中国社会主义历史的基本发展和演变方向。舆论在社会调整中不仅表现在上层建筑和经济活动的内部关系上,而且更主要表现在两者关系细节上,使生产力和上层建筑符合经济基础,从而使社会良性的运行与协调发展舆论遍及各个社会角落,可以说是到处都有、无时都在,它激发了社会潜能,弘扬了社会正气,监督和抑制着消极因素,对社会生产起着微观的调节作用,我们清楚地看到舆论是社会生活有序的润滑剂。

(三)激励与监督

舆论是智慧思想的花草,是意识的结果,是人们精神上的富矿。开放舆论可以起到发展民智、释放社会潜力、激发社会活力的作用。

开放社会舆论,就是为了让中国人民从各种政治思想的体制禁锢中能够获得充分自主,独立思考问题,独立讨论国事,直率直接发表各种对中国社会经济生活的不同见解,这样一种做法就是为了有效调动和充分激活已经沉睡的中国社会舆论功能,推动人类社会和谐发展。

开放舆论能使人们心灵活跃，精神解放，必然会带来大量生产力的释放。以思想解放运动开启的新一代，社会思想前所未有的活跃，人们甚至能品评领导人物，而不用在意为自己带"帽子"、打"棍子"。在这种宽松环境下，人们能够放开自己的手脚，敢想敢说敢干，创造能力得到充分发展，国民经济也得以不断高速发展。

舆论的巨大鼓舞主要作用是促使社会公众及其个人在社会舆论活动中的"声张自我"、个性特质能够得到充分发挥，社会和人民被舆论激发并逐渐充满了青春活力。另外，自我声张不能在这种极端的个人主义中广泛流行。"众多"的经济观点则也可以说促使我国社会经济生活更加趋于有序，否则就可能会直接导致社会经济生活紊乱或者失控。因此，社会良性的媒体运行与协调和谐发展，还有待于社会舆论的媒体监督和社会抑制发挥作用。

舆论监督方式多种多样，如批评检举、指控控告、示威游行等，其中以新闻媒体为主的监督方式最多。新闻监督的公开、及时性比一般舆论监督要强，具有不可抵抗的揭露力量，与全国公审一样的强有力量，新闻传媒作为社会"第四权力"在社会监督体系中发挥着无可比拟的作用。

舆论监督对象的内容是广泛的，它将全社会纳入自身监督的视野中，上至国家元首，各级公务员，下至民众百姓，都属于舆论的对象。在民主社会中，每一位社会人员既是受舆论监督，又是运用舆论监督他人。舆论的监管是全面的，人民政权不应当被动接受舆论的监管，更不应当害怕舆论的监管，而应该把自己放在群众的监视之下，使其决定在更大程度上走向民主、科学的轨道。

（四）社会化功能

舆论对社会不仅仅是对每一个生活在这里的社会成员来说，对其本身的影响也必定有一些作用。舆论在个体中的作用可以简单地概括成为社会的一种功能。所谓"社会化"，就是个体在社会环境中相互影响，从自然人变成社会人，并适应社会生活的全过程，在这一过程中舆论的影响非常明显。

个体的社会化途径有两种，一是通过社会的感化方式，即社会通过社会的实施来执行社会化，舆论在任何时候都在反映和评价社会生活，总是有一种倾向，借来传递某种社会规范和价值理念；二是个人内化，即个人接受社会的影响，实现现实世界的内部化过程。这种社会化的途径不能消除舆论影响。现代社会的成员是主体和客体之间的统一。作为舆论的主体，它同时也是舆论社会的对象，而作为主体，他仍要受舆论的社会化的影响，这种社会化影响主要体现在舆论的形成过程中，将公众意愿和外部世界的内在化。

第三节　新闻传播的异化功能

互联网信息技术迅速发展，促进新闻传播方式有了较大的变化，基于框架理论，新闻传播要想更好地把握当下的社会经济发展情况，就需要更好地把握新闻传播，以保证其实际需求。新闻传播框架理论在当今受到学者的广泛关注，该理论应用于新闻传播领域，在框架论的影响下，新闻传播表现出开放、多样化的发展特点。在框架理论的基础上，对新闻传播问题的研究从社会学、心理学框架论两个方面出发，分析新闻传播过程中出现的问题，并对新闻传播发展的模式进行分析、探究。

框架理论在新闻传播的发展过程中得到有效应用，该理论始于50年代末期，涉及心理和社会两个领域。新闻传播框架理论应用，要注意对受众的心理把握，并能将这个问题置于大的社会背景下，分析现实的新闻传播情况，找出在发展过程中存在的局限，从而更好地推动新闻传播行业的发展与进步。目前，对新闻传播框架理论的研究，多数仅限于理论分析，在理论和实践之间存在着一定的联系，这样做就导致了框架理论的研究无法很好地指导实际活动。本文注重以社会、心理学为基础，从社会、心理等学科的角度，综合有关知识，对其有效性、局限性等进行分析和研究，以掌握新闻传播框架理论的内涵和实际作用。社会学框架理论的应用，更多的是把握观众的经验，即根据观众的要求，建立一个"完美的框架"，使观众对这一框架有所接受。

分析框架理论应用于新闻传播领域，要注意把握框架理论的有效性和限制，从而使框架理论更好地发挥有效，避免其局限。

在"互联网+"时代，促进市场化经营的模式是必然存在的，传统媒体和互联网是必然存在的。信息传播通道不仅局限于传统媒体，而且传统的媒体也不应停滞，必须与新兴的媒体相结合，共同发展。因此，我国媒体业应大胆创新，迎接挑战。我国媒体工作人员应该致力于向国外媒体产业学习，借鉴成功的经验，注重开发和创新，制定有效的管理机构，围绕个性媒体服务进行工作，合理地配置媒体资源，促进传统的媒介和互联网相互补充，并相互推动。互联网技术的发展，增加了传统媒体传播的方式。因此，媒体应根据用户的不同类型、用户的需求，为用户提供特色信息化服务。同时运用多样化的运营模式和客户支付方法增加利润。例如，我国许多电视台通过网络技术的应用，开始在手机和PC多屏交互行业中发展，特别是芒果TV，以其为代表的多屏视频资源，众多电视台立足于其自身所具备的个性化视频资源，建立了多终端融合平台，包括网络电视、手机和视频等，利用途径与运营相结合和市场相结合。结合方式，拓宽传媒发展渠道。

综合所述，当今社会进入了"互联网+时代"，全媒体的发展应该根据传统媒体和新媒体的优点，选择适应自身发展的方式，创造符合互联网发展需要的媒体时代。同时，传统媒体也只有跟上时代的步伐，不断更新传播观念，优化信息的传播和内容，增加媒体的传播通道，促进互联网结合和合作，才能实现更大突破和进展。

第六章 新闻传播的要素理论

本章通过分析新闻传播者、新闻受众、新闻内容、新闻媒介等要素特点，了解新闻传播的要素内容和要素理论。

第一节 新闻传播者

一、新闻传播者的角色特征

传播者也称为"传人"，是主动传播行为的发起者，即在这一传播过程中信息的发出者。在社会传播中，传播者可能以个体的形式，如人际传播活动，也可能以群体的形式，如团体传播，后者可能是群体的形式，如大众的传播。传播者是信息传播链的第一环，它是发起信息传播的人和内容发布者。因此，传播者不仅决定了传播活动的存在和发展，而且决定了信息内容的质量和数量，流向和输出，以及对人类社会的影响和作用。

新闻传播人的角色主要表现在：新闻传播人是信息流通的动力，是意见之桥，是观点之镜、是监督权力之镜，是社会民众的教师。这对新闻传播人员的社会角色定位，也是对新闻传播人员的期望，其职业特点最主要的短处是，片面和表现都很容易产生。

二、新闻传播者的角色责任

新闻传播人的角色责任，体现了新闻传播过程的全面。一是新闻采集者对新闻报道的角色负有责任。尽可能多、最好地满足了受传人的多种要求，既正确地引导了社会的需求，又满足了多样化社会的需求。忠实履行新闻调控机构的法令和指示，使给定的信息符合法律和理性。培养好的专业技术，以优秀的新闻敏感、宣传和及时发现新闻信息，以便捕捉和抓住新闻。二是新闻制作者在信息传播中的角色。正确把握，有效地控制新闻信息流量和传播。加工过程中，要做到客观公正，真实公正，全面性地传播，使其迅速传播。三是对信息的反馈。全面了解所有反馈信息，及时对后继传播进行调整。正反馈：系统在偏离老稳态后转向新的稳态。负反馈：系统转向稳定的过程，对有效传播具有重要作用。

三、新闻传播者的角色权利

新闻传播者权利可分为普通和角色两种，其中一般是指新闻传播者在完成自己职业工作时所必须具有的职权，主要包括知察权：新闻传播者的职业行为，收集、核实信息和传播信息的活动，不受到阻碍，政府、公务员和一切相关人士都不拒绝向公民提供依法知晓的信息。编辑权：新闻传播人有权选择并处理新闻信息。传播权：新闻传播人员将采集和加工的新闻信息承载给受传媒介，并自由向接收者传达新闻信息。取消任何形式的新闻检查，即追惩和预防，是传播权的前提。监督评议权：这里是指以事实为基础，以法律为基础的新闻传播人，利用媒体对政府、公务员和其他人的行政成绩、个体品行以及违法失职的行为公开报道，实施监督、批评权的。独立和负责舆论监督和新闻批评，是新闻媒体的重要职责。秘匿权：新闻传播人员不向外部透露新闻提供人的身份和名字。著作权：又称版权，是指作者为自己作品而享有防止他人随意利用自己作品的权利。人身安全。

第二节 新闻受众

一、受传者分类与特点

受众主体指的也就是通过大众传媒传播信息的主要接收接受人，也就是信息受众的传人、听者。受传者很有可以仅是一个人，也很有可能仅是一个个人群体或某一个的社会团体组织。受众群体是词泛指已经接收此类信息的所有人，包括所有报纸和电子书籍节目读者，广播节目听众，电影和广播视频节目观众，网民等。从一个宏观层面来看，受众群体是一个庞大的受众群体；从一个微观层面来看，它们的表现反映出一个社会的文化多样性，具有很大的一种社会文化特征。

受众包括报纸书读者，广播听众，电影戏剧的观者，网络浏览员等。受众可分为真实受众，潜在的受众，隐藏的受众。真实受众：坚持与新闻媒体接触并使用新闻传播的人。潜在的受众：具有完全的听力，但尚未接受过所有新闻媒体的人士。隐藏的受众：受众在接收新闻信息后，可能会产生思维定式或行为定式，这些内容已经被隐含在作品中，而这些内容都是由新闻媒体根据主要需求精心选择和制作而成。隐藏在观众中的"观众"，实际上是由新闻播音员和观众共同创造的。

受众获得信息后，会根据他们自己的理解产生对应的反响。从受传人接触媒体的习惯来看，可以是稳定的受传人和非稳定的受传人；从社会团体的需求和兴趣性来看，可分为特殊的受传人和非特殊的受传人；从社会群体的构成特征来看，还可按政治背景、经济地位、职业特点、年龄、文化水平和个性心理特征等不同程度划分为不同程度的受传者群体；以媒体服务的对象来区分，还可分为报刊读者，广播观众，电视看者和网上浏览员。

二、新闻传播受众的角色特征

在新闻传播的过程中，受众有以下角色：第一，在现代传播过程中，受传人是无定向的、模糊的，这给有效地传播新闻带来了不小的难度。第二，一种传媒的受传人兼收其他媒介，受传人多渠道了解信息，在受传人员的过程中，不可避免地将各种传媒提供的信息进行比较、分析，给予不同的评价。第三，新闻信息的传播不具备强制性，新闻观众完全根据自身的需要、动机、态度和意志来选择新闻信息，选择新闻观众。观众的接受态度是最终决定新闻传播效果的人。第四，新闻传播期望中的社会影响是否有效，能够产生预期的"动效应，主要依赖于受传人对这些信息和意见的心理反应，以及他们对此所采取的应对行动。第五，传播效果的重要环节就是及时了解受众反馈的信息。第六，在我国现代社会生活中，受众主体既是独立社会行为的一个主体，又总是一种不同阶级，层次的一个人群，团体和一个社区的社会组织。第七，受众为中国社会底层人士之一，在他人接受这些新闻传播信息后，由于某种特殊心理因素需要将这些新闻消息直接转达给他人。

三、受众的选择性接收心理

选择接收心理是指在接触到新闻信息的过程中，受传人有目标地进行了筛选。它通常被分为三个连接在一起的环节，第一，选择性的注意一下。是指接收信息者，从生理上、心灵对外部事物的刺激中有选择和集中的。第二，选择性的理解。选择性的理解就是信息的内涵和含义，符合他们自己的意愿。1976年，戴维森等人提出：受众对哈姆雷特的选择性理解有四层意义，即习惯性；求心理平和；求得心灵平；功利。第三，选择性的记忆。受众通常只记住对自己有益、符合他们的兴趣或与他们意见一致的内容。人们无意识地忘记了那些可能很重要，但与他们原来的态度并不一致的信息。选择记忆是由受众的心理需求、态度、感情和信息的传播环境、媒介形式和刺激的共同影响产生的。在无数信息的"轰炸"前，观众特别能听懂的是对自己原来观点有利和保护的信息，而不会忽略或忘记这些信息与自己的观点是不同的或相反。

第三节 新闻媒介

一、新闻媒介及其分类

新媒介时代的新闻。广义的新闻传媒是指可以传播有关新闻信息的各种媒体，包括公共和非公开、大众和非大众的媒体，如招贴、邮件和微信等；狭义地说，即我们常说的新闻传媒体，仅指以新闻、时事等为主要内容的大众传媒体，如新闻报刊、电视广播机端等，连续传播。

新媒介收发端，特别是平板电脑和手机，将人际传播、团体传递、大众媒介及其传播结合在一起，也就是把许多广义的新闻媒体与狭义的新闻传播融合起来，带来了新闻传播与个体、群体和组织和社会之间的新联系，以及包括人际关系、团体心理和网络活动在内的新影响，包括：人际关系、团体心理和网络活动。新的发展，如协商民主。

媒介集合体称为传媒。现在许多社交、社会等媒体，也是新闻的代言人。社会化媒体（socialmedia），是指由非专业传播机构组成的，主要是由公众自行参与的，以用户创建内容为基础的多对多传播交流的新型在线媒体，包括博客、微博、维基网站、播客网络、社交互联网网站、内容区域以及个人网站、微信公众号等。它们与传媒的机构化不同，但也有一些个人参与的团队，其中一些组织也可以办博客，微博，微信公众账号，等等，这些都可以归为广义社交媒体。socialmedia又被翻译成社交媒体，是指基于古代社会网络的各种媒介，除了电子外，还包括信件等；某些社会媒介连续而广泛地扩散，具有公开和广泛的媒介性质。

社交媒体，英文也是social media，现在指基于微博，微信等电子社交网络的媒体。虽然微信的交友圈和交流群体大多是公开的，也不广泛地传播。但通过再次转发，也可以相当于具有传播性质的公开转发。

社会化的媒体概念比社交传播更早，两者之间既有差异又存在联系。前者相对于机构性媒体来说，主要是从传人和内容的生成角度来看，便于掌握其内容的特点；后者不论由传播机构办理，主要是从传递渠道出发的，便于掌握其传递特点。

移动端新闻媒体手机，平板电脑等移动终端的传播具有随时，随地，任意等特征，各种传播媒介也可以在移动终端上相互配合，融为一体。面对手机和移动媒体的机遇与挑战，传统传播需要重新定位、创造传播的方式与赢利模式。新媒体将进一步研究，通过手机端扩展传播效果，改变现在过度迎合市场，只问经济效益，不顾社会利益的局面。

微博，微信等社交媒体对新闻传播的影响也越来越大。它们具有多元的信息，直接反映民意，对舆论进行监督等长处，也容易传播虚假、不良和有害，侵权等内容。需要深入研究社会化媒体用户的行为、传播特征、开发使用和科学管理，充分发挥它的积极作用，防止消极影响的发生。

二、新闻媒介的功能

媒介功能新闻媒体具有信息的功能，包括传递信息和意见的交流（也就是相互传播意见的观点信息），宣传功能包括：宣传、指导、教育和引导，文化的功能包括：文化汇聚、交流和扩散，以及包括其他服务在内的咨询分析、广告发布、艺术娱乐和生活及健康等服务，以及包括：咨询、分析和宣传服务等。与这些功能相对应，新闻传媒具有信息，宣传，文化和服务的作用。

这些普通功能实际上是具体的功能。它们分为一种消遣和一种工具两类。消遣的功效是对个体的。工具性功能包括个人对知识、学习和交流的了解，对组织机构来说，决策、宣传和公共关系等功能，对社会来说，政治和经济的功能等。这些作用也对这些作用产生了相应的影响：

(一) 政治运行

现代社会的政治运行，如政治选举、决策、动员、实施。很大程度上有赖于新闻媒介的沟通、交流、宣传、引导、监督等作用。传播政治思想、观点、理论，政治路线、方针、政策，进行思想政治教育等也是如此。

(二) 政治优势

政治优势包括：促进政治民主化，民本化，协同性和高效。民主就是大家的主，只有对情况充分了解才能发言，这取决于新闻媒体提供的真实、全面的消息。大家都只有获得并表达各自的意见，才能做主，而这又依赖于新闻媒体提供的意见交换平台。大家也需要通过媒体进行民主的监督。

民本是以人为本的。新闻传媒可以反映民情、意见、愿望，实现民情权的知晓、参与权的表达和监督，使国家能够实现民情畅通、民意达到，政治民主、监督力量强大，发展科学化。

促进民主化与民本化也通过媒体问需要在民、察情之变，问计在民、集人智慧，问政于民、知政之失，从而形成更符合民意的良性循环。

协同化实现了协调与合作，达到了既有民主又集中，也有统一的意志，又有个人自由，促进了国家统一，人民团结。国内民族团结这些团结是我们的事业必定要取得胜利的基本保证(毛泽东)。中国原是一片散沙，后来被文化中国融合成一个具有鲜明民族意识的国家，在这些媒介中发挥了重要作用。

(三) 国际政治交流合作

国际政治交流合作的具体内容包括：增进国际之间的了解、理解协议；树立国家形象，加强国家的软实力。获得国际话语权，影响国际舆论，与国际关系有联系。

在中国政治制度改革、政治文明建设及政府管理转型过程中，新闻传媒发挥了开创性、保障性等作用。要吸收中外历史的经验教训，进一步改革发展新闻传媒系统，完善决策体系、整合和监督制度。

三、新闻媒介的作用

全面地发挥媒体作用，可以从三个角度来看媒体的作用：一般（普通）功能带来普遍作用；一般（特别）功能带来具体的作用，也就是具体所表现的作用；一般功能的发挥方式也带来了相应的作用。

新闻传媒的社会作用，一般是通过交流、整合、创新和控制舆论等手段，起到相应作用的。例如：新闻传播在媒体中是信息沟通的，意见传播在思想上是沟通的。它们能够开拓视野，正确的认识，科学的判断，带来协调社会的高效性和社会运作。它们使新闻传媒成为一种公众的交流、讨论社会事务的公开空间，实现了公民知晓、参与、表达和监督等权利。社会浩望是信息交流的重要体现。社会交流、整合、创新和控制，都需要对媒体的社会可观性进行随时的了解，对社会变化有较大影响的力量机构和对社会产生较大影响的公众人士；及时发现社会的异常及威胁，如公众对他人的负面影响，权力滥用或出现这样的影响，并可能发生滥用。又如舆论的作用：舆论是一种重要社会现象，往往是反映民情，体现了人意，但也有偏颇之处，或故意制作和操纵。新闻就是信息，舆论就是意见，两者有很大的不同之处。新闻工作要真正全面，客观公正地反映事实，舆论工作要反映代表、引导、推动舆论，开展和保障舆论监督工作，两者目的、内容、方法和作用各不相同。不应混为一谈，相互扭曲、替代，而应各司各职，充分发挥自己的作用。

同声相应，同气相求效应也形成了一个由信息和言论传播产生、对舆论形成和变化具有一定影响的不同舆论场域。有官方的舆论场，民间的舆论场，新媒体的舆论场，海外的舆论场。它们对某种思想、态度、情感的反应，具有认知作用。它们不应该是互不相干，或者彼此扯皮的分离关系，也不应该是你吃了我、你吃了你的包容关系，而应该是你们之间的交汇，各以积极的方式来实现互相促进。

因此，舆论导向不能仅在官方的舆论场上转变，要尊重、深入和借助于民间的舆论场，要充分利用数字化的传播，特别是移动的传播，积极参与，影响并利用新媒体的舆论场，海外的舆论场。

第四节 新闻内容

一、新闻事实

新闻的事实是由记者挑选出来，并以一种方式传达的。它脱离了现实的自然形态，具有人造加工痕迹，并带有一定的价值观念。新闻事实，相对普遍的事实来说，不仅是指具有新闻价值的事实，而且指通过媒体进行大众报道的事实。新闻事实应该是客观事实的精确反映，但由于认识和方式的局限，它们之间存在着以下几个情况：一是新闻事实拨开客观事实的迷雾，真实地反映了客观事实的原面目。二是新闻事实精确地反映了客观现象的原貌。三是新闻事实扭曲了客观的事实。四是由新闻事实组成的"人为环境"，与客观事实所构成的环境相去甚远。

普通新闻事实与一般新闻案件事实之间的基本区别自然社会发生的普通事实与新闻人类日常社会中所自然发生的新闻事实都被统称为普通新闻事件；这些新闻事实在其中被我们称为普通新闻，即我们所谓的普通新闻。事实往往是客观的，新闻就是对这些客观事物进行反映的。事实新闻是第一的，新闻事实是第二的，有这个事实就不会有好的新闻。前面会有新的事实，后面会有旧的新闻，没有旧的新闻就不会不断发生新的事实。

事实和新闻关系。一是事实所在的真新闻。新闻媒介是客观、报道事实的唯一现象。真实，公信。二是事实真假新闻。是新闻媒介歪曲了客观世界和主观事实的反映。就像赵匡迦的黄袍，陈桥兵变了，假称民意；摆设新闻，"水池里的鸭子"。三是真实的新闻假。指客观世界是根据客观的或尚未出现的事实，由新闻播音员或当事人凭空捏造而已。如"纸馅包子"的新闻。

二、新闻报道及其特点

所谓的新闻报道，就是新近发生的事实。新闻的渊源是以事实为基础，尽量真正地提供信息，具有一定的精确性、真实度、简洁性和及时性。新闻是以客观事实为基础的，通过报道和传播形成的信息，反映新闻讯息中所涉及的内容，必须真实地传达给事实。但是，客观事实本身并不是新闻，被报道的新闻就是在记者对主观事实的客观反映后形成的一种观念信息，是记者通过主观的方式将客观事实传达给他们的。

新闻报道特征包括真实，新鲜，及时，重要性极高，趣味性极强的时效。一是自主。新闻界可以自主选择报道或揭露目标，并自主开展调查工作。不是根据当局提供的材料来写报告，而是由记者自己进行的调查，逼近了真相。也不像独家新闻那样，只依赖一个材料，而是通过对事件进行全面调查，揭示了事件的大致情况。二是新闻。目标选择是目前读者关心的一个问题。三是学术性。它的力量和魅力是建立在扎实、深入、细致的调查研究基础上的。四是长篇、费时、长篇的深入报道，分量较大。具有一定的危险性。

新闻报道的分类根据新闻事实的地区和范围，分为国际新闻与内部新闻两大类。根据新闻出现的时间点，有突然新闻和延缓性的新闻。根据新闻和读者之间的关系，可分为软新闻和硬新闻两大类。根据新闻性质的不同，有政治新闻、经济新闻、科教新闻、军事新闻等，还有文艺新闻、体育新闻和会议新闻等。根据新闻特点，有事件性和非事件性的新闻，单一和复杂的新闻，动态和静态的新闻，本体性和反应的新闻。按新闻题材分为典型的报道，综合性的报道，述评的报道，批评的报道等。根据新闻的传播手段，有口头性新闻、文字新闻、电视性的新闻。

三、"用事实说话"的重要性

"用事实说话"是指在忠诚地报道事实的基础上，通过适当地选择和表述事实，巧妙地反映传播者的观点和看法，以及报道原则。"用事实说话"成功的关键在于，不是通过作者的直接议论，而是通过精心选择的事实，运用事实的逻辑说服力，充分而含蓄地表现作者的倾向，它所表达的是无形意见。用事实来说话，寓情理于事实，符合人们对新闻主要信息的需求，以及新闻以事实信息的交流情况，达到了信息交流和分享目的的基本特征，从而潜移默化地影响新闻的收受者，并更具说服力。用事实来说话，不仅要巧妙地展开事实、铺述事实，而且还需要下力来发现和捕捉会说话的事实，即内涵逻辑上的说服性事实。"用事实说话"，是记者成熟的标志，在需要他表明立场与倾向的时候，能够拿得出有说服力的事实，自己会"说话"的事实。

第五节 传播效果

一、新闻传播效果在新闻传播过程中的意义

新闻传播的效果决定了新闻宣传活动的起点和结束。新闻传播效果的问题，贯穿新闻传播过程的全个阶段。它始于传播前，并在传播后显现。所谓新闻传播效应，是指在新闻媒体接受信息后，对新闻进行感情、思想、态度和行为的变化。新闻传播效应的意义：

1. 新闻传播效应是整个媒体的中心。
2. 对新闻传播过程的整个环节，都设置了具体、必要的规定。
3. 新闻传播学的传播效应问题是最集中于新闻传播研究领域的一个课题。

二、新闻传播效果的构成

从科学宏观理论角度仔细考察我国新闻信息传播的实际效果，可以明显发现，新闻信息传播的实际效果主要包括以下八个组成部分：公众信息有效共享；公众养成新闻情趣；公众知识的有效传承；公众情绪的有效宣泄；公众审美的一种感觉；公众价值观的认同；公众态度上的变化；公众行为的有效转化。

新闻工作者对"新闻五要素"的熟悉程度很高。"新闻五要素"要求一篇新闻报道说明"何人"、在哪个时候"何地"、在什么地方做了"何事"等。既然新闻传播思想有很强的实用性，又要以最基本的新闻报道五个要素为框架，探究新闻传播的过程。

从一个宏观经济角度分析来看，新闻媒体产品在实际生产销售过程中究竟是"何人"的。在"何时""何地""为什么事情做了什么事"，就是新闻记者在特定新闻时代的某种背景下，为了能够达到新闻报刊记者办报的主要目标，进行了一种新闻报道。因此，本文作者重点深入探究了黄远生的网络新闻记者传播职业理念和其中的"何人"式的新闻记者职业素养，以及"何因"的新闻办报服务目标和"何事"的新闻报道方式特点。

1. "何人"：记者素养。记者是新闻生产五要素的主体，是新闻生产的

主要对象，具有可观性。因此，记者素养在新闻生产中起着至关重要的作用。高素质记者，在新闻产业还没有开始之前，就能把握大方向了。在新闻生产的过程中，能够对新闻进行精细的采访和写作，在新闻生产后，能够对过程的利弊进行反思。新闻记者必须有四种能力：①大脑反应快；②一双能跑得很快的腿；③听得明白采访对象的话；④把所见所闻尽快变成流畅的文字。调查中要能够做到闻一知十，闻此知彼，不溢不漏，尊重对方人格。

2. "何因"：办报目的。办报的目的，是新闻五个要素中的"何因"，即记录新闻报道的原因是新闻。办报的目的，也可以理解为该报纸所要实现的职能和任务。在新闻传播的思想中，办报是什么呢？报纸究竟有什么作用和任务？

3. "何事"：报道特征。记者为了要督责没有权力的人和群众为"民生社会请命"，进行了电视新闻报道，这本身就是电视新闻的五个重要素之一。对国际新闻报道的学术见识和理论实践上都有自己的独特之处。

第七章 新闻传播伦理理论

本章分析阐述新闻传播的伦理范畴，新闻传播的伦理流派，以及新闻传播的伦理和谐等内容。

第一节 新闻传播的伦理范畴

新闻传播伦理产生于新闻传播活动中，随着社会的发展，新的伦理问题也在不断涌现，新闻伦理的范畴也在不断变化，新闻伦理、新闻道德、新闻伦理法规联系紧密，相互影响、相互作用。新闻传播活动中存在多样化的伦理流派，"休谟法则""中庸之德""绝对命令""功利主义原则""无知之幕""人文主义"都包含其中，在如今的媒介环境中仍然存在一些新闻伦理的问题，为维护传播伦理的和谐，就要在新闻传播活动中坚持真实、客观、公正等原则。

一、新闻伦理概述

（一）基本概念

新闻伦理是整个新闻行业、媒体实体（包括新闻机构、报社、电视台和网站）以及新闻工作人员（编辑、记者、播音和主持人）在新闻传媒活动中价值取向的总和，道德表现和日常行为规范的道德规范。新闻伦理问题和对新闻伦理的研究不是从古代就有，而是在人类社会进展到某种阶段后，新闻传播界出现了一系列的伦理问题，人们探讨了这一点。随着对新闻伦理的系统性、科学性地进行了理论化和科学性的研究，新闻伦理逐渐成为一门学科。

（二）涵盖的范围

新闻伦理的涵盖范围但不限于记者职业道德或记者的工作场所。无论编辑、记者，还是其他的新闻工作人员，在新闻中的价值取向、道德表现都与其所处的新闻媒体价值取向、道德作用与伦理规范相关,在大部分情况下都是一致的;反过来说,新闻媒体的价值取向、道德功能与伦理规范总是要体现在其所属的编辑、记者身上的,在大部分情况下总是一致的。把它们连在一起进行研究,更科学和合理;尽管研究方面有所偏斜,但也有必要分别进行研究。从某种意义上说,社会对新闻传媒的要求和对新闻传播者的要求,既是统属关系,又是一种竞合关系。因此,新闻媒体价值的取向,道德的功能和伦理的规范,也是新闻道德伦理中的一个重要内容。

至于在新闻传播过程中,新闻受众的道德表现和伦理规范,以及新闻传播者在媒体上的道德表现,这与伦理规范不同,显然并非新闻伦理的范畴。例如,新闻媒体实体的经济活动伦理规范,应属于经济道德规范,与新闻道德无关;记者在家中的道德行为应属于一种家庭的道德行为范畴,也不属于新闻伦理。

(三)新闻伦理的内容

新闻伦理的内容主要是:分析新闻道德和政治、社会公德之间的关系,以及与新闻机构和社会道德之间的关系;阐明传媒遵守新闻道德的重要性,注意新闻道德调节的作用;指明可能对新闻道德产生破坏作用的报道与传播行为;论述新闻道德的行为和如何防止道德上的不端;探讨对新闻道德评价的原则、方法和应该关注的问题,研究对新闻道德评价的方法和意义;探索表现新闻道德的方法,论述记者是如何遵循新闻道德动机的,以及通过达到善恶程度的方法,把握新闻活动中调整人类相互关系的良好准则。

二、新闻传播伦理范畴

(一)新闻伦理

新闻规范关于伦理学的研究,目前已逐步形成一门学科,即新闻伦理。新闻伦理既是伦理的一个分支,又是伦理的重要组成成分。新闻伦理是在新闻传播行业的发展过程中产生并不断发展,新闻伦理是从广义上讲的,它是指所有新闻伦理道德行为的统一,用来调整与社会各领域之间的关系,新闻伦理在社会伦理与道德的关系中起着重要作用,对新闻传播的媒体和观众都起着重要作用,对新闻伦理的传播人和观众都起着重要作用。起着重要的调整和规范的作用。

新闻伦理是一种规范和约束，其中包含着新闻道德。新闻伦理与新闻道德联系十分紧密，相互作用、相互影响。在实践的过程中，二者之间有着很多相同的性质和特点，有着很多互通的地方，从作用上来看，都是用于调节新闻传播秩序、维护社会稳定的规范、条例和准则；但是也不可以将二者完全等同起来，它们存在着一定的差异性，二者的表现方式、强制性、适用范围都存在着差别，新闻伦理不仅仅包含新闻道德，还涉及新闻传播活动的一切伦理关系，新闻伦理的要求比较笼统、抽象，是不成文的，而新闻法规则具有定的强制性，调整对象一般适用于那些违反法律底线的人群。

新闻伦理的产生与发展已经相当久远，从早期传播伦理到现代新闻的伦理规范，以及国外新闻的伦理规范，以及当今中国新闻的伦理，新闻伦理的发展越来越完善，并且越来越贴合时代的发展，适用性更强，新闻伦理在人类新闻传播活动产生后，如古代新闻的伦理。代传送信息和公文的驿站已经建立起严格的密封制度。随着时代的发展，西方的新闻传播也随之兴起，"黄色新闻"也随之产生，对社会造成了一定的负面影响。于是，"扒粪运动"开始大规模地兴起，以反对某些不合理的传媒行为，从新闻伦理上规制大众媒体；1943年，世界第一个职业组织制定了新闻道德标准——《记者道德法》，这一规范对当时的社会伦理秩序产生了重大影响。新中国成立后，我国开始了一系列比较全面的伦理建设，出台了相应的法律和条例，如《中国新闻工作者职业道德准则》《加强新闻队伍职业道德建设、禁止有偿新闻的通知》等，我国伦理建设也进入了全新的发展阶段。这些说明新闻伦理的建设正在不断完善，也正在越来越受到人们的关注，新闻伦理正朝着更成熟的方向发展。

（二）新闻道德

伦理学家斯温曾说过："道德是指遵守或违反被认为具有社会重要性的习俗的术语或概念，它存在于人与人之间和人与社会的相互关系之中。"新闻道德是一种新闻伦理范畴，它不仅影响着新闻传播伦理的事业，而且对整个社会道德状况也有重要影响。新闻道德在新闻实践中也是一种规范的表现，它起着对人与人和社会关系进行调节的作用，就像新闻道理一样，也是对人与人和社会关系进行调节的。新闻道德的形式和内容，也是不断发展的社会特征，其最凸显的特征就是缺乏强制性，它更多地体现了一种自律的约束，是一种"责任感"。新闻道德以道德讲教、交流沟通和影响感化的方式对传播者产生影响，重点强调对内心感知和道德感觉。但对于新闻传播行业的人士来说，新闻道德主义可以从"新闻专业主义"一词中体现出来，作为新闻传播活动中的"把关人"，理应有高度责任和使命感，坚持正确的舆论引导，保持清廉洁作风，自觉维护新闻传播秩序的良好。

新闻道德是内化规范，新闻媒体在进行信息传播活动时，要接受和遵守相关道德规范的理念，并将其转变为自我内心信念，以达到最大限度的作用。社会主义新闻道德以道德为基础，结合社会主义国家具体的实际情况，制定了有利于人民群众的道德传播规范，"全心全意为人民服务""实事求是"是社会主义新闻道德最基本内容"。

（三）新闻传播伦理法规

法律具有强制性，世界上绝大多数的法律条例同时也是道德规则，法律是不可抗拒的。从广义层面上讲，法律是体现并维护统治阶级利益的规范条例。"新闻法"是国家在新闻传播活动中制定和由国家强制执行的法律法规，是指调整各种社会关系的法律规范，它由国家制定和强制执行。从狭义上讲，"新闻法"是由国家政府专门制定的，适用于新闻传播领域的法律规范。

新闻传播伦理法规与新闻道德相比，具有强制性，是法律规定在新闻传播活动中用来调节协调各种关系的法律规范，但是目前我国尚未制定出一部专门的新闻传播方面的法律，多是以一些规则和纲要进行规范，如《中国新闻工作者职业道德准则》，道德引导、舆论引导的方式进行规制。

新闻传播伦理规则与新闻宣传伦理关系密切，相互影响。新闻伦理规范在制定新闻传播法律规范方面具有指导作用，表现为一个阶级的新闻传播伦理，可以为这个阶级的新闻传播规范辩护。新闻传播伦理规范的推行，对新闻传播法律规范的制定起到了促进性作用，对新闻传播法规范不足的部分起到了补充性作用。

新闻传播法律规范也反作用于新闻传播伦理规范；新闻传播法律规范具有强制性，可以保障和维护新闻传播伦理规范更好地实现，有了法律的约束，能够将一些伦理规范的内容变成法律新闻传播的伦理范畴上的义务、职责，确保实现，在触及底线的一些问题上，伦理规范不能完全处理这些问题时，新闻传播法律规范可以进行规范处理，新闻传播法律规范是新闻传播伦理规范很重要的一部分内容,能够更好地保障伦理传播的和谐稳定。

第二节 新闻传播的伦理流派

新闻传播的伦理流派多种多样,下文主要就"休谟法则""中庸之德""绝对命令""功利主义原则""无知之幕""人文主义"几个流派进行阐述。

一、"休谟法则"

"休谟法"则是哲学历史上以哲学家命名的一条法则,由哲学家休谟提出(David Hume,1711~1776),休谟出版了《人性论》,这本书代表了最高程度的人性理解,书中涉及了理性、道德和情感。"休谟法则"的主要内容:"事实判断"不能够推导出"价值判断","价值判断"不能从"事实判断"中推导出来,事实与价值之间存在着条"二歧鸿沟",凡事要谨慎地进行判断后再决策。

将"休谟法则"运用到新闻传播的活动中,是要遵守伦理法规,符合道德规范,不做违反伦理道德的事情,如若违反了伦理秩序,就是行为之"不应该"。因此新闻传播者要努力使传播的内容符合道德规范,达到"合德性"的要求,从媒体人自身的角度出发,要多做"应该"之事。

二、"中庸之德"

在公元前4世纪的希腊,亚里土多德(Aristotle,前384~前322)最早提出了"中庸之德"的理念,也称"中庸之道"。他对其进行了多角度的分析与论述,探讨道德价值的多元性。

在亚里土多德的学术论著中,着重讨论了幸福和美德,主张采取中道性的原则,就可避免两头极端所导致的罪恶,进而达到美德的要求。"中庸之德"是对以往学者学说的继承和发展,其中运用了辩证的眼光看待问题,追求和谐平衡,坚持适度原则,不走极端,使事物保持协调、稳定的状态。

将"中庸之德"运用到新闻传播活动中来,可以得到很多的启发。在以前的新闻报道中,更多地体现了一种相对较为僵化、比较固定的宣传方式,对基层民众生活的报道较少。然而，在近年来新闻界进行的"走基层、转作风、改文风"活动中，逐渐突出了以前新闻报道的模式和话语权的模式，慢慢地顺应了时代的发展潮流，如今新闻报道的形态发生了很大变化，一方面，又注重党和国家政策的宣传；另一方面，也重视对群众的心声与意见传递，对两方均有平衡合理报道，这种报道模式获得了卓越效果，新闻变得更加具有"贴近性"，拉近了党和人民的距离，受到了群众的热烈欢迎，这就是"中庸之德"在我国新闻传播运用过程中的一种现实体总之，结合实际，在新闻传播活动中运用"中庸之德"这一伦理原则能够产生积极的意义。

三、"绝对命令"

伊曼努尔·康德提出了"绝对命令"，"绝对命令"也称作"定言命令"，该理论将善行本身看作一种命令，是绝对正确的、没有任何条件的。康德认为"要这样行动，永远使你的意志准则能够同时成为普遍规律的原则"。

因而可以把"绝对命令"理解为，对于一个人来说是正确的，那么对于所有的人来说都应该是正确的，要重视道德、责任、良心，道德和自律在社会上是普遍适用的因而在新闻传播活动中，大众媒体不能够使用不道德、不正当的手段来获取相关的新闻信息，更不能将用不正当手段获取的信息进行传播，如果传播的信息是用不正当手段获取的，那将是不可原谅的。在新闻报道中要求客观真实地报道，不能因为任何原因进行欺骗、虚假地报道，新闻传播者自身的自律是十分重要的。

"隐性访问"（又称"暗访""秘密采访"）。采访对象不知道，是在采访者隐瞒了他的采访目标、他的采访意图时进行的。由此可以看出，在康德的"绝对命令"中，"隐性访问"存在一定的冲突，根据"绝对命令"的理论原则，不能以欺骗方式报道，因此要谨慎使用"隐性访问"这一采访方式，必须在法律和道德上都允许的情况下，对"隐性访问"进行控制，只适用于某些特定场合和特殊情况。事件，以及与公众利益关系密切的重要新闻事件，在使用过程中，还应与有关政府职能的部门密切配合，不得随意滥用。

四、"功利主义原则"

利益，在道德上正确的抉择中，往往会带来最大利益，而不是好处。所有最后决定的是哪种选择是正确的,哪一个标准是不对的,就在趋利避害程度上,幸福就是人的唯一目标,应该用这种方法来检验所有行为,防止痛苦和促进快乐是理想的唯一目标。

在进行新闻传播活动时,就需要在报道新闻的过程中细致估量出每一种可能出现的结果,思考所选择的传播方式是否对每个人都带来好的影响和效果,选择出对尽可能多人有益的方面进行传播,确定尽可能有好处的结果。

但是有时候"功利主义原则"的应用实施并不太容易,在很多紧急的时刻,当事人并没有过多的时间、精力去估量计算出最有利的效果,因而所做出的选择可能是不正确的。

五、"无知之幕"

约翰·罗尔斯(John Rawls,1921~2002)提出了"无知之幕",其主要内容如下:在将一切人都藏匿在"幕布之后,保证每个人都不会由于偏见和利益造成公正"。幕布上谁也不知道对方的角色。在这样消除一切差异,消除社会角色和身份的差异时,公平与正义就可以在任何时候出现。因此,从"无知之幕"可以得到两个原则。第一条原则,要求建立一个基本、平等的自由体系,确保每一个人在获得最广泛的政治自由时,都有最大限度的政治自由,同时社会总体也有最大限度的自由。自由是优先的,因为自由不会被出售给经济和社会利益,因此第一条原则始终是第二条原则的基础。第二条原则,除自由外所有社会利益都要包括在内,而只有这些社会利益对最弱的群体有好处,才能允许不均均分配。

在新闻传播活动中,要努力消除一切差别,平等、公正地对待每位采访对象,使得利益能够有利于最弱小的群体,不能因为一些受众对新闻的需求,而侵害到其他人群的权益。在新闻报道中,记者不应该无休止地纠缠、困扰那些陷入新闻风波中的采访对象。

六、"人文主义"

人文主义原则认为,以人为本,把对人的关心、爱和尊敬放在第一位。在西方,"人文主义"是资产阶层反对封建教会的一种思想制度,在文艺复兴时期产生。坚持"人文主义"的原则,要求传媒工作人员持一颗仁爱的心，给采访者仁爱基督教教义中的仁爱和慈善基督教强调了"兼爱"——就像"对你的同情一样对待你的邻居"。爱是无歧视的，没有条件的，给予人以帮助。亚当·斯密也曾经说过："与其认为仁慈是社会存在的基础，不如说正义是这一基础。虽然没有仁慈之心，社会也可以在一种不愉快的状态下存在，但是不义行为的盛行必定会彻底摧毁它。"因此坚持"人文主义"，就要时时保持仁慈爱心的现代社会，在新闻传播活动中，应该要时刻秉承"人文主义"的精神。"人文关怀"已经成为新闻报道的一个重要的原则，人是最重要的。特别是在进行灾难新闻报道时，要特别注重新闻报道的"人本主义"，即"以人为本"，例如：在地震的时候，面对伤员，应该让伤员优先接受救治，不应该拦截伤员进行报道。这种情况下，采访报道不是第一位的，生命才是第一位的。应注重人的感受和情感，人是最为重要的，把对人的关爱放在新闻报道之上。

在新闻报道中融入"人文精神"的要素，既有利于新闻的传播，又有利于新闻品质的提升。特别是在如今构建和谐社会的背景下，"以人为本"的新闻报道对构建社会主义精神文明具有积极的作用，具有"人文关怀"的新闻报道更容易得到受众的认可与喜爱。人文精神和"美"的统一，才能更好地被大众认同。

第三节　新闻传播的伦理和谐

一、伦理和谐的准则

（一）真实

新闻形态是千变万化的，但真实性却是绝对不能有丝毫改变的，原中共党政宣传部部长陆定曾说过："搞新闻工作，还是搞真实的问题。新闻学的千方百计，根本上还是个问题。有了这个条款，有信任的报纸就会看到。"

新闻的真实性，是新闻的传播过程，要如实地反映出报道的客观事物原貌。真实是新闻宣传伦理的基础，也是新闻宣传伦理的基础。真实是新闻的基本性质，如果在新闻中没有或缺乏真实，那么新的伦理和谐仅仅是源水，无本木。

真实性是伦理和谐所必不可少的，既要追求"微观真实"，也要追求"宏观真实"；既要保证具体传播的真实性，同时也要保证总体传播上的真实性。具体真实包括：新闻不是无中生有，要保证确实发生，确有其事；新闻传播的几大要素也要真实，即"5W"和"1H"，时间、地点、人物、事件、原因、结果；引用的资料数据、反映的情况、细节都要真实；人物的思想活动和内心想法也要真实。此外，总体上的真实是指新闻宏观上的真实，具体真实和总体真实要辩证统一，就如整体与部分的关系一样在每一部分都真实的情况下，保证多层次、多角度的真实，不做结论性的报道，随着事实的不断发展，跟进报道，确保整体的真实性。

（二）客观

客观原则也是伦理和谐所必须具备的准则，客观报道的理念在19世纪的西方曾经产生过重要而广泛的影响，其要求新闻报道要符合客观实际的情况，对事物要进行平衡、全面的报道，用事实说话，努力使主客观达成一致，观点、立场、方针接近于公正、不偏不倚的状态。

客观性是报道的一个不偏颇原则，新闻报道的客观性要保持。不能由于报道人自身的感情而造成新闻报道偏差，真实、客观的报道新闻事件，客观、冷静的陈述有关事实，平衡和公正地对新闻事件进行报道。记者不宜以先入为主观念报道，也不宜戴有色眼镜进行报道，不宜牵涉个人利益问题，重点阐述事实，不作定性的判断，影响报道客观。

（三）公正

公正也是保证伦理和谐的重要准则，公正原则是要给予每一个报道对象同等的话语权，公正而不偏袒地进行新闻传播，媒介要认识到自身的作用和责任，不论报道对象是怎样的，都应该公正对待，使得新闻自由的权利能够被每一位受众所享有。要用种平视的眼光进行报道，平等、全面、公正地报道事实。约翰·罗尔斯曾指出，公正、正义旨在建立指导我们的道德能力，正义既是一种道德的理论，更是一种道德的感情。

作为一种新闻媒介，应该持清正、廉洁的态度，对所报道事实确保其公正、公平，不偏颇、不倾向于任何一方的报道对象，要追求社会正义，要准确，平衡，不偏见的报道，特别是对弱势群体的同样尊重。尊重是一种美德，是内在的修养表现，在新闻传播中，无论哪一种报道对象，都应同样享有公正的报道权利,要同情弱者,利用媒体这个平等的台式,为普通民众发出呼吁,维护公正和保护大众。

(四)自律和他律

"他律"更多地体现在法治方面,以法律来进行控制,而"自律"则是指德治,多以道德素养进行自我的约束。如要保证新闻伦理传播的和谐,他律是必需的,国家要根据实际情况制定相关的规则,通过相关法律规定进行引导控制。同时,行业内的自律也是尤为重要的准则,从新闻传播者个人来说,就是要具有高度的社会责任感和使命感,以社会的公共利益为出发点,不损害人民的利益,不违反道德原则,新闻传播所报道的事实要符合社会的道德观念和道德规范。

二、伦理和谐的重要性

(一)宏观层面

1. 国家的和谐和平。新闻媒体作为一种舆论工具,起着重要作用,伦理与国家的和谐关系密不可分,我国新闻媒介更应努力做好党政的"喉舌",把握正确的政治方向,自觉地维护国民和全部利益,坚持无产阶级的新闻思想,维护国家安全。

国家的稳定与安全离不开一个稳定和谐的媒体环境。新闻媒体在维护国家安全,民族团结和社会稳定方面起着重要作用,在新闻报道上,要注重政治正确性,与党、国家政策保持一致,维护全国团结,注意报道不要传达对国家不利的信息,要有高度保密意识,尤其是在政治、经济和军事方面,要严格实行。审查体制,防止泄露国家秘密。

自觉维护国家安全、民族团结,维护国家秘密,也是新闻传播者义不容辞的法律义务,因而从传播者个人来说,也要时刻保持清醒和警惕。

2. 伦理和谐与社会。新的媒体环境下,伦理和谐对道德建设产生重要的影响,人们的媒介空间被大大地拓展,受到各种信息的冲击,新媒体传播很容易产生一些有悖于传统的伦理问题,如网络谣言、网络寻租等现象。社会的稳定离不开和谐的媒介环境,伦理和谐对社会秩序的维护也是至关重要的,媒介要宣扬积极向上的内容,通过媒体的作用,稳定社会秩序,维护社会稳定,不触碰道德、法律、社会规则的底线。封建迷信、邪门歪道、谣言、暴力、色情淫秽等内容会对社会产生负面影响，因而要进行预防和抵御，禁止消极、负面信息的传播。

谣言产生是由于缺少事实的基础，以捏造、假设等方式向社会公共秩序传播的不真实信息造成的，扰乱了公共秩序。奥尔波特曾给出一个确定谣言的公式：谣言=(事件)重要性 x (事件)模糊，因此可以得出如下结论：越重要的事件，如果模糊越大，谣言产生的可能性就越高，谣言也是一种非常不确定的信息传播方式，一般而言，谣言多起负面作用，会扰乱社会生活和破坏社会秩序。在谣传的过程中，一些人从谣言中获得渔翁的利益，从而对社会产生消极的影响。

(二)微观层面

1.伦理和谐与个人。每个人都生活在社会中，人与社会相互作用、相互影响，和谐稳定的社会是人类生存发展的基础，伦理的和谐与个人也是密不可分的，和谐稳定的伦理环境也能够使个人享受到应有的人格权利。"著作权"法律又称"版权"，是法律指原创作者或其他作为公民、法人和其他组织所依法享有的版权创作者、法人和其他组织所依法享有的艺术作品及其人身权利和知识财产，不得非法侵害其他公民或其所持的作品著作权"名誉权利"，是自身人格表现权利的一种，即作为公民、法人组织享有其自身人格表现的一种社会道德价值。社会公正的公平评价名誉权，任何一个人都有权不得随意侵害任何公民和其他法人的尊重名誉，《民法通则》明确规定保护公民和其他法人的尊重名誉权，一般而言，"侮辱""诽谤性的隐私"行为是对别人自身名誉权利益造成严重损害的一种违法行为，严格一律禁止。隐私权也是基本人格的权利，公民和法人有权不受非法干扰、公开和利用，不受非法干扰、公开和利用，1948年《世界人权宣言》规定："任何关于个人的一切私生活，家庭和私人住宅都同样不得因此受到任意非法干扰，他的个人荣誉也同样不得因此受到恶意攻击。"《宪法》规定："公民人身自由不受非法侵犯和限制，人身不受非法搜查，人格尊严不受侵犯。"现在，我们常常看到某些情感电视节目侵犯隐私的行为。在中国，这种节目呈愈演愈烈的趋势，不仅在地面频道上播出，还有上星的时候，看起来像是一群老百姓讲述他们的隐私，实际上就是一群人在消费别人的隐私。

在新媒体新闻采访的环境下，手机报道也在挑战传统的新闻采访。过去，手机通常只是用来做隐蔽拍摄，属于偷拍；现在，它有可能成为公民记者手上的工具。手机创造的是私下的采访环境，甚至在一定意义上改变了采访者和被采访者之间的关系，这是隐私权和公共权力的一种博弈。

人民为一个国家新的主人，依法应当具有充分性的知情权，因此，知情权仍然是重要的公民权利，政府部门的知情信息必须做到公开、透明，这些也是切实维护我国公民的合法知情权的一个重要环节。我国在2007年9月早些时候就正式颁布了《中华人民共和国政府信息公开条例》，以便于确保彻底实现全国人民的合法知情权。

2.媒体对弱势群体的关注

大众媒体应该对弱势群体进行关注，这是大众媒体应有的责任，要防止媒体报道的冷漠与无情，要注重新闻传播的社会效益，通过媒体这个平等的平台，使弱势群体也享有话语权，这是新闻道德应有之义，通过媒体的力量，改变弱势群体的弱势地位。

比如说央视《新闻联播》应不应该播超市小推车撞飞老人的镜头？这涉及媒介伦理。对观众来说，这种镜头触目惊心，有教育意义，也能吸引注意力。但是，对死者家属意味着什么？新闻的传播是想让更多人看到，如果范围比较小，可能心理侵犯就会比较有限。而在网络时代，二次传播乃至多次传播的影响就更大。

总之，伦理和谐和个人权利的实现紧密相连，作为公民，应该自觉遵守相关的伦理原则，努力保证和谐稳定，才能够更好地实现公民自我的基本权益。

在新媒体的环境中，许多媒介热点事件通过新传播大量发生，新媒介的内容丰富，成本低，速度快，受到不和谐的限制较少，因此在传播过程中，要利用这些新媒介的特点。伦理和谐的重要性为大众提供了平等的言论空间，促进了社会的不断发展，使伦理传播变得更加和谐。

三、新闻传播伦理的不和谐

（一）虚假新闻

虚假新闻是指没有客观真实反映事物原貌的新闻报道。造成虚假新闻的原因有很多从报道主体来看，因为经济利益，违反新闻职业道德，进行失实报道是一方面原因，此外，还有其他主客观的因素，造成非故意失实。在传播中，要提高警惕，减少虚假新闻产生的概率。虚假新闻的危害性非常大，特别是在高度信息化的今天，一旦产生虚假新闻，就会以最快的传播速度进行传播，传播面积也会随之扩大，最终会扰乱社会秩序，使媒体失去公信力，因而传播者需要全面把控大局，提高报道者的责任意识。

（二）新闻腐败

"新闻腐败"指的是新闻界一切不正当、腐败的现象，其实质上是社会腐败的客观反映，也是对新闻权滥用的一种反映。新闻腐败的表现形式有很多，在这里，主要是从"有偿新闻"、"敲诈新闻犯罪"和"寻租新闻"这三种形式来说明。

1.新闻的有偿性。是指传媒把新闻当作一种取利的手段或途径，把新闻作为利润的工具，用金钱交易买卖新闻，是传媒体向被报道者收取新闻报道的一种活动。有偿性新闻表现的方式很多，收取报道费或其他财产、出售版面、发表新闻软文等都是有偿性的。

此外，与有偿新闻相对应，"有偿不闻"也是有偿新闻的一种特殊的表现方式，其性质和有偿新闻是一致的，即新闻报道者作为舆论监督者，却没有履行应有的舆论监督的职在监督的过程中与报道者发生了物质上或其他层面的交易，导致改变甚至终止监督报道的行为。

山西矿难后，真假记者排队取得"封口费"的事件被报道后，舆论界大哗然，纷纷对这些媒体进行"有偿不闻"的评论，这些媒体人失去了应有的责任和正义感，金钱蒙蔽了他们双眼和心灵，这种"有偿不闻"行为为新闻界所抹黑，更是对新闻圈造成了抹黑影响。是一种丧心的行为。

2.新闻敲诈。将社会资本转化成个人"新闻敲诈"也称作"新闻勒索"，是指新闻从业者不顾新闻的职业道德，获取私人经济利益，利用舆论监督的权力，对社会有不良影响的报道对象利益的腐败行为进行敲诈勒索，即"黑吃黑"。新闻媒介变成了一种牟取利益的工具，媒体敲诈者利欲熏心，以曝光、监督、报道之名对企业以及个人进行敲诈勒索。"新闻敲诈"玷污了新闻媒体的纯洁本性，敲诈群体中既包含了一部分假记者，也包含了一部分真记者，败坏了新闻传播的良好秩序。

3. 新闻寻租。"新闻寻租"和有偿新闻联系非常紧密，都是以获取非法的经济利益为目标，但是新闻寻租的表现形式不仅包括传统权威媒体的寻租形态，也包括新型媒介的寻租形态，随着新媒体的发展，新闻寻租的形式变得更加多样化。

（三）媒介暴力

媒体暴力是通过强制的手段对受众进行侵犯的，媒体暴力在社会生活中表现出来，包括"真实暴力"、"虚拟暴力"以及"媒体行为的暴力"很容易对社会生活产生不良影响，下面主要从"传媒行为暴力"分析，而"传媒偏见"和"媒介逼视"则是其主要表现形式。

1. 传媒偏见。是指媒体没有坚持真实、客观、公正的报道原则，不真实、不客观地呈现、报道新闻事件及新闻对象，造成有偏差的评价，总之为报道对象带来消极和负面的影响。传媒偏见出现的原因有很多，主要是因为新闻报道的不平衡以及媒体对新闻真实性原则的忽略。

西方媒体对我国的人权、政治、外交等方面都存在着严重的偏见，在国外的新闻报道中能够处处体现出偏见，例如：BBC纪录片《中国人来了》就严重歪曲了事实。纪录片中把中国的国家形象塑造成侵略性的，多次将中国对非洲人民的帮助，解读成带有企图性质的侵略扩张，试图抹黑中国形象，煽动非洲的反华情绪。诸如这种偏见还多次出现在其他西方报道中。

与此同时，在我国的媒体环境中，新闻媒介的偏见很多时候还体现在语言使用上的偏见，有些新闻报道中使用的语言不够专业和严谨。目前我国正处于社会转型期，存在着些社会矛盾，对农民工、女性进行新闻报道时，明显存有一些偏见，多是报道猎奇性的负面新闻，制造夸张的效果，吸引人们的注意力。

2. 媒阶逼视。是由于媒体不恰当地报道了新闻事件，对当事人和被报道具有强烈的倾向性，从而获得了报道的效益。同时，一些人借助于媒体的影响，利用传播对象逼视，给报道者带来不应承受的压力和负担。

媒介逼视造成了传播媒介的角色越位,"媒介审判"就是媒介逼视的一种具体表现形式。"媒介审判"是指新闻媒介越过报道权限,不顾法律程序,在司法还没有进行审判的时候,运用不恰当的新闻报道方式,预先对报道对象、报道事件进行结论式的报道,影响了司法公正,误导了受众的判断。媒介审判是一种媒体越位的行为,严重影响了司法的公正性、公平性,对社会、媒体以及个人都带来了恶劣的影响,媒介审判干涉了公权力媒介逼视会影响新闻传播媒介的公信力,会使媒介失去真实、客观、公正报道的意识,阻碍社会功能和新闻媒体功能的发挥。

(四)恶性竞争

随着媒体环境不断的发展和变化,为了生存和发展,媒体间的竞争也日益激烈。正当竞争对媒体良性的发展有利,能够起到优胜劣汰的作用,但"恶性竞争"不同于"良性竞争",是指不顾新闻传播伦理和社会秩序的新闻媒体,为了取得利益而采用不合法的手段,恶性竞争通常会忽视媒体的社会性质,一味追求传媒的经济性质,追求利益。益大化,不仅对媒体传播环境产生恶劣影响,而且对社会、个人的利益也产生不利影响。

在现今的社会中,尽管新闻媒介具有一定的商业属性,但是媒介的社会属性仍然是最重要的,应该将媒介的社会属性放在第一位,顾全大局,不能违反媒介伦理,从国家、集体的利益出发。

面对新闻传播伦理不和谐的种种现象,我们应该认真思考解决之道,保证伦理和谐社会安定。从宏观上看,国家要加强管理,逐步制定与新闻传播相关法律,逐步出台有关的法律法规,是治理不和谐现象的一种重要方式,对于制定具有可执行性、可实施的条文,对大众传媒也要加强责任意识,提高专业素养,尤其是从事新闻媒体工作的人,要加强专业素养。强自律,增强自觉、正义感和使命感,不断提高自身的素质和道德修养,在报纸中坚持专业主义的原则,自觉虚心接受社会各界的督导,当然也要积极参与社会公众,加强媒体的监督工作。同时,媒体也要加强对弱势群体的关注。

第四节　互联网伦理治理

一、互联网伦理概述

网络新闻伦理，即新闻传播工作者在网络传播中暴露出来的问题及其解决。互联网传播伦理，即包括新闻工作者在内，所有互联网传播主体在网络传播中应遵循的基本道德准则。

任何一个媒体（这也即任何一个人的媒体延伸）都可能是因新媒体尺度而不断产生的，它们都可能是新媒体尺度产生所致。我们任何技术延伸（或任何新兴的技术）都不需要为它引入一种新管理制度，使我们的任何事物系统能够正常运行。

二、网络新闻伦理

网络新闻伦理是我国接入互联网后，传统媒体陆续上网，各种新闻站纷相建立，门户网站异军突出，网络传媒成为大众媒体之后，继报纸、广播和电视之后，利用网络传播新闻活动应遵守的道德理念、道德规范、行为准则和社会责任和义务的理论、系统的阐述。

三、典型的网络新闻道德失范现象

典型的网络新闻道德失范现象，主要有：网络虚假新闻，网络不良信息（比较典型的信息：网络广告；网络新闻侵权；网上泄密，危害国家安全；网络舆论导向的模糊和偏差）。

四、互联网传播伦理

许多学者把网络技术所引起的伦理问题概括成"7p"，即隐私问题、盗版问题（piracy）、色情问题（pornography）、个人格质（personality）、政策制定（policymaking）、心理学（psychology）、网络学 [网络保护（protection）]。

五、互联网伦理

"避风港"的原则，是指当网络服务供应商（isp）仅提供空间服务，而不制作网页内容，如果 isp 被告知有侵权，则应予以删除，否则应视为侵权。如果不存储 isp 的服务器，也没有告知何些内容需要删除，则 isp 不承担侵权责任。后来的"避风港"原理也被运用到搜索引擎，网络储存，在线图书馆等领域。"避风港"的原则包括"通知移除"两部分。

六、搜索引擎伦理

搜索引擎是当前互联网上极其广泛的应用和信息平台，它已经具有新闻媒介和公共信息检索平台的作用，实际上是一种媒体，甚至在功能上比媒介更具效率。从客户端体验上看，被认为是超级新闻媒体的一种形式，这也是应该有的。因此，我们可以认为他的应用性并不完全属于商业的，而且涉及公共领域合法的、公共服务的公益。

搜索引擎偏见：同样的信息为什么会有先后出现的顺序，只要有规则就会有偏见，会有一部分人群获得既得利益。偏见是规则带来的必然后果。但是通过收费的方式人为的对偏见进行规则，这就是一种伦理上的失范现象。

从字面上讲，"失范"中的"范式"主要是指以道义或社会压力为后盾的不成文伦理道德规范，也包括国家颁布的相关政策和规定。而由"失范"这个词的不同含义主要包括两个方面：一是未能获得或掌握相应规范。二是已有规范被破坏，没有得到效率的提高，这一含义上说，明知故犯是不正当的。

第五节 "标题党"现象及其治理

一、对"标题党"的定性

新闻生产中的标题党现象不是网络时代所特有的，但在网络时代被进一步放大。网民自发的"标题党"行为本身是网络文化的一部分，不可能也没必要完全清除。但当前"标题党"侵入了职业新闻生产领域，严重背离了新闻真实性原则，在很多情况下传播了负面的社会价值观念。

二、"标题党"的表现形式

歪曲某些事实的要素,从而扭曲事实的总体性质。将新闻文本中抢花的细节放大,并将其置于题目中。或采用夸张的叙述战略,将事实化为神奇,把事实装成"奇观",以达到吸引人眼球的目标。

言论绑架,歪曲采访对象的原话和原意。这类"标题党"的固定模式是,"××:A"其中A表示一句能引发关注的话语,但这句话通常都不是被采访对象的原话,或者不符合其原意,而是被报道者断章取义、主观"引申"出来的,并被强置于的名下。如:《单身妈妈千里寻被卖儿子,警方称民间买卖是好事》,原标题是《单身母亲跨三地寻子遭遇232万天价索赔》。将未经官方核实,甚至不被官方否认或证伪的"传闻"内容视为虚假事实。强制因果,改变不了事实内在的客观逻辑性。套用一些网络色情流行语和网络暴力隐秘色情类名词,如大量滥用一些隐秘色情类网络语言名词来充分满足网络观众的窥私阅读需求;大量套用网络热词、流行词等句式,使网络受众更具有一种快速点击的阅读惯性;用各具星色的陈词滥调。

三、"标题党"的成因

主要成因是"题文分离"的网络新闻呈现模式;激烈的媒介市场竞争;网络媒体采编队伍水平的局限和社会责任感的缺失。

四、"标题党"的危害

主要危害在这些方面:浪费受众阅读时间;影响传媒公信力;败坏社会风气;可能对新闻当事者造成伤害;某些情况下可能造成国际性的不良影响。

五、"标题党"的治理

对各级国家和地方有关行政部门而言,治理的根本对策主要是:着力引导电视传媒企业坚持深化改革的前进方向,树立正确的社会价值观念导向;传媒要始终把电视媒体的经济社会管理责任和维护社会公众利益放在首位,严厉打击"标题党"、网络虚假谣言和低俗文化内容,积极主动地发展成为我国建立特色社会主义国家核心社会价值系统的主要领导力量。

对媒体尤其是主流媒体来说，治理对策是：要牢记社会责任，尽好把关职责。从思想层面更重要的是制度层面上治理标题党现象。如新华网正在推行终审稿件制度，通过与编辑、新闻记者互动，提高新闻报道的质量；同时，媒体也应该重视对新闻采编团队的业务、政治素质的学习，使其制定得更好，从而提高新闻采编团队的总体水平。

借鉴国际的先进经验，即将新闻伦理的规范内化为新闻工作人员的精神素质；既要有有关新闻伦理原则的规约，又要按照新闻活动的需要，将有关规定具体化，供业界人士一起遵守；形成一种有利于传媒坚守新闻伦理的社会气氛，形成并实施有效媒体纠正机制；切实加强了对近几年新闻伦理问题的研究和解决。

实践篇

本篇主要分析阐述了新闻的生产、新闻传播的实现以及融媒体时代的新闻生产等传播过程；论述了新闻传播的政策和法制内容。

第八章　新闻传播的过程

新闻传播既是一种过程，也是一种结果。在新媒体时代，新闻传播越来越多依靠过程。本章分析阐述了新闻的生产、新闻传播的实现，以及融媒体时代的新闻生产等新闻传播过程。

第一节　新闻传播的实现

任何事物的产生都需要经历一个过程，这个过程可长可短，参与进去的因素可多可少，正是这些因素构建的过程造就了一件事物的产生。传播也不例外，它同样需要经历一个过程才能得以实现。那么何为传播过程？新闻传播可通过哪些渠道实现？它的实现又经历了一个怎样的过程。

一、新闻传播的实现

新闻传播实现的重点在于"传播"一词，它强调传播的实现，而传递的内容则是新闻，新闻工作者从采集到制作的，只是完成了新闻产品的生产，并不代表新闻传播就已经实现。拉斯韦尔提出了著名的"5W"理论，它提出了传播五个方面的要素：传播人，内容媒介的传播，受众和回馈。由此可以看出，一则新闻至少要到受众身边才算实现传播，而最快最方便地收到反应，达成与受众互动的目的，则是许多媒体一直在追寻的目标。

"传播"一个单词与汉语英文"communication"相同或对应，具有互动信息在线传递、互动知识交流和信息通信等重要含义。国内外关于传播一词定义的众说纷纭，在国内大学比较权威的一位教授中，由郭庆光提出了"所谓传播，即社会信息的传递或社会信息系统的运行"。从信息传播学的角度看，社会上的信息传播指的就是一个人类在经济生产与社会交往这个过程中所需要传递或相互交换的各种信息，也指除包括人类的微生物和人体生理上的信息外，所有与其他人类的社会活动息息相关的各种信息。

人的生存与社会信息的传播密切相关。现代社会发展成为结构复杂，内容庞大的群体组织，为了提高传播效率，社会信息不可盲目、杂乱、无章，而应根据需求关系、社会整体结构的合理配置，通过适当的渠道将不同类型的新闻准确地传播到目标观众中。因此，新闻是独立于社会信息的结构体系，首先澄清信息的传播来源，范长江对新闻进行了这样的定义："新闻是广大群众所欲知、应知而未知的重要事实。"这一定义把具有传播意义的信息从大量的社会资料中提出，总结统一了新闻真实性、时效性和可读度等特点，规范了产业，提高了观众对新闻的认识。应该说，为了高效地将标准化信息(新闻)配置在社会生产中，使标准化信息高效、有序。新闻传播系统在其自身的发展过程中逐步完善，直至形成一个高度产业化、专业化、集约化的产业链，通过不同的社会和受众需求生发出适宜的传播内容和渠道。国家对不同媒介形态在社会中所占比例的控制，促进传媒和其他社会产业的融合升级，尽可能减少信息拥塞和过剩，让新闻传播的效果达到最大化。从微观来看，在自上而下的单向传播链条中发展出一套补充性的传播系统。如新媒体的兴起，给予民众自己发声的资源和渠道，达到宏观和微观的平衡，完善社会信息传播结构，满足人类发展需求。

总之，新闻传播是信息传播的一部分，是为了最大限度地发挥传播对人类发展的意义应运而生的一套社会生产系统。它发展出一整套意义符号，规定了一整套传播流程，并创造了一个全新的信息产业。

二、新闻传播实现的渠道

(一) 传播过程

新闻传播究竟经历了什么过程？这个过程是一成不变的，还是多种多样的？我们知道，新闻传播过程其实就是一则新闻从采集、加工制作、传播、接受，乃至反馈所经历的过程。

(二) 传播渠道

社会信息是人与社会的交往所传播的内容，是人与社会生存发展所必须具有的知识与意义。它的传递途径有多种，伴随着媒介方式的变化、社会形态的改变，传播途径从自我传递到人际传递，从集体传播到大范围的集体传递，形成了几种基本的媒介方式，即自我传递、人际传播、组织媒介和大众媒体传递。

但这几种传播类型研究的不仅是包括新闻传播活动，同样包括人类其他的传播活动。李良荣曾指出新闻传播学和传播学的三个区别，其中有一点是，传播学是研究人类传播行为、活动及其规律的学科，它除了研究人类的新闻传播活动之外，还研究人类的一切传播活动。而我们所要研究的是新闻通过这几种传播渠道传送给受众的过程，那么每种类型的传播在传播新闻的时候所经历的过程是一样的吗？下面我们就以这五种类型为基准，来探讨一下它们与新闻传播之间的关系。

1. 自我传播

自我传播是指个体看到社会上发生的某一事件、某一现象，由最初的主观印象到深入理解，通过表征理解内涵，思考其意义并作出自己的判断，最后将反馈付诸实践。这是信息在内部的传递过程。

自我传播传者受者一体化，不需要传播媒介。个人通过实践获取生存发展所必需的经验，经过自我内部对信息的传递和处理，将其应用到新的实践当中，从而完成传播的循环在完整的新闻传播流程中，信息从发出到接收的完成必须抵达受众。只有受者对传播者的信息进行个性化解读后，才算一次成功的信息传播。而自我传播是受者解读信息必不可少的途径，即存在于每一种传播路径的末端。自我传播对外在信息的理解离不开受者自身的知识结构和价值体系，渠道中不同的媒介形态也会影响传播效果，例如纸媒传递信息更精准，富有逻辑性，文字的理解需要一定的知识素养，传播偏精英化。而广播和电视媒体通过声音或声画传递的信息对感官的作用更加全面，更容易理解，着重于情绪的传递受众更加广泛。两种不同媒介的自我传播效果是截然不同的。

2. 人际传播

人际传播是指在个人和个体之间，或两者之间进行信息传播的活动。人与自我相比，人与自我的传播具有显著的社会特征。首先，人际传播是为了两个人进行交流，传播的对象和目标是一致的，希望有反馈，强调人与人的互动；其次，象征性的社会交换理论认为，符号的意义交换必须有一定的前提，即交换双方都必须有共同意义的空间。人际传播者受人必须有共同理解，即所用语言、文字等意义符号，这一系列的符号含义。

人际传播在新媒体时代充分发挥了其亲和力和自主性的特点,大大缩减了传统新闻制作的过程,例如网络上的自媒体,制作简便、传播广泛、内容个性化、形态亲民化,形成对主流媒体的补充,丰富了话语场。

3. 组织传播

组织传播分为组织内和组织外两大类,具体地说,组织传播就是组织内成员之间和组织与环境的信息交换活动,组织传播就是小范围的大众宣传活动,不同之处在于其目标更加明确,反馈较及时。传统组织传播包括企业、机构等在内的组织,既要接收大众新闻的外部信息,又要及时调整内部结构;也要传递一种信息,在规范范围内传播一种群体的概念,以达到目的。与大众传播的自上而下强势传播相比,组织媒体往往具有非强制性,在迎接受众时制订传播计划的能力。例如,现代企业的品牌营销理念,明星粉丝的影响。

4. 群体传播

群体传播是生活在同一个地域,或者因为某些目的而聚集在一起、遵守群体意识规范的人们之间的传播。我们每个人都生活在群体当中,我们可以隶属于不同的群体,这个群体可以是现实中真实存在的,也可以是在网络虚拟空间所创建的。但无论是真实的还是虚拟的,身处该群体中的人都要有共同的群体意识,并遵守一定的群体规范网络群体传播使自媒体时代得到更好的诠释,受众不再仅仅是受众,他们同样可以作为传播者来发布新闻。人们可以将身边发生的事第一时间发布到网上,甚至可以掀起舆论狂潮。

5 大众传播

从自我传播到大众传播类型的形成,一是由于社会化进程加快,交通、经济的发展等因素缩短了人与人之间的地域和心理距离,社会整体传播参与人数增加,社会形态演变社会结构复杂化,出现了不同的话语体系、不同的社会层级需要不同的传播路径满足自身需要;二是因为科技的发展促进了媒介形态的发展,从语言、图案,到文字符号,再到声讯和视频图像,信息载体和媒介形式功能大幅拓展,信息传递时空疆域大幅拓宽,满足了各类规模传播途径的技术需求。

从传播者的数量上来看,自我传递和大众传递分为两个阶段。自我传播与人际传播的参与者较少,信息个性化、自由化和互动,更有利于传达真实感,满足个体信息与情感的交流渴望。多人传播是为了达到群体的目标,信息的共性很强,有强制性,传播通道单一,更有利于组织和体制的正常工作,保证了大规模的群体生活稳定,麦克卢汉早已预言到"地球村"的出现,传播疆域也从未如今天那样规模庞大,传播者之间也从未有过紧密的联系。在现代传播社会,任何传播途径都是单独存在的。就个体而言,在接收传统的大型媒体新闻报道和影像信息的同时,还吸收了各种团体组织如学校、公司或家庭、社会团体的信息。在解读过程中,我们并没有完全按照传播者的意图接受意义,而是根据自身经验和偏好进行个性化的解读。就某个组织而言,内向传播和外向传播分别担负着调整内部结构和塑造外部形象的功能,正式渠道传播保证组织内部政令畅通,非正式渠道担负着人际传播功能,调整组织内部矛盾。不同传播类型互为渠道、互相包含,各自独立又相互联系,从而形成整个社会宏大的信息传播系统。

三、新闻传播过程模式

新闻传播以人与人之间的互动为基础,一次完整的人际信息传播过程,需要有传播者、讯息、媒介、受传者、反馈五个部分。那么这些因素是如何组合才使传播得以实现的呢?是沿着一个方向直线性流动,还是双向流动?我们是该单研究传播过程的样态,还是传播放在社会这个大系统中研究?

(一)何为传播模式

为了更容易也更清楚地展示传播实现过程,传播者习惯使用模式展示传播过程。模式是科学研究以图形或编程的方法来阐述物体事件。英国著名的社会学家,传播学者丹尼斯·麦奎尔和他的助手,在《大众传播模式论》一书中,对模式进行了定义:"模式是用图像形式对某一事项或实体进行有意简化的描述。一种模式是试图证明任意结构或过程中的主要成分和这些成分之间的互相关系。"此外,他们指出模式中的四个功能:

(1)构造功能:揭示系统间的顺序和相互关联,为各种特殊情况提供普通图景;(2)简释功能:一种简洁解释方式的基本解释没有功能可以提供,如果继续使用其他简洁方法则很可能解释会相当复杂,或者解释信息模糊不清;(3)激发功能:可以引导观众或研究人员关注一个过程或系统中的核心环节;(4)预测功能:也称预测作用,即预测事件的发展或结果,以支持研究假设的建立。

由此可以看出,传播方式就是利用图形或程序直观地展示传播过程的理论形式,它使传播过程的研究变得更加便捷、清楚和快速。

(二)传播模式的类型

人类传播过程是一个涉及多领域、多学科的研究,每门学科都有研究的侧重点。比如社会科学的学者就会重点研究新闻传播在整个人类社会中的影响和意义,他们善于把传播过程放到整个大环境中;而自然科学特别是通信、信息科学研究者则会主要从传播过程的物理属性方面进行研究。众多学科的学者们研究了许多模式,麦奎尔、温德尔将前人的研究成果分成了5种类型28个模式。

(1)基本模式:拉斯韦尔、香农—韦弗、奥斯古德–施拉姆的循环交互模式,格伯纳传播的总模式等八种;(2)对个人的影响模式,刺激和反应模式以及对大众的影响,两级传播模式和创新扩散模式,5种大众传播模式;(3)对文化和社会影响的模式,间接和直接的模式,议题设定的模式,大众传播的依赖性模式,沉默的螺旋的模式等5种;(4)受众中心的模式:使用和满足的模式,使用和效果的模式,信息寻找模式3种;(5)对大众传媒体系的制作、选择和流动模式进行比较,对媒介系统模式、媒体组织模式和守门人模式进行比较。

在这里我们重点介绍一下线性单向模式,也即直线模式,循环和互动模式,系统传播模式,网络多向互动模式4种类型。

(三)典型传播模式分析

1.直线模式

最早的传播方式是单向的、直线,它是由美国学者拉斯韦尔提出的,并由此产生。"拉斯韦尔模式"又称"拉斯韦尔程式",是1948年由拉斯韦尔在他发表的一篇论文,题为《传播社会的结构和功能》,提出了5个基本的要素来构成传播过程,并按一定的结构顺序排列,这5个w分别是英语中疑问代词的首字母。who(谁),in which channel(说些什么话),in which channel(通过哪种途径),to whom(对谁来说),with which effect(起到什么作用)。后来,英国的传播家麦奎尔等人归纳了这一模式。

通过对拉斯韦尔模式的剖析,我们清楚地看到了一次传播实现的过程,它究竟经历了哪些方面的过程，以及这个过程中有哪些因素。这也是拉斯韦尔模式的最大优点，它首次揭示了传播活动所需要的五个环节和因素，并对所有要素进行了相应的分类，打开学者的研究思想，为传播过程中的研究奠定了基础，开辟了一条道路。当然，作为一项早期研究的成果，该模式不完美之处也显而易见，它没有表现出受众对传人的反应，也没有表现出影响传播实现的外部因素，也没有将传播作为一个重要的环境来考虑，但也是由于这些缺陷促使一代和两代学者相继进行研究，如美国的两位通讯学者香农和韦弗。香农—韦弗模式在《传播数学理论》中被提出。

这种计算模式也被人们称为电子数学模型，因为它直接描述了整个电子信息通讯系统工程，因此它主要包含了电子信息源，发射器，信道，接收者和其他信息源的接受者以及高频噪声6个基本要素。

香农—韦弗模式的突出贡献就是引入了噪声这一重要元素，虽然它是描述电子通信工程的但同样给新闻传播过程的模式带来了启发。前面我们提到拉斯韦尔模式的一项不足是没有指出影响传播实现的外在因素，那么噪声的提出则表明了传播不是在封闭的真空中进行的，它会受到各种障碍因素的影响。

但是它的缺点也很明显，和拉斯韦尔的模式相同，它是一种单向的传播过程。虽然该模式在通信过程中的研究并没有任何不妥，但从传播过程的模式研究而言，还是缺乏反馈的环节。

2. 循环互动模式

认识到不足后才会更好地完善，研究的步伐并没有停止，一些传播学家又开始了其他类型的过程模式，他们开始考虑反馈，并将传播过程视为一个循环的互动过程。

（1）奥斯古德–施拉姆的循环交互模式 1954年，威尔伯·施拉姆在《传播是如何运行的》一文中，在奥斯古德观点的基础上，提出了新的过程模式，称为"循环互动模式"。从奥斯古德–施拉姆的循环方式可以看出，这种模式不同于直线方式，它只包括四个要素：编码人、译码者、解释人员和信息。要表述的也比较清楚：信息之间相互传递。它的重要突破就是把信息传播作为循环的互动现象，在这种模式下没有传播者和接受者这两个概念，传播者都享有主权，信息的传递则是在你来我去的相互作用中进行的。

但是这种模式也同样有局限性，首先是将信息传播者和收听人放在相同的地位上，这本来是不合理的，与现实的社会情况不一致。其次是它没有反映在传播过程中可能会受到干扰，在大众传播中信息不可能百分之百地传达到受传人一方，这种模式仅体现了人际传播尤其是面向对象的特征。此外，该模式也没有在社会系统中对传播过程进行研究。

（2）威尔伯·施拉姆大众传播过程模式。威尔伯·施拉姆本人也意识到了上述这些问题，于是在同一篇文章中又另外提出了一个大众传播过程模式。

（3）在总结了德弗勒的成功和不足之后，1966年德弗勒提出了一种互动的模式，即香农—韦弗模式。德弗勒的互动模式认为，传播过程是双向的互动，考虑到反馈这个要素，是香农—韦弗模式中最大的一个发展点。此外，该模式也补充了噪声概念。德弗勒认为，噪声并不仅对信息有影响，而且它还会对传递和反馈过程的任意环节或因素产生影响，但是这种模式还有其缺陷，那就是，它同样不把传播放入一个社会体系中去，而只是考虑到过程的本身，或者是从过程的内部去说明。因为，从辩证的角度来看，事物的运行过程并不仅仅依赖于过程中的内部因素或者是内部机制，传播实现也是如此。它不但受到了传播过程中噪声的干扰，而且受到了外部条件或外界环境的限制和影响，例如受到了与我国新闻传播有关的法律规定和限制，以及社会利益阶层的限制和影响，仅仅是提到噪声就远远不足了。

3. 社会系统传播过程模式

在研究传播过程中，应将媒介过程置于整个社会体系的大环境之中，以宏观视野进行研究，而不应仅局限于媒介传播本身的认识，以及对综合性研究所必需的理解，不少学者也开始利用系统理论的原则和方法对社会传播进行考察。为了区分传统微观和单一过程的研究，这种方法通常被称为系统性或传播过程的总体研究。

（1）赖利社会体系结构模式。1959年，美国的一对赖利夫妇在《大众传播与社会系统》一文中，从传播社会学家的角度首次明确提出了一种传播社会体系结构模式，即传播社会系统结构。赖利夫妇将庞杂传播经济系统的互动模式体系视为庞杂整个社会经济体系系统中的一个子传播体系，并仔细考虑了这个传播体与庞杂社会经济系统的互动关系。赖利夫妇在《大众传播与社会系统》一文中所提出的传播体系模式有以下特点：首先，从事传播的双方，即传递者和接受传播者都可视为一个单独的体系，即人类内部传播的一种活动。其次，个体系统与其他个体系统相连接，形成了人际传播，再次是个体系统并非孤立，而是不分群体的系统，形成了群体的传播，最后形成了群体的传播，而群体系统则是在较大的社会结构和整体的社会系统中运行，与大环境、经济、文化和意识形态保持着相互作用。该模式回答了上述模式未得到解决的问题，并将传播过程置于社会大体系中，从而使传播的过程得到考虑，从而更多地关注影响传播实现的其他外部因素，从而更有利于探索传播方式的有效性。

（2）马莱茨克（Malletzk）模式，除了赖利夫妇的传播体系模式之外，1963年马莱茨克还从社会心理学的角度提出了他自己的大众传播体系模式，马莱茨克认为，传播这一复杂的社会交流过程，不仅是有形社会力量之间的交流，而且是无形社会力量和无形社会力量之间的交流传播者对自我形象信息的接收。自发反馈在中。马莱茨克模式把大众传播视为包括社会心理因素在内的各种社会影响力相互作用的"场"，而社会心理因素的影响也受到该系统中各个环节的限制。例如，影响及限制传播者的因素包括：传播人自我印象，传播人的个性结构，传播人的群体，传播人的社会环境，传播人的组织，媒体公开所产生的限制力，接收人自发反应产生的限制力，来自信息本身和媒介的压力，或者来自信息本身。

可以说，这种模式含有许多复杂的因素，是对以前从社会理学的角度进行研究的总结。它既指出传播过程中社会限制新闻传递的实质性，又指出心理因素。他的分析比以往更加系统，全面，也更具社会性。

总之，随着传播研究现的渠道的不断发展，传播过程的新模式会不断演变，也会不断创新。新模式构建是新闻传播过程项持续不断的活动，其功用在于阐明新的观点和理论、帮助整理研究成果，以及揭示进一步探讨的问题。各种模式必须不断更新才能适应社会变动中的传播现实。

第二节　新闻的生产

新闻是不是商品？这个问题争论了很多年。马克思在《资本论》的第一卷里说："商品首先是外部的对象，一种靠自身特性来满足某种需要的物品。"

为了成为一种商品，这个产物必须通过交换转移到那些把它作为使用价值的人那里。这样看新闻，新闻是为了满足社会需要而制作的。无论是报纸，广播，电视还是网络等新媒体，人们都需要付钱才能获得所需的信息，可见新闻在此意义上可以被称为商品，而新闻则不同于一般意义上的商品，它有两个情况：一种是实物性的，如书籍，乐谱，报刊等；另一种是，作为劳动结果和工作过程是同时出现的，例如电视和广播等。随着科学技术的进步，后一种商品也可以转化成前一种商品。然后，我们来谈论新闻中的生产品与商品有什么不同呢？产品以生产者为主，而商品则以消费者占主导。艺术家们创作了他们的作品。新闻记者很可能不像艺术家一样写新闻，也不能像商人一样唯利为图。过去的新闻就像产品，现在的新闻就像商品了。

总体来看，新闻不应该是作品，新闻是有商品属性的产品。在西方经济学中，生产是指将投入变化为出口的活动，或将生产要素组合起来以制造出口的活动，宏观地看，封建社会的末期，随着资本主义萌芽的出现，新闻产业开始兴起，并逐步走向职业化和产业化之路。当新闻产业形成为一个单独的行业后，新闻产品的生产就具有了制造性质。随着当前全球新闻媒体市场商业化、市场化和新闻产业化发展进程的不断深入加速，传媒行业具有更强的现代工业生产方式特征，制造商按照"新闻标准"进行生产并售出"新闻商品"，受众往往是没有生产产品流水线的普通消费者。

那么，新闻产生的是一种观念？理论上讲，新闻不能产生完整的知识，也不能产生思想，更多的是产生规范与意义。新闻的生产方式似乎不排除当今流行的碎片化传播。表面上，新闻产生的是消息，但深入来看，新闻产生的是社会秩序。如果从新闻产业的历史上看，我们的重点似乎已经转移了，从生产到消费到经济建设，从阶层斗争到经济的建设，从计划经济到市场的经济，从生产到消费，从生产到消耗的重点转移，传播方式也在变化。在生产传播的语境中，生产者为主角，工人与农民为典型的人物，在生产中提倡节约；而在消费传播的语境中，消费者成了主角，商人和精英则更多地出现在媒体的视野中，奢侈品也逐渐成为一种成功的标志。

再来看看新闻生产的周期，有一个疑问，新闻的生产周期在加快。这种周期的加快是比较明显的。这里说的新闻生产周期不是指媒体单纯把新闻报道出来，而是包括了读者反馈，媒体和大众共同完成了这种生产。过去一个周期是很缓慢的，现在通过话题的引领速度是非常快的。与其说大家都是记者，不如说都是参与者。

接下来就要谈到，舆论能被生产出来吗？我们可以看到有人提到舆论生产的概念。舆论引导目前是常用概念。问题是，舆论能被消费吗？舆论本身是天然的生态，还是能被生产出来的？虽然网络推手对网络舆论有一些影响，但是很难说网络舆论就是可控的。况且网络舆论只是社会舆论的一部分。如果舆论可以生产，那么谁是舆论生产者？

一、新闻生产的主体

如果将新闻的生产过程看作一条产业链的话，位于链端的生产主体就不能仅仅指记者、编辑这种生产新闻作品的具体工种了，而已上升为产业主体的意义。在产业意义上论述新闻生产的主体，将更有助于在宏观视角上梳理新闻的生产和传播过程。新闻生产主体的存在是以新闻事业的诞生为基础的，在某种程度上可以说，新闻事业的形成过程就是新闻生产主体从建立到发展成熟的过程。

早在原始社会，新闻的传播就已经很少了，只是媒体的传播非常简陋，主要是以口头的形式进行传播。原始社会结束时，人类创造了文字，新闻传播进入了用文字来传递新闻的一个新阶段。到奴隶社会，形成了口头媒介、信号和文字并存的新闻媒介。到了封建社会，各种新闻传播活动如书信、布告招贴等应运而生。整个古代社会一直没有停止新闻活动，但与现代社会的新闻产生和传播活动相比，新闻活动基本上是由统治者阶级垄断的，没有出版以新闻为主，更没有出版以收集、公开发布新闻为主业的机构，也没有出版以收集、公开发布新闻为主业。直到封建社会转向资本社会的过渡，新闻产业才得以诞生。

(一) 专业新闻机构

随着近代新闻事业的诞生，新闻传播逐渐成为稳定的社会职业，作为新闻传播开始的终端，作为新闻生产的起点，开始形成具有组织性的专业机构。传统新闻生产机构主要包括通讯社，报社，电视台和电台三大类。机构内有专门的部门划分，并设有专业记者、编辑等工作人员，负责新闻的生产过程，并遵循一定的工作流程。

继传统媒体之后，新闻网站成为新闻生产队伍中空前庞大的一支。新闻门户网站主要由大型传统媒体经营办理，以提供新闻信息传播服务为主，同时还主要提供中国人民网、凤凰网和中国新华网等各类新闻信息发布服务；还有文化、信息等大型新闻门户网站，如腾讯新浪、搜狐等。这些网络新闻门户网站，特别的像是诸如新浪网、搜狐网等新闻门户，由于同时需要大量的新闻信息内容资源来提供支持，所以它们的大部分网络新闻评论作品都曾经是从其他新闻媒体转载发表的，经过新闻编辑二次整理加工之后发表的。2000年10月8日，我国正式颁布了《互联网站从事新闻业务管理暂行规定》，对商业网络新闻相关内容信息发布人员作了详细规定，使得商业网站对网络新闻信息传播中的工作人员有所严格限制。

（二）自媒体

随着网络和移动终端技术的发展，微博、博客等新媒体传播方式的应用越来越多，新闻传播也进入了自媒体的时代。自媒体以网络为依托的这片无限潜力之土，蓬勃发展起来，特别是伴随博客、微博和微信的出现，"人人皆记者""人人皆媒体"自传形式迅速发展成燎原的势头。由于其私人化、民间化和自主性的特点，自媒体基数呈爆炸性增长，表现形式日益多样。自媒体是相对于传统的媒体概念而提出的，综合了学术界和行业人士普遍接受的关于自媒体的观点，自媒体也叫"个人传播者"，特指以普泛化和自主化为特征的草根网民，以简易电子化手段和数码技术为支撑，在私人的独立空间内，不需要经过专业编辑的过滤，向特定或不特定的情况下进行过滤。新型媒体是指个人或团体传播和分享新闻信息或不是新闻讯息的总称。有别于传统的专业媒体机构，在创办过程中有严格的审查制度，播出制度，专业从事者和明确的观众群，自媒体。其构成比较简单，往往是由个人和介质平台的简单组成，信息被制作和传播，大量自发性的个体是自己发布的。如果传统的媒体是上层的，那么自传媒体则更多地表现了"草根"的性质。由于进入门槛较低，操作简便易行，顺其而然地变成了由大众普通人士主导的信息传播活动。在自媒体中，平民群众获得话语权，个人声音被充分释放，以往是由专业媒体机构设置议程的传播格局所打破，新闻媒体的受人一改了被动接受的局面，成为新闻产生者。

(三)新闻生产主体的全媒介化

全媒体化的新闻产品不单是指将新闻转移到网络等其他媒体(如报社所办的电子版),更多地体现了新闻机构的跨媒体产权融合,以及不同的新闻机构之间内容共享。大型传媒集团将资源纵向、横向整合,同一资源再生产或重新利用不同的媒介渠道,即全媒体化的表现形式。具体地说,我们从三个层面来理解媒体融合。第一阶段为媒介战术融合,主要是指传统媒介与新媒体在内容及营销领域之间的互动和合作,这是最初媒介融合的形式,但尚未实现完全媒体化。第二阶段是媒介组织的结构性融合,主要是指通过兼并等方式,从各自的独立运营转变为多种传媒联合经营,特别是在新闻信息采集公布上,联合行动改变了同一集团内不同类型的媒介机构之间各自运作、资源的重复利用状况。在组织结构上,全媒体的新闻中心或大型新闻中心是蔚然成风的,这样可以有效地整合和使用各种媒体展示新闻的事实。第三阶段也就是数字媒体的融合数字大数据融合,即将不同的数字媒体信息形态融合集成在一个独立数字媒体平台上的综合多媒介。多媒体信息数字服务平台让您可以实时收集有关报纸,广播,电视,计算机和智能手机的相关信息。

二、新闻生产的过程

新闻的生产过程是从新闻机构获取新闻来源开始的。新闻源有狭义与广义两种,从狭义上说,新闻源是指提供新闻事实的人;广义地说,新闻源是新闻报道提供的渠道。记者的采访、通讯社的发稿、读者、观众的来信等等,以及新闻事实提供人(出处在事实)的统称。本书主要讨论的是新闻资源广义。广义的新闻源包括新闻线,是出现新闻事实的苗头信号,是发现新闻时的前奏,属于新闻源范畴。

新闻产品是专业制造的吗?看起来这是一个奇怪问题,因为现在新闻界的专业主义呼声越来越高,媒体素养的问题也日益受到关注。但是,新闻记者的专业性与新闻读者相对应,是非专业性的。换句话说,新闻本身不是一种专业的产品,它只经过新闻界专业加工而已。因此,我们难以苛求与新闻编辑,记者相同的受众程度。

(一)获取新闻来源

新闻来源的获取有多种渠道,主要来说,可以通过以下渠道来获得。党与政府部门：新闻机构通过发布会直接获取新闻事实及相关问题的解答，可谓是获取新闻来源最便捷的途径。

媒体记者的耳闻目睹：记者的工作就是发现新闻、采集新闻，因此职业习惯会让记者无时无刻不保持新闻敏感。无论是日常生活中的所见所闻，还是对其他媒体的关注，都是记者获取新闻来源的途径。例如，记者上网时可以看看他人的微博、博客，从这些自媒体中发现舆论热点；找到新闻线索参与社会活动：媒体参与策划社会活动，比如参与社会公益活动，组织演出，继而将事件作为"新闻"进行报道制作，这属于新闻策划。也就是说，媒体既策划事件又策划报道，自己介入一个正在发展的社会事件，自己再做报道。

受众提供：受众为媒体提供新闻线是他们参与新闻传播活动的重要方式。为达到优化的传播效果，媒体十分重视与受众的互动，鼓励受众通过信件、电话、网络等多种途径向媒体反映问题、提供线索。

（二）获取新闻内容

获取新闻内容一般而言即"新闻采访"，新闻采访是指新闻生产主体在获取新闻来源后，对事实进行深入调查挖掘和研究整理，采集具有传播价值的翔实资料，为新闻产品的进一步加工制作提供铺垫。新闻采访是启动新闻传播活动的第一个有目的性的动态实施阶段。纵观人类漫长的新闻传播活动，从口头新闻到手抄新闻、印刷新闻，再到今天的以音频、视频为传播模式的电子新闻，以及及时、海量、多媒体为传播特点的网络新闻，新闻传播道路的起点无一不在采访上。

新闻采访作为新闻生产过程中的一环，有时也可作为新闻产品的文本内容被呈现，如在电视新闻直播中，采访的过程直接伴随播出，新闻的播出内容就是记者进行采访的过程。这种集采写、编辑、播出为一体的新闻传播活动无疑对记者的专业综合能力提出了更高的要求。

（三）制作新闻内容

完成了对新闻记者采访准备工作后，记者们就开始了采访新闻的具体写作，顾名思义，新闻的具体写作作品就是新闻记者在从事采访新闻过程中将所收集和得到的各种资料、信息，通过各种文字或图书写出并制作一定的新闻体裁称为新闻采访作品。

新闻写作实际上包括两部分，首先是传播者对信息进行筛选的过程，其次是将其作品化的过程。

1. 筛选信息

筛选信息是新闻写作的重要一环，包括整理、分析、核实取得的新闻素材。整理新闻素材包括对新闻背景资料、采访笔记、录音录像、心得札记等信息的梳理，分门别类。这过程重在对新闻事件的整体感知；分析新闻素材是判断整理好的信息的新闻价值，对新闻信息进行取舍，发现信息的内在联系，去粗取精，决定哪些新闻信息可以成为作品，哪些应当舍弃；最后的核实新闻素材就是对采访中有疑问的地方进行核实求证，避免任何失实的信息出现在新闻中，必要时进行补充采访。

2. 将内容产品化

将筛选出来的新闻材料进行产品化过程，包括文本设计和组织形式。形式设计指的是确定新闻事实采用了什么体裁，对于平面媒介来说，包括短信息、长信息、通讯和言论特写等。对电子传媒体而言，包括新闻播报、评论、专题片等，以及实况转播或录制。文本组织是新闻写作中的"写作"表现，该过程以不同的媒体传播特征为基础，如新闻的效果和深度、强调书面语言，因受报纸版面的限制而考虑到了版面容量，稿件的类型主要集中于消息、通讯、评论等方面；广播比报纸强调时效，因为广播稿是用声音传播的，广告稿也要注意口语化、简洁易懂，具有亲和性，稿件的类型一般与报纸电视相比，声画的优点在于同步声画，除了有广播稿的书写特点外，还具有广播稿。注重画面、文字和声音的配合；网络等新媒体的新闻写作是传统媒体新闻写作的融合，文字、图片、音频、视频都囊括其中，更加重视对受众的个性化服务，新闻写作更加个性化。

3. 融媒体时代的新闻产品

全媒体时期，新闻写作不管是对主体和写作方式的要求都有了新的需求，记者也不再是新闻写作的唯一主体，人人都成了全媒介时代普遍存在的现象。新闻写作还突破了纸制化的写作方式，新闻采写多媒体化的掀起，融合了新闻媒体生产，记者根据不同的媒体需要，选择了不同的介质，有些新闻机构还为记者安装了多媒体采写设备，如无线网卡、相机、摄像机、智能手机和平板电脑，使新闻产品能够同时得到满足。需求包括电子纸，移动报纸，文字媒体图片和网站及户外屏幕。同时，在全媒体时代，新闻的写作周期也有所缩短，特别是面临突发性新闻的情况。一条短信、一条微博就能成为新闻，新闻写作到新闻发布可以按秒计，完全打破了一天一次出版的常规形式。

（四）编辑新闻内容

新闻编辑是现代新闻机构在产品生产过程中从事决策，组织，选择，加工和设计等专业工作的统称。作为一种现代新闻机构，按媒体的类别划分，可以将其分为报社编辑、新闻期刊编辑、电视报社编辑、电视报社编辑和网络报社编辑。按照当前新媒体发展的模式，新闻编辑也应该包含网络新闻以外的新媒体，如网络新闻。

1. 新闻报道的策划

新闻编辑在前期主要做决策，无论报纸还是电子媒体，前期策划就是新闻编辑的"灵魂"，这涉及报道的主题以及如何组织新闻报道。在新闻编辑过程中，编前会制度是前期计划的一个重要环节，编前会最初是由报社领导、编辑部主持的，由报纸各部门负责人参加，编辑处各部门负责人参加，协调版面的建立；现已广泛应用于各种新闻媒体编辑的前期工作。

而应集体判断编前。由此，新闻中心首次将第一个环节选题——新闻过程中的首个环节选题纳入了管理范围。新闻中心现在每天都会举行三次编前会，分别在上午9：00、下午2：00和上午8：00举行编前会，在编前会接受各部门的新闻选题申报，并规定除特殊突发新闻临时报题外，未经编前会认可的选题不得播出。此外，新闻中心每周举办一次选题筹划会，包括导演、编剧和策划者，对记者报所提出的选题进行了论证，筹划了节目的立意。

2. 新闻编辑的流程

确定好选题之后，对新闻后期的编辑成为新闻编辑的主要任务，重点是对新闻采集、写作的再加工，对新闻生产活动的最后把关，在下一小节会重点谈到新闻的把关。不同的媒体有不同的编辑方式。传统上的报纸出版编辑工作是，确定报纸编辑指导方针、设计出版报纸的整体风格和使用版面、选题、组稿、修改报纸制作、配置报纸新闻广播文件、排版、签发等。传统广播电视等电子传播编辑的工作过程是：频道风格、栏目设计、策划、组织节目、选题→编写素材、修改节目→对播出监测进行修改。

在当今的全媒体环境中，新闻编辑的方式不再是这样一种单条的编辑方式，而是一种多元的互动方式。在媒体融合的情况下，由于报纸、杂志、广播、电视和网络等媒体编辑整合，多元交流成为必需的内容，包括管理编辑和普通编辑之间的互动，不同内容编辑之间的互动，编辑和记者之间的互动，编辑和受众之间的互动。

三、新闻生产的把关

把关是传播学中的一个大范围，卢因第一次提出了把关人的概念。他在《群体生活的通道》一文中提到，群体的传播过程有一些人，只有符合团体规范的信息内容，或者符合团体价值标准才能进入传播通道。在新闻产业和传播活动中，从广义上讲，"把关人"是指所有在信息传播方面从事工作的人。他们对信息进行处理，编码，控制新闻通道进出的阀门，决定新闻传播内容，在整个新闻生产过程中，把关行为主要体现在以下几个层次。

政治把关：主要指政府机关尤其是新闻宣传领导部门根据党和国家大政方针政策和社会主流意识形态取向对各新闻单位实施的监管，包括对新闻机构建立的批准与否，新闻从业人员的社会行为监督，新闻作品的审查及新闻传播效果的把控等各方面新闻机构自管：新闻机构内部的把关主要指媒介自律，即新闻从业人员都要遵循所在媒体的价值导向及编辑方针。具体来说，有记者对新闻事实的把关、编辑对新闻文本的把关等。通过层层把关，新闻机构得以规避虚假、错误、片面等背离传播价值的新闻作品。

受众监督：新闻传播过程中，受众有权对媒介的行为进行批评监督。尤其在新媒体时电台、电视台的编播，在现代网络技术飞速发展的情况下，网络通过自身的复制、转发功能将新闻进行再传播从微观的角度而言，以报纸的传播为例，报纸作为媒介也作为新闻产品最终进行销售，销售的环节包括确定发行量→印刷出版→确定派送范围（包括赠送和试发行的范围）→联系派送地邮局、运送单位→试发行→获得试发行报纸的反馈→研究反馈情况（重新确定发行量和发行范围）→定价发行。同时，需要注意的是，报刊还有明显的二次购买逻辑，就是第一次购买是读者购买报刊本身，买的是发行。第二次购买是买报刊上的广告，也就说，广告商正是因为看中了读者的第二次购买，才肯花钱投入广告。当然，第二次购买是一种潜在的购买。

新闻受者的反馈

作为接收新闻者的一个接受媒体，在新闻学上通常被称为"受众者"，也就是新闻的接受者、收听者或阅听人指新闻传播的另一端读者、听众和观众的总称，是新闻信息传播的终点。新闻接受者是新闻生产的"终点"，也是最后评价新闻生产过程中的"起点"，是新闻生产开始时的"起点"。

受众意识，是针对不同的新闻媒体而言，传播者在新闻生产新闻的生产新闻生产的主体的各个环节中，脑子里要时刻装着受众，根据目标受众的需求进新词生产的进程行新闻的选择、加工和制作，并根据受众的意见进行新闻产品的新闻生产的修正。传播者也应该意识到，接收者获得信息并非只有通过新闻传播唯一的形式，新闻受众的亲身经历、人际传播、群体传播等。

第三节　融媒体时代的新闻生产

从媒体发展历史上看，从印刷时代到电子传播时期，再到网络传播时期，大众媒体在进行内容的生产与信息的传播过程中，始终以不同的特点随时代与环境而变化，同时还针对观众的需求不断调整其流程安排与组织结构。在这三个历史阶段，由于信息的大规模复制和产生规律的稳定，其生产过程也相对内在的统一。而进入21世纪，在新信息社会中，媒介的一体化趋势在不断发生变化，政治、经济、技术和文化等方面的作用与创新相互影响，媒介的一体化趋势日益明显，而媒介的融合内含与外延则不断扩展。

一、融媒体时代的新闻生产

在媒介形成、运行、生产，调整的过程中所受的各种作用力中，技术、经济、市场这三个因素尤为突出，它们互为因果、彼此促进。在这种合力的作用下，媒介融合具有可能性和必然性，也促使融媒体时代不断地进行深化发展和创新。

（一）技术成为媒介融合推动力

传播者麦克卢汉说，媒体就是信息。真正意义上的信息并不是时代传播的内容。而这一时代使用的媒介工具性质，以及其带来的可能和传播结果。

（二）经济促进媒介融合产业化发展

媒介融合的重要动因之一是通过有效地整合现存的媒介资源，实现了规模和范围的经济。由于传媒行业具有文化工业的特点，在生产过程中初始成本较高，复制费用相对低，而较大的产业整合则可以减少复制的费用，使其获得利润稳定，同时也可以增加初始成本投入的收入，以提高生产质量。其中，在初始成本购买和交易过程中，强大的媒体联合可以减低统一购买原料的成本，强化媒体市场对自身的议价能力。而在内容生产中，媒介融合能够做到优化资源的配置，包括信息、人力、物质、品牌等资源。多种资源整合能够开发出各种媒体产品，扩大组织经营的范围。同时在重大议题进行设置时，能够动员各种渠道与受众连接形成属于自己的品牌效应。

（三）市场对于媒介融合提出需求

目前，随着信息丰富和人类文化发展的演变，无论是在商品消费还是在信息消费领域，都结束了以"大众化"为特色的生产消费形态，进入了一个以"大众化"为特色的分众化时期。受众对于信息的需求不再是"广而告之"，反而要求信息的范围宽度更窄，信息是针对群体里的特殊个人进行量身打造，同时，"广而告之"的信息反而会被各种人潜意识所设的屏蔽障碍所阻挠。然而，分众化时代并不意味着信息的简单拆分和受众的生硬组合，有着大致相同信息需求的人在某段时间内于每个地集合从而形成了"受众类"。受众里的每个个体都具有差异性，每个个体也有着不同层次和类型的信息需求，从市场的角度出发，融媒体时代的本质不是"融"而是"分"。根据中国当代社会阶级研究的报告，中国现在社会结构由改革开放以前的两个阶层和一个阶层（工人，农民和知识分子）逐渐转变为十大阶级。社会阶级与社会利益主体之间的多样性有着紧密的联系，不同利益主体阶级在道德标准、观念原则和生活方式上都有自己的特征，他们将根据兴趣和审美的观念，选择媒体接收通道和传介内容，并要求大众媒体提供专业的、有针对的信息服务，要求媒体提供专业的、有针对的和具有针对性的信息服务。

二、融媒体时代的新闻生产流程重建

融媒体时代新闻传播流程的再造无疑是相对于传统媒体而言的。传统媒体的新闻传播流程往往采用线性模式，也就是从新闻内容的采访、写作、编辑、出版印刷到呈现在公众面前这个单向传播的过程。融媒体时代，新闻传播流程的改变反映在传播的各个环节上则表现为传播主体多元化、新闻来源多样、传播内容丰富、传播方式多媒体和超文本、传播速度快、传播范围不受时空限制、传播的受众主动性和个人化等传播特点。

本节主要从选取融媒体新闻来源、传播内容、传播受众三个角度来探究融媒体时代的流程再造问题。

(一) 融媒体时代的新闻采集

构建一个网络互联、信息共享的平台是媒介融合竞争的必由之路。在信息的采集方面，文字、声音、图片的单一收集已经不能满足融媒体生产的需要，集多种信息采写能力于一体的全能记者应运而生。同时，在运用全媒体技术进行日常的新闻生产的环节中，除了少数的官方爆料和群众提供线索，传统媒体通常选择进入到事件发生现场，将拥有较多社会资源、权威的一方作为消息来源。然而仅仅依靠少数记者深入基层自主发掘新闻线索，很难保证新闻信息的全面。受众运用新媒体参与新消息的及时发布，成为新闻报道来源的新力量。新闻内容来源之间的界限正在渐渐变得模糊。

1. 全能记者。媒介融合的推动，使得一专多能的背包记者成为新闻采访的主力军。所谓背包记者是指掌握了各种多媒体技能，能够同时承担文字、图片、音频、视频等报道任务，为多种不同媒介提供新闻作品的记者。背包记者是融媒体时代，数字技术和网络传播对多元化信息采集提出需求的特殊产物。记者带着视音频设备、电脑、照相机、录音笔等装备，在信息采集的同时传输文件。在新媒体压力的作用下，受众更高地要求新闻信息时效。相对于传统媒介的记者或自媒体而言，记者更要在有限的时间内，充分利用全媒体的资源设备，集十八般武艺于一身，拎起背包就能独立战斗。

在新媒体时代，记者在前方干什么？过去，前方记者通常所做的工作是描述，因为后方的编辑和受众看不到前方的情况。但是，现在网络全球化了，有一些时候，后方编辑和前方记者看到的是同一个画面，这时，前方记者应该做什么？

换句话说，前方记者的功能是不是发生了微妙的变化？他们会增加评论性吗？当网络什么都有的时候，我们可以这样描述，如果一个国家领导人在海外的演讲可以在网上看到，那么，这意味着什么？意味着该国后方的编辑和前方的记者看到的东西是一模一样的,也就是说,"秀才不出门,便知天下事"。那还要前方记者干什么?换句话说,前方的记者还能够干什么?后方如何指挥前方的记者呢?实际上,在新媒体时代,记者在前方和编辑在后方的格局已经被打破了,在战争报道中,编采合一成为一种趋势,相当于编辑部前移。前方记者需要学习新媒体的知识,直接从前方把信息传播给受众。

2. 自媒体参与。媒介融合得益于数字技术和网络传播的推动,新媒体的发展为融合新闻的采写提供更广阔的来源。在新的媒介生态环境中,每个人拿起手中的手机就成了自媒体,身边发生的新闻、言论瞬间就被记录了下来。在一些重大的突发事件中,最先发布信息的往往是非专业人士,他们发表言论或拍摄图片、视频,将第一手资料上传至网络。而后传统媒体记者才对相应事件进行详细报道。记者在传统新闻来源的基础上,利用互联网技术获得线索、搜集资料,扩充了信息来源。现在,访问门户网站,浏览微博等社交媒体和使用搜索引擎,已经是新闻记者获取新闻信息来源的主要途径。融媒体能克服单一信息采集接收形式的缺点,对新媒体所记录下的新闻有了兼容并包之势,进一步聚合公民新闻、汇集民众声音。

(二)融媒体时代的内容生产

纵观融媒体时代的新闻传播过程,从早期的新闻信息采集到内容生产、传播再到受众对新闻信息的反馈,"内容为王"的优势越来越明显。具有很高新闻价值的内容,通过生产流程再造,打破原有的内容生产模式,更新表现形式,延伸出新的价值链,拓展了新的多元化的内容与呈现。近年来走俏的读报类电视节目,就是报纸和电视两个传统媒介之间媒体联动、传播内容整合后的产物。早在1950年4月10日,中央人民广播电台开办的《首都报纸摘要》节目(也就是现在中央人民广播电台的《新闻和报纸摘要》),可视为广播电视读报节目形态的雏形。这个节目破天荒地把报纸的内容放到广播电视节目的生产中来,在众多报刊中选择最有价值的信息,归纳整合,不但增强了报刊重要新闻的被利用程度,"说新闻"的节目形态也让广大受众耳目一新。此后,广播电视阅读类节目开花,不胜枚举。比如经济频道中央电视台的《第一时间》中的马斌阅读报。10月20日,CCTV-2全面改版,重新推出后的《第一时间》,是全日首档资讯节目,其中《马斌读报》以电视为媒介传播文字信息,真正实现了"每天都会发生新闻,说法当然各不相同"的观念。电视读报者马斌说："读报原本与电视特性不相配。我们的节目获得了成功，胜在于'内容为王'，尽管我们的信息来源是二手，但每条新闻都被重新包装，融入了自己的观点和立场。"

1. 基于数字技术的内容优化

报网互动是另一种典型的传统媒体与新媒介融合，一改传统的纸媒与新媒介渠道利用率较低、各自为政的局面，选择以数字报纸、电子杂志及开办网站等方式实现报互动。数字报纸并非数字化和传统的报业简单地叠加，而是以数据库生产的模式，建立在数据库生产的模式上，将传统报业资源整合、共享和优化，是实现内容增值的一个过程。数字技术的诞生打破了这些内容产品的技术壁垒，不同介质产品可以数字化处理和传输，增值的新闻内容也可以通过不同的新闻传播载体再次表现为"一次生产，多次加工，多功能服务，一次载体传播"。

2. 内容产生的碎片化

更注重用户的交互作用，用户既是内容的消费者，也可能是内容的制造者。

人是融媒体时代的新闻生产，也是媒体运营的开始点，同时也是最终目标。随着微博、微信等平台的广泛使用，"微内容"发布、转播和阅读成为新闻信息的传播常态。字数限制的存在使传播的内容更加碎片化。面对观众的个性化和多元化需要，媒介信息的生产已不能像过去那样以"点对面"的方式来生产。1982年，美国预测学家John Nesbitt曾经指出："将来的编辑不会告诉我们该看什么东西"，我们会告诉编辑说："我们可以自己去看什么。"他引用了安东尼·斯密斯的作品《再见，古登堡》来阐述未来读者或观众将看什么报纸、杂志或电视节目，将不会由作者和编者决定，读者可以选择或创作他们想要看到的内容，而现在，融媒体出现后，受众不仅可以选择自己想看的东西，而且还可以选择自己想看的东西。也可以选择以什么样的形式看。

所谓细分受众，就是以媒介市场内在的规律和观众的要求，以频率为单位划分传播内容，使其的内容和风格更加集中，满足特定领域的观众对其内容和风格的需要。从学理上讲，细分受众群体就是把报纸读者、广播听众和电视观众统称为受者的集体，根据接触媒介的类别、人口统计特征、接触媒体频率和不同信息的需求，对受众进行了细致的划分。融媒体的优势之一是将资源内容多元化地发展，通过对不同的受众进行新模式，满足了受众对大容量信息的个性化需求。

（三）融媒体时代的内容反馈

"内容为王，渠道扩张"是对融媒体内容的数字化生产与信息的综合概论。技术的发展，使媒体接收终端形式变得更加多样，新闻信息从不同的途径传播给受众，而且观察者也能接收新闻。很多情况下还会对信息做出反馈和评价。循环往复对信息的补充、加工是对原有新闻信息的深入挖掘，是信息不断完善充实的过程。这个时候信息的生产者就有了多重身份，又成为信息的接受者、反馈者。如何快速高效地将新闻内容传递到受众手中，同时接收受众的反馈信息、实现循环报道，是我们需要探讨的问题信息接收技术升级。

新闻信息的接收渠道，也就是我们说的接收终端，指的是新闻信息的接收器。随着网融合时代的到来，新闻传播的渠道和平台越来越多，受众可以选择的信息也越来越多。

面向各种媒介发布信息的技术，媒体融合给受众带来最直接的感觉是媒体终端在发送信息和接收过程中的及时性、互动性和融合特征。过去，人们收取新闻信息的主要渠道是报纸，广播和电视。媒介自身的限制性给了信息本身。信息传播带来很大阻碍，例如，报纸让人们无法及时接收信息，广播电视信息可选择性差、不易保存。要真正实现媒体融合，必须在传播终端的使用上有突破，让观众可以随时使用终端设备观看各种媒体的新闻资讯，实现交流。

受众参与内容生产。融媒体时代，是受众化时代。受众是本，就是将以新闻为主导的报道改变成以受众为主导的报道，这意味着融媒体时代的报道应视受众为合作伙伴，甚至是与受众共同参加新闻线索收集、确认新闻源、报道角度的选择等各环节的新闻线索收集。新闻交互式报道，简单地说就是有受众参与新闻报道，并及时作出反馈、评论分享新闻信息，进一步推动新闻的传播。随着计算机技术和网络技术的不断升级，新闻传播通道逐渐变成了媒介融合后新闻传播过程中变化的又一特点。融媒体的生产，打破了以记者为主导的单次出版方式，转向了公众参与的、循环报道机制，公众参与。

三、融媒体时代新闻生产的未来

在融媒体时代背景下，新闻生产过程的重建在很大程度上改变了传统媒体的发展过程：媒体结构是以首尾相接的、完整整合的过程，改变过往由不同介质的割裂，而且由于不同的部门的管理而导致支离破碎的局面；新闻内容的优化整合提高了新闻生产效率和信息利用率，为新闻生产环节节省了大量人力物力；广大受众在这个过程中参与新闻信息的发布，提出不同意见，作出反馈，发出自己声音；一系列的技术升级，在为新闻工作人员带来更大的便利同时，也提出了对当代新闻人员的更高要求。新闻工作者不仅要学习掌握媒介融合新技术，还要在信息传播过程中充分发挥把关人的角色，尽可能避免媒介融合过程而产生的一系列问题。与此同时，我们也应该看到新闻生产流程的再造也面临着由于宏观和微观上的特定限制所带来的挑战。

目前，各国媒介融合事业如火如荼，各自走上了发展的道路，我国三网融合仍面临需要突破的局面。由于历史、社会因素，我国信息与广电部门的权力是分离的，政府对其的支持也是不同的，因此三网融合推进还在继续。此外，微观上的新闻生产面临融合带来的"负效应"。例如，"全媒体"这一类型的新闻工作者盛行，多元媒体形态对同一事件进行大规模的报道，难免在报道中产生内容的重复性、观点雷同等现象；生产再造意味着组织结构也必须随之进行调整，媒介产业的规制政策也会遭遇利益壁垒的阻碍，而媒介融合的步伐也面临诸多问题。

第九章 新闻政策

新闻传播政策研究是传播控制学的一个重要成分，也是传播控制学的一部分。新闻传播政策是一个重要的公共政策体统，是公共政策制度和新闻管理系统的重要组成成分，它能够建立和发挥作用。是当今社会体系中至关重要的一环。本章阐述国内外新闻传播政策控制，我国新闻传播政策借鉴和我国新闻传播的调控优化等新闻传播的政策内容。

第一节 新闻传播政策

一、新闻政策的含义

对于新闻政策，目前对这个概念在国内外的解释是不同的，一般都认为这个概念是政府规定新闻事业的活动标准。

《中国新闻实用大辞典》对提出的定义是："新闻政策是指一个国家或政党把握新闻报道活动指导思想的总和，是政府或政党对其管理的媒介颁布的新闻法规或某些时期内某些规定的总和。包括传播、宣传的政治方针、新闻报道的行为规范和一些党团、集团的基本管理要求，是社会权力机关管理和控制新闻的重要工作手段。"

广义上的新闻报道政策主要包括：用于新闻报道管理、新闻报道中的政策和用于建设整个新闻报道团队的政策方针；狭义的政策指的是新闻报道中的政策，有时也以用于宣传新闻纪律的多种形式同时出现。

新闻政策的内涵

根据新闻政策这个定义，对"新闻政策"的理解如下：

（1）政党政府是对新闻传播和新闻活动管理的主要工具之一，也是对新闻传播的一种工具，也是对其进行新闻传播的一种明确目的。（2）新闻政策是新闻政策的一个组成部分，其目的是制定新闻政策。在调控传播系统与其他社会体系的互动，在宏观上建立起更为系统的传播政策制度，促进新闻事业与整个社会体系的和谐发展。（3）新闻政策是动态过程和制度。不同政党和政府在不同的时期实行新闻政策，不同时间的新闻政策也有所不同。新闻政策不断地与时俱进，在政策环境中不断地发展和完善。（4）新闻政策是一个公共政策体系，它的子制度是新闻政策体系。新闻政策是一种必须采取的控制手式，特别是在我国或其他新闻法还没有颁布，或者新闻法规还不完善的地区，新闻政策是整个管理系统的主导，成为重要行为规则或行为准范。（5）新闻政策是权威的和强制性的，政策实施者和新闻工作人员必须与政策制定者保持行为方向的一致性。

二、新闻政策的源起和内容

施拉姆认为，报纸不论在什么样的制度之下也都受到同样的控制。也就是说，所有的制度都必然在某种程度上对它们的媒介加以管制和控制，推行相应的新闻政策。

（一）新闻政策的源起

一方面，任何一个社会都应该运用社会控制系统来推动由统治者确定的社会价值观，以维护并确保控制者所预期的行为方式和控制者所预期的行为方式。新闻传播体系是社会体系的一个子类，与其他社会体系相互依赖。社会系统理论认为，社会体系运行的一致性必然需要社会体系对传播体作为一个子系统进行控制。

另一方面，新闻传播活动的基本特征是对新闻政策进行控制。无限制新闻自由的危险是不可控制的，失去对媒体的控制必然会导致传播权力的滥用，也会导致新闻传播行业畸形的发展。

这里就可以划分为硬制度和软制度。对新闻而言，新闻法就是硬制度；而新闻奖就是软制度，因此，有人把新闻评奖视为软性控制。软硬两种制度也可以有级别之分，比如说，就一个国家来看，一级硬制度就是军队和司法体制，二级是政府。再以新闻为例，所谓的舆论监督就是一级软制度，而新闻奖项可以说是内部软制度。

（二）新闻政策的内容

在整个现代中国社会，统治各级阶层及其他执政党统治控制下的新闻事业主要采取的是宏观的政治控制经济方式,它并没有直接专门从事具体的控制新闻事业传播管理工作,而是以国家立法、制定的纪律法规制度来直接决定控制新闻事业土地所有制的具体形式、规模、数量和具体权利义务,通过国家政策、纪律法规来直接决定新闻编辑部的新闻工作指导方针,宣传部的口径等,以期最终能够体现其自己。意志的具体表现。[①]

新闻政策的内容主要以三种形式得到体现。

1. 新闻立法

其包括两个方面,一方面是国家机关依照权限规定,修改或废止关于保障新闻自由和限制滥用新闻自由的法律规范的活动,明确规定公民和新闻工作者在运用新闻手段方面所享有的各项自由权利,同时严格规定对侵犯公民新闻自由权利行为的制裁措施。另一方面是国家机关调整新闻活动的法律规范的总和。[②]

最早的新闻法是由西方国家提出来的,一些西方国家有专门的新闻法、出版法、新闻记者法,已经形成了比较完备的新闻法制体系。我国虽无专门的新闻法、出版法、新闻记者法等,但《宪法》《刑法》《民法通则》《突发事件应对法》等都有与新闻传播紧密相关的条文。

2. 新闻法规

在新闻法长期缺位或不健全的国家和地区,新闻政策往往以行政法规和部门规章的形式得到体现。如我国颁布的《出版管理条例》《印刷业管理条例》《中华人民共和国政府信息公开条例》等,主要集中规范了新闻单位的经营活动、管理涉外新闻传播活动、突发事件应对、国家信息安全,政府信息公开等方面的条例这些行政法规和部门规章涉及广泛,存在着法律效力不高普适性不强等问题,但在一定程度上成为解决因新闻法缺位而带来的各种问题的有效途径。

3. 领导人的讲话和党的文件

党的领导人的讲话历来是新闻工作的指南,是新闻工作必须遵循的

[①] 参见何梓华:《新闻理论教程》,北京:高等教育出版社,2008。
[②] 参见孙国华主编:《中华法学大辞典—法理学卷》,461页,北京:中国检察出版社,1971。

原则。

1985年2月，胡耀邦在党共中央书记处主持召开的全体会议上突然发表了一篇名为《党的新闻工作》的专题报告，该文的报道显然是胡耀邦提出的。提出媒体要"八分讲成绩，二分讲缺点"。

1989年11月，江泽民、李瑞环在中宣部召开的新闻工作研讨班上，分别发表了《关于党的新闻工作的几个问题》《坚持正面宣传为主的方针》等讲话，提出了把握舆论的导向、坚持积极宣传和坚守正面的问题。2003年9月，江泽民在国家宣传部部长会议上提出，"以科学理论武装人，用正确的舆论引导人，以高尚的精神塑造人，用优秀的作品鼓舞人们"。2008年6月，胡锦涛视察了《人民日报》的一篇文章，发表了讲话。对提高舆论引导能力提出"五个必须"的要求。①

这些都是改革开放以来我国重要的新闻政策，为了贯彻领导人的讲话精神，宣传部门以及其他新闻主管部门，发布指导性文件，监督和促进新闻政策的贯彻与学习。

三、新闻政策的演变

政府对于新闻媒介的应对策略历经了三个时期，即从"媒体控制"阶段，到"媒体管制"阶段，再到后来的"媒体合作"阶段。

1. 媒介控制阶段

媒介控制指的是以控制、裁决和压制媒体及其传播活动，特别是以控制非官方媒体及其传播活动为特点，以掌握和控制的传播政策为基调。在这一期间，政治作用是传播政策的唯一职能，严控传播媒体、压制异己，维护政治统一是新闻政策功能的唯一内容。

在古代中国，自汉朝以来，历代封建君主一方面，通过严格的封建官报体制，用自编辑至发抄的全套制度牢牢地掌握了封建官报，使其成为一种俯首听命的御用宣传工具；另一方面，又制定严厉的传播政策，打击以小报为代表的非法出版物和其制作者，从而控制社会舆论，维护它的专制统治在资

---

① 参见叶皓：《政府新闻案例》，2页，南京：1997年江苏人民出版社，江苏：政府新闻资料案例2页。

产阶级革命前的欧洲，各国所采取的传播政策和中国各地所采取的措施大相径庭，即各国封建统治者严格管控报刊：一方面，他们出版了封建官报，使之得以出版。为自己的统治所服务；另一方面，借助于各种政治制度的手段，如出版许可、内容检查制等，对异己思想进行控制。

2. 媒介管制阶段

媒介管制时期，媒体组织呈现高度政治化和组织化，实行以宣传为核心功能的一元化新闻体制，只重视政策的政治职能和新闻传播的社会效果。

改革开放前，我国新闻工作与媒介组织高度政治、组织化，在那一特殊的时期，中国媒体采用了政府供应制度，形成以《人民日报》为中心、党报主体公营的报刊网，以新华通信社为中体的国营报纸网，以中央人民广播电台为主心的国家人民广播电台，以中央人民广播电台为主心的国家人民广播电台。台网这是由于执政之初的中国共产党面对着严重的国际和国内情况，新中国的新闻事业发展重点是建设社会主义的公共新闻机构。我国这一政策一直执行到了改革开放以后。

3. 媒体合作阶段

资产阶级革命后，民主宪政体制在广阔的政治地理范围内得以确立并不断发展，人类社会的政治文明由近代民主向现代民主过渡，市场经济体制逐步确立。大众传媒成为非国家权力制衡机制的主导力量和公共政策系统政策主体及政策环境的建构者，大众传媒与普选制、利益集团三位一体，构成了当代民主时期直接民主和半直接民主机制。

传播政策的政治职能呈现出新的质变，从单一的纯粹的管控职能转变为复杂的、综合的合作职能。一方面，要求传播政策对媒介组织及其传播活动予以新闻政策以适当、适度、适时的管理与限制，以维护社会的稳定和国家的安全；另一方面，传播政策应当也必须借助政策效应，维护新闻自由，确保媒介组织相对独立性的实现，为大众传媒积极作用的发挥与重大效能的实现提供必要的生态环境。

在这一时期，传播政策的政治职能以传播政策系统与大众传新闻政策的演媒的良性互动为特征，以合作为基调，以双赢为原则，这不仅直接促进了大众传媒更快、更好的发展，而且对于包括传播政策在内的整个公共政策系统及社会有机体的良性运转都有着至关重要的正向功能与作用。

第二节 新闻传播的调控优化

一、新闻传播调控的含义

19世纪20年代,美国政论家李普曼首次提出运用新闻舆论对社会行为实行调控,并研究了调控机制的一般状况。我国新闻学者自20世纪80年代开始运用系统论、信息论、控制论、社会、传播学等理论和方法研究。

(一)新闻传播调控的定义及目的

《中国监督学大辞典》对新闻传播调控的诠释包括两个方面:一是指新闻传播体系本身有调整、控制社会运作和公共行为等功能,主要是通过对新闻信息进行沟通,对公众观点的引导,以及平衡公众观点的意见;二是指由政府、党和社会集团调节控制新闻传播活动,由调节法规、制度和程序等因素组成的。这种控制是通过社会政治、经济、人事法律和纪律来控制新闻传播的,童兵们认为,新闻传播实质上是对传播行为的控制。从新闻传播学来看,新闻的调节主要是国家、政党通过法律行政、经济和新闻宣传纪律的手段,对新闻信息的传播流向和新闻传递。[①]

对传播流量调控实行工程强制调节管理,约束;从工程控制流量理论角度来看,新闻媒体传播流量调控机制是要泛指工程施工受控方相关新闻媒体传播机构和其相关新闻媒体传播者通过相关新闻媒体通过相关新闻媒体传播信息渠道,对直接受到施控方相关新闻媒体受众宣传人及其发送的相关新闻传播信息来源流向和发送流量情况进行强制调节。

(二)对新闻传播进行调整优化。

实施新闻传播调控的目的,是谋求最好的社会效果,避免新闻传播的负面效应和不良效果。

它应该包含以下几个方面的含义:

(1)保证新闻传播活动及新闻媒体事业的运行与社会发展方向相一致,确保在新闻传播机构及新闻媒体进行新闻传播及媒介运营活动时,对国家安全、社会发展及公民的身心健康,承担法律、道德责任和社会义务,以确保

---

① 参见郑力主编:《中国监督学大辞典》,226页,北京:中国财政经济出版社。

国家安全。

(2)对新闻传媒机构进行监管的主要途径,是确保其编辑方针,以调控新闻媒体的传播行为,以调控新闻传媒的经营行为。在当代,无论是实行注册登记制度,还是申请批准的国家,创办者在申请新闻传媒机构的创办时,都必须向其编辑方针申报。所谓主编方,是指报刊、电台、新闻网站等机构的主题、立场和内容等相对稳定的设计,具有一定的整体设计能力。编辑方针经新闻主管部门同意,就有义务履行。

(3)引导媒体机构新闻信息流向、传播,引导媒体兼顾社会利益和经济利用,坚持正面传播的理念,为人民群众提供丰富的文化产品,满足对新闻传播业务的需要,调节优化新闻传播业务的需要,对受众进行调控和优化。实质是按照国家或政党的意志,对传播活动进行把关定向,通过制定法律或道德规范的形式,对所属或所管辖的新闻传播机构以及新闻从业者规定相应的社会责任,并对其传播活动进行监督,以此达到控制者期望的效果。

二、新闻传播的调控方式

传播控制的双重含义,在新闻传播的调控行为中具体体现为外部调控和媒介自控两个方面。

(一)外部调控的主要形式

1. 政治控制

政治控制集中体现在对传播进行限制和管理,常用的手法如下:

(1)法制和行政管控。通过西方立法部门控制网络传播,可以说明这是西方国家政府部门采用的一种广泛传播手段。一方面,它因为可以通过各种法律法规程序将信息控制方式改变得更为名正言顺;另一方面,又因为可以有效率地监视、管理和监督约束国家机器的非法传播信息行为。它包括《宪法》《民法》《刑法》中的有关表达自由和新闻自由的规定,还包括新闻行为有关的法律,如新闻、图书出版法、著作权法、电视管理和广播电影管理、许可证申请等,以及美国 FCC、英国 BBC 和中国新闻出版广电总局,对报纸、期刊、广播和电视等新闻传递行政部门实施管理,如对报纸、电视和互联网新闻的行政。管理方式,通过行政手段对传播人员施加直接和间接压力,从而实现控制传播的目标。具体的手段有:资助传播机构,制定对传播事业发展的总体计划，或者对国家提供援助；给予特殊待遇；有选择地配给：压抑政见传播的媒介；选择传播行业人士；确定新闻教育基本的内容和方向；许多国家对空中电波频率实行分配制度和特许制度；直接或者变相地资助某些传播机制。①

（2）所有权控制。谁拥有媒介，谁就拥有了话语权，就有权决定传播的内容。政治势力通过规定所有制的方式划分媒介权力和权力范围，建立分配传播资源的长效机制。规定传媒组织的所有制形式。目前一般把媒介所有制形式分为三种：

一是公营体制，即传媒为社会公共财产，如英国的BBC，日本的NHK。

二是国有制度，即传媒属于政府，由政府提供经济来源。

三是私营体制，即传媒为私营机构所有，如在美国，广播电视行业已经形成了成熟的私营企业制度。

（3）信源控制。操纵特定新闻来源发布和传播控制特定新闻来源传播是美国政府非常流行的一种用以控制特定新闻来源传播量的手段，通过召开记者会、新闻记者发布会，试探式的大气球等多种手段可以进行。吹风会等，利用官方媒介操纵新闻发布，一方面加强对外信息的监控，防止和干扰外国信息的流入，维护信息安全；另一方面控制消息来源，确保信息获得"官方"的解释，引导社会舆论。

（4）内容控制。政府禁止或限制的传播内容，在不同的社会制度下各有不同，各个国家也会根据国情和利益考虑而有所不同。

出于意识形态、公众利益和社会风气等考虑，以下几个方面在各个国家基本上都是要被禁止或限制的：涉及国家制度与国家意识形态的内容，与国防安全和国家机密相关的容，涉及虚假信息和广告的内容，非法出版物，涉及淫秽色情的内容，涉及侵犯隐私权和名誉权的内容等。

根据国务院第一届全国人大第一次会议通过的《国务院机构改革与职能转变方案》（国发〔2013〕14号）和《国务院关于机构设置的通知》，国家新闻出版总局为国务院的直属机关。国家新闻出版广电总局共有22个机构，行政管理人员508名。其主要职责包括新闻编辑方针。

---

① 参见童兵：《理论新闻传播学导论》，182页，北京：中国人民大学出版社，2000。

（5）社会资本力量控制：以强大的社会资金力量为主要后盾，建立超大型的媒介管理公司，垄断了中国大众传播的主要经营业务。巨型政治传媒媒体企业通过强大的政治经济宣传力量和社会影响力，对英国议会党团或院外的政治活动及其议程内容进行间接影响，从而直接干预公营团体媒介上的活动。

2. 收受控制

传播者即收听者，是消费信息传播的一种群体，表现在两个方面：一是受众，作为社会大众的一部分，有监督、传播权、知晓和媒体接近等权利，是最有力量的媒体监督者。受众使用权利的过程，正是控制传播活动的过程。二是受众是最重要的传播效应反馈主体，支配信息选择的权利，是社会舆论主体最活跃的部分之一。受众对媒体传播的方式、内容的评价和建议，往往形成很大的舆论作用或成为媒体传播活动中的重要参照，在很大程度上对媒体的后继传播进行了调控，如有些通过信件、电话直接发表意见的建议，有些则间接表示态度和观点，如是否订阅了报纸，收看了节目，等等。

受众对于传播的控制，是一种非强制的软性方式，并不能直接管理传播者的传播行为，收受控制的一些具体实现形式包括：

（1）个人的信息反馈。

（2）组成受众群体，以团队的方式影响媒介活动。

（3）诉诸法律手段。

（4）影响媒体销售的市场，以限制媒介活动。

（二）媒介的自我调控

1. 行业自律

传播业制定统一行业章程，包括行业内部的统一伦理道德规范或标准，要求所有行业成员严格遵守，实行自我管制，并成立行业相关机构监督新闻传播工作。如美国1975年修订的《美国报纸编辑协会（ASNE）原则声明》，1991年我国通过的《中国新闻工作者职业道德准则》等。1923年美国报纸编辑协会通过了《新闻规约》，1975年修订并更名为《原则声明》。

目前，世界各国新闻传播界纷纷建立新闻评议会，受理受众投诉，监督媒体及其从业员的不正当行为，通过有关行业机构调查传媒从业人员的业务素质和道德素养，收集社会对传媒行业和机构的评价反馈，进而提出改进意见这种行业调控介于法律控制和道德约束之间，鼓励自律行为，纠正不正之风，逐渐落实成为一种奖惩机制，有利于传播活动良性发展。

2. 组织规章

组织规章指媒介组织的所有者为了达到传播目的、落实传播方针，通过制定传播媒介内部的规章制度的方式，来约束和管理本机构人员的新闻传播活动。

规章制度是媒介所有者意志的体现，传播从业人员只有认可和接受媒介组织的纪律要求和方针政策，才会被接纳，成为合格的一分子；如果他们违反规章，就会受到惩罚甚至会被取消工作资格。

3. "潜网"说

沃伦·布里德在《新闻编部的社会控制：功能分析》一书中提出了"潜网"的理论，布里德对美国数十家报社和100多名记者进行了调查后发现，在报社中总是存在着一个微妙又强大的控制网。它的出现一方面保证了媒体组织传播的意向得到顺利执行，另一方面又是为了防止那些不规则的新来者对传播组织既定的行为造成攻击。对于"潜网"的具体内容，没有明确规定，也没有对其作过明确的解释，这就是所谓的"潜规则"，存在在暗地里，只有意会不可言传。

由于意识形态混乱，持不同价值观的制度必然直接导致中国整体民主社会土崩瓦解。因此，传播社会活动的"潜网"本身就是一种社会活动控制管理系统的一个折射，"潜网"对于被传播者的社会控制系统本质上也就是一种来自整个人的社会控制体系。布里德的研究显示，传播媒体在特定的社会环境中无时不受特定的社会环境影响，承担相应的社会控制作用，这种潜移默化的控制现象形象被描绘成一种形象的控制。

面对传播行业的"潜规则"，新来的传播从业人员只有在活动中一点一点适应它，才能慢慢领会。

三、新闻传播调控的优化

（一）新闻传播政策调控的趋势

随着现代人类社会民主化进程的迅速推动，市场经济在不断地推动媒体市场逐步形成并完善，新闻传播调控定位和其原则，基调和内涵，无论是从理论上还是实践方面，都有一个全新的解释。在新的社会生态环境下，国家、政党和集团进行新闻传播调控的方向有以下两个方面的趋势。新闻管控逐步松动对于新闻媒介的非核心业务，控制者逐渐放开管制，不再直接干预。如允许传媒企业化经营，允许刊播商业广告，允许部分传媒集团跨行业、跨地区经营，新闻政策实行严格控制的基调发生了变化，呈现逐步松动的态势。

从被动反映走向主动自觉：

逐渐从严格控制、被动向传媒主体反映，转而为新闻传播活动提供多层次的经济、文化和政治多层次的政策服务。

（二）我国新闻传播调控的优化

我国新闻传播进行调控优化的可能性：

一是整体社会体制的系统变化，为其创造了大环境和机遇；

二是市场经济体制实行后，对观念发生的变化为其作出了思想准备；

三是全社会的信息化水平提高，通信业、传媒等行业的变化也为它们的发展提供了实际条件。

改革的必要性：

一是广播电视传媒体宏观管理系统的计划方式已远不能满足市场经济需要；二是广播电视产业的发展，与文化工业、娱乐行业和信息产业的进展密切相关，因此，必须进行主动的变革和创新，才能保持在未来发展中的地位和实力。

1. 推动法制进程

长期以来，我国广播电视传媒的管理是依靠方针和行政手段来实现的。虽然我国《刑法》《民法通则》《突发事件紧急应对措施法》等与我国新闻市场调控密切息息相关，但有鉴于广播电视相关法律性的规定体系数量相对较少，包括覆盖面窄、法律效力低等，而且根本缺乏完善的、不配套、无效的协调，距离基本建立完备广播法律规定体系还存在很大时间差距，甚至还有不少广播法律体系规定的具体空白点在广播法律上还是确实有所存在。

新闻立法问题渐渐凸显出必要的一面。执政党除制定党纲和基本党章外，在党内进行政治新闻信息传播市场调控时，没有特别多的规定；但是我国目前还根本没有专门的政治新闻法，出版法，新闻记者管理法等。社会媒体集团和相关行业管理机构是否参与传播媒体经营活动，以及对大众传播媒体行为是否进行监督管理，也可能需要根据相关法律法规作为基本准绳。广播电视媒介管理需要建设维护新闻自由权利和防止滥用新闻自由的法律体系，建立健全完备的广播电视法律法规体。

建立起完备的新闻传播法律规定体系，以《广播电视法》为中心，以行政规定为核干，以部门的行政法定为基干，以地方法规、章节为补充，完善了广播电视法律规定体系，并以地方法规、章节为补充。这一制度的建立要坚持导向性、前瞻性、公平化和强制化的特点。只有在这个基础上，这个系统才是科学和成熟的。

2.完善监管机制

新闻传播的调控优化意味着政府职能的变化，要加快政府职能向引导、监管、服务的转变方面，加强行政管理，规范新闻媒体经营活动，防治"有偿新闻"现象；坚持依法行政、公开行政、公正执法，坚决废止以言代法、以权代法、"暗箱作业"等违法操作行为，保证被监管者也应该依法享有申诉辩护的权利。另外，推动新闻机构政事分离，从职责、机构、人员编制、经费以及管理方式等方面着手，将政府机构和事业单思考与研讨题位分开，切实解决越位与缺位的问题；集中财力、人力办好公益性新闻事业，把新闻传媒产业推向市场，促进新闻传媒产业多元化、多层次发展。

第十章 新闻实践

第一节 新闻报道的实践原则和社会效应

一、新闻报道"三贴近"原则

原则是人们说话做事所依据的法则或标准,是规范人的行为的社会规范。全社会有总的原则,各行各业有各自的原则。人们通过遵守和坚持总的原则和各自的原则推动着各项事业顺利进行、科学发展,推动着社会走向文明、走向和谐。

作为党和政府喉舌的新闻宣传战线同样有其自身的原则。"三贴近"原则就是其中的一项。新闻媒体和新闻宣传工作要坚持"三贴近"原则。"三贴近"即贴近实际、贴近生活、贴近群众。新闻从业人员要与实际生活、人民群众紧密联系,深入生活,把人民群众作为常年采访对象,传递客观真实的信息,引导正确舆论,促进社会和谐发展。"三贴近"原则是新闻宣传发挥喉舌作用、桥梁作用和纽带作用的关键,是新闻宣传的方针和指向。江泽民同志在强调坚持正确舆论导向的同时,还要求新闻单位的同志要研究如何不断提高新闻宣传的水平和效果,把报纸、广播、电视办得有吸引力、感染力,使读者、听众、观众爱读、爱听爱看。新闻媒体只有从"三贴近"原则入手,才能加强和改进宣传思想工作,加强新闻传播的针对性、实效性和吸引力、感染力,才能体现时代性、把握规律性、富于创造性。"三贴近"原则的本质和核心是密切联系群众。群众是我们党和政府服务的对象,是我们党的执政基础。

新的时期,我们党提出要权为民所用、利为民所谋、情为民所系等民本理念,把人民群众满意不满意作为工作成败得失的标准,这是我们党走群众路线、依靠群众、服务群众、团结群众、带领群众致富奔小康的必然选择。

新闻宣传的任务就是要传达党的执政理念。新闻传播活动是由传播主体、传播中介、传播受众三个部分所组成，任何一个部分的缺失都将导致传播活动失效。只有受众接受了新闻所传递的信息，并认同了新闻所蕴含的价值和导向，新闻价值才能得以实现。从这个意义上说，群众是新闻的主体，是实际生活的主体，是推进社会前进的主要力量。密切联系群众是新闻宣传的要求。"三贴近"原则也是方法论，这种方法是客观的、科学的。新闻媒体和新闻工作者一定要遵循这种方法、运用这种方法。唯其如此，才能坚持正确的舆论导向，发挥新闻的社会功能，新闻传播就能为群众喜闻乐见，达到以正确的舆论引导人，以高尚的精神塑造人，以优秀的作品鼓舞人的目的，从而牢固占领舆论阵地。坚持"三贴近"原则就是坚持新闻宣传的方法论，就是坚持马克思主义的新闻观。

在坚持"三贴近"原则的实践中，各级媒体根据自身的性质宗旨、专业特色、范围层面，以不同的模式和方法落实"三贴近"原则。国家级媒体以全国实际、全国人民为主体，站在高端、权威、全面的高度，传递国内外重大信息；省级媒体则以省情为主体，市县级依次类推，宣传范围逐步缩小。但国家的政策法规是相同的，各级媒体宣传的方向保持了高度的一致。区别在于新闻事实发生的范围和地域不同，贴近实际、贴近生活、贴近群众的层面不同，报道的点面关系不同，距离远近不同。但报道的内容和形式是相同的，都符合"三贴近"原则要求。以播州区融媒体中心为例，对县级媒体落实"三贴近"原则的实际工作进行分析回顾，探索坚持"三贴近"原则的方法论。

贵州省遵义市播州区，具有"黔北粮仓"之称，面积2500多平方公里，人口81万人。有名的"遵义会议会址"即在其境内，系红色革命圣地。近年来，随着工业化、城市化、产业化等三化建设和新农村建设的不断推进，当地的旅游业日益兴起，党和国家的一系列民生政策、惠民政策使全区经济社会和各项事业得到了全面发展，新闻资源也更加丰富多元，发生在基层和群众之间的新闻不断增多，为丰富电视栏目和新闻节目提供了信息资源。每年岁末年初，区融媒体中心领导班子都要研究部署新一年的宣传工作和"三贴近"落实，制定全年、半年、季度、月报道方案，整个新闻报道工作井然有序，并不断创新报道方法和形式，在落实"三贴近"原则上不断推进。刚刚过去的2020年就是成绩显著的一年。2020年，播州区每周播出6组电视新闻，即从周一到周六每天一组，每组新闻多时13条，少则8条。全年播出2000多条新闻。内容涉及全区经济社会发展、民众生活的方方面面，包括区镇两级各种会议、中央省市县各级领导调研考察慰问、学习实践科学发展观、走出去请进来各种参观交流学习、三化一业建设和新农村建设、招商引资、教育均衡发展、农村合作医疗、农村养老保险、文化信息资源共享、政策法规安全生产宣传检查、安全生产考核、农业基础设施建设、各级各部门到农村挂帮、农民工就业和返乡创业、各种节日庆典大型活动等，报道内容重大，题材丰富，涉及面广，与全县实际情况、社会生活、人民群众切身利益息息相关。尤其是脱贫攻坚，脱贫攻坚新闻占据了特别大的比例，几乎是天天有报道，都与基层群众密切相关，或者脱贫政策宣传、或者脱贫措施落实、围绕"一达标两不愁三保障"目标研究策略、方法，通过教育扶贫、产业兴起、低保兜底等举措，增加群众收入，实现脱贫目标。这场脱贫大战到2020年底已经取得辉煌成果，脱贫目标已经全面实现。

第一，党代会讨论的是发展和民生等重大问题，人代会、政协会同样要讨论社会发展和国计民生，提出发展计划纲要和奋斗目标。2019年，播州区融媒体中心在区"两会"期间把"百姓话两会"作为一个重要选题进行策划，在"两会快递"栏目增设了"百姓眼中的两会"开展连续报道。把人大代表代表人民群众提建议、意见和群众对两会谈看法连接在一起，体现人民群众广泛参与管理国家和社会事务的政治热情。区镇两级的各种会议旨在统一思想、提高认识，传递新观念、新信息，安排部署某项工作或工程，确保每项工作有计划、按步骤推进，以便提高工作效率，按时完成各项任务。这是实际生活的需要。如果没有这些会议，很多工作将无从开展。

第二，各级领导调研也以发展为重点，关注广大人民群众的生产与生活。如到企业调研，关注工业发展；到农村调研，重视农业发展，关注农民群众增收致富；到城镇低保户和农村贫困户慰问，关注的是人民群众的疾苦；并在调研中发现问题，然后分析问题、寻找解决问题的办法，切切实实为老百姓办事。

第三，县级融媒体中心要立足区情实际，让电视节目充满乡土气息。区级电视新闻作为当地媒体的"主要产品"，要为区域范围内的观众服务，这就要求区融媒体中心必须从区情出发，最大限度挖掘和采编富有地方特色的新闻。从2003年起，播州区开展了以"富、学、乐、美"为主要内容的"四在农家"创建。多年来，区委区政府坚持"党政引导、部门帮扶、群众为主、村组自治"的运行机制，使"四在农家"的美好构想落到实处，惠及一方百姓。播州区融媒体中心在每周一至周五的新闻节目中及时报道"四在农家"在全区各地的先进做法和经验，激励农民朋友努力创建美好家园的热情。同时，我们针对农民群众渴望掌握农业科技知识的愿望，开辟了与老百姓切身利益挂钩的农业科技栏目，较为充分地满足了地方不同层次观众的需求，从而赢得了观众的注意力，有效地提高了收视率，而"四在农家"的宣传报道也成为全区新农村建设的重要载体。到2019年，全区已创建"四在农家"13.1万户，惠及农民62.5万人。如今，一条条水泥路连通家家户户，一个个农家院落整洁漂亮，村庄的活动场所和图书室里，农民们在健身读书看报，好一幅农家美景。党和政府把为民办实事、办好事落到了实处。实施脱贫攻坚的这些年，每年都把脱贫攻坚作为宣传报道的重中之重，开栏目，设访谈，作专题，开展系列报道、深度报道、每种报道方法都没有落下。把镜头直接对准基层，对准农村、对准群众、对准实际，切实履行了"三贴近"原则。

第四，学习实践科学发展观活动，从理论和实践相结合的高度寻求如何发展、如何科学发展的问题。新型农村合作医疗、城镇农村低保、新型农村养老保险、农村文化信息资源共享工程等，是全县经济社会发展的大事，与人民群众的生产生活密切相关，是建设小康社会，构建和谐社会的具体行动，符合"三贴近"原则的具体要求。在栏目设计上，播州区融媒体中心开设了"致富宝典""健康人生""南部新家园""警视一刻"等常规栏目，安排在不同的时间和时段播出，报道广大人民群众关注的增收致富、身心健康、城市建设、社会治安等问题。此外，还在"播州新闻"节目里增设了"百姓话题""旗帜""记者发现"等子栏目，每周一、周三、周五各发一期，把镜头对准百姓关注的热点难点、党的建设以及社会各行各业的新情况、新问题，既丰富了新闻内容，又涵盖了现实生活的各个层面，反映了社会生活的各种问题和矛盾。既是"三贴近"原则的需要，又是"三贴近"原则的具体落实。

在落实"三贴近"原则实践中，播州区融媒体中心还策划了若干专题报道和系列报道方案。比如为了宣传农民勤劳致富，依靠科技致富，我们策划了"农民求富之路系列报道"；为了推进农业产业化和现代化发展，我们又策划了"农业新闻调查系列报道"。到2020年底，这两个系列报道各制作完成了10集的报道任务，策划专题共10部，如"农家书屋：农民的精神家园""建设工业园区：播州区工业发展的必然选择""播州区教育工作巡礼"等。

第五，镇乡动态也县级媒体报道内容的重要组成部分。前面提到的一系列重大事件有一部分与镇乡有关，镇乡单独发生的新闻事件，区融媒体中心也同样予以高度重视。2020年，镇乡通讯员送到区融媒体中心的稿件有340件，其中采用了300件，采用率达88%。这是基层的声音，也是广大基层干部群众工作行动和干事创业的缩影，是脱贫攻坚主战场的号角。为了扩大基层宣传力度，播州区融媒体中心还对镇乡通讯员开展理论培训，安排通讯员到单位实习，同记者一起采访，提高通讯员的新闻报道能力和水平，把镇乡的工作宣传好，报道好，从而激发农村广大党员干部群众的积极性、创造性和原动力，努力开创农村工作新局面。

总之，播州区融媒体中心认真落实"三贴近"原则，新闻质量显著提高，被地市级以上电视台采用的稿件不断增多。2020年，播州区电视台采制的新闻被中央电视台新闻频道采用10条，贵州电视台采用74条，遵义市电视台（地级）采用190条，居遵义14个县市区之首。在2019年"遵义广播电视奖"评选中，获电视新闻一等奖4个，二等奖4个，三等奖6个，有5件作品入围"贵州新闻奖"。荣誉和成绩将激励全台员工继续向新的目标迈进。

二、新闻的社会效应

新闻学理论认为，新闻具有两大功能，一是传递信息，二是影响社会。传递信息包括传递观念、传递思想，传递精神。影响社会，包括赞美、肯定、批评监督社会，就是我们所说的舆论导向。这是在理论上进行概括，具体地说，新闻的功能还包括若干个方面。笔者在采访中发现，新闻报道还具有发现问题、分析问题，并推动问题解决的社会功能。新闻的价值就通过新闻的功能来体现。观众在获得发现的新闻事件后，对事件的下一步进展和结局特别关注，他们想知道真相和结果，因此需要开展连续报道，媒体就要自始至终全面深刻客观报道新闻事实的全过程，给观众一个交代。这就必然推动着问题和矛盾的解决。下面笔者举两个例子，讨论新闻的社会效应，以至抛砖引玉。

遵义县电视台记者在采访中发现一个特殊的群体——流浪人。流浪人是一群什么样的人呢？他们的生存状况怎么样？引起了记者的深入思考，并展开报道。于是有了"古稀老人凄苦流浪，人性关怀有了'新家'"的系列报道。

流浪人无家可归，无人照顾。被人歧视，被人遗忘。在遵义县县城的大街上，人们经常看到一个浑身污黑的老头，已经在县城流浪了很多年，他说他是本县龙坑镇谢家坝的人，叫都应举。一个市民也证实他是谢家坝人，六七十岁。以前人们都不知道他是哪里人。他白天四处游荡捡东西吃，夏天他居无定所，蚊虫叮咬；冬天寒风刺骨，他只能睡在冰冷的水泥地上，遇到刮风下雨下雪，他就更加难熬。记者在采访中发现，像都应举这样的人是因家庭背景、个人际遇或生理原因导致疯傻痴狂、背井离乡、流落他乡，过着非正常人的生活，让人同情怜悯，需要得到社会的关爱。但由于他们精种不正常的原因，他们又不能和精神病患者一样能够享受免费治疗或救助，因为地方救助部门无法了解他们的户籍状况和监护人，况且他们未必能够配合救助，曾经被救助的流浪人主动离开救助站的情况一度发生过。

记者从早到晚对他进行了全面采访。第一篇报道《流浪人的生活》在遵义县广播电台和电视台播出后，引起社会广泛关注。一方面，市民对都应举的态度发生了改变，由以前的无所谓或蔑视改变为同情理解，向他扔过石头或泥巴的行人也感到愧疚，然后改变为给他馒头或面包，新闻产生了默默的教化作用、规范着人们的行为举止，引导人们同情弱者、爱护弱者，从而产生爱心。另一方面，引起了地方党委政府和有关职能部门的高度重视。县委书记看了报道后作出指示要认真调查都应举的户籍，摸清情况后，对他落实政策。龙坑镇社会事务办公室立即开展调查。结果显示，都应举确是龙坑镇谢家坝的人。龙坑镇社会事务办公室表示把都应举列入孤寡老人行列，并落实相关政策，及时妥善安置好他的生活。新闻报道后第四天，龙坑镇社会事务办公室负责人来到县广播电台和电视台,与记者交流了意见,然后一起上街寻找都应举。找到后,都应举说他愿意到敬老院生活。大家帮他清理掉了烂摊子、烂铝锅和垃圾袋,安排他洗澡换上新衣服,为他安排房间、床铺,介绍他与院民们认识,再教他刷牙、洗脸、用厕所等生活常识。院民们都说愿意照顾他,流浪20余年的老人终于有了自己的新家,大家都为他感到欣慰。

都应举的生活安排好后,记者又迅速做了"流浪人有了新家"的连续报道,把问题解决的结果传递给观众,让观众放心。都应举老人有了归宿,体现的是各级党委政府的关怀,体现的是党的政策的人性光辉。龙坑镇社会事务办公室负责人表示,所有关于村民、关于老年人的政策、待遇都会落实到都应举身上。

一个流浪人通过记者的观察、关注、采访、报道改变了生活,改变了命运,这是新闻功能的具体体现。记者通过观察思考发现问题,然后对新闻事实作出客观公正全面具体的报道,引导观众作出反应,并关注事件的发展过程和结果,最终使问题得到圆满解决,这是记者的职责,也是新闻的责任。

在这里,媒体与职能部门之间协作互补的联动效应也得到充分体现。媒体与职能部门之间不能越权、不能越位,彼此的关系是:各行其事,各尽其责互相搭台,共同努力,把握事态,良性互动,解决问题。媒体发现问题后,报道要客观公正,职能部门针对问题不回避,不推诿,积极应对,调查研究,科学决策,把问题解决好。媒体再传达问题解决的结果,正如上面的例子,二者的精密配合,就让流浪人过上了幸福生活。这是和谐社会建设的方向、目标和要求。

记者在采访中发现的另一个问题更具普通意义。是一个关于"三农"服务的问题。遵义县从2005年起,实施了微耕机农田耕作战略,提出并兑现了微耕机推广运用优惠补助政策。即对购买微耕机的农户补助38%的购机款。几年来,全县各镇乡都有部分农民购买了微耕机。部分土地的耕作由机耕代替了牛耕,大大提高了土地耕作效率,促使全县农业提前进入由传统农业向现代农业转变的关健时期。春耕期间,记者深入到农村采访了解到售后服务一直以来就困扰着农机手。据镇乡农机站站长介绍:微耕机销售点和维修部都设在城里。在乡镇都没有设售后维修服务部,农机手一旦遇到微耕机有点小问题，购买配件很不方便，必须到城里去买，往返得一整天，费时又累人。记者认为，这个问题长期这样会挫伤农民运用微耕机的积极性。大家知道，加快推进农业机械化，是用现代科学技术装备农业，用先进生产手段改造农业，是促进现代农业发展最直接、最有效、最重要的途径。可以说，没有农业的机械化，就没有农业的现代化。农机事业正在不断适应新形势、新任务的要求，立足于为农业生产的全过程和农村经济发展的诸多领域提供全方位的服务。因此农机的推广和服务显得特别重要。我们的职能部门解决好这个问题义不容辞。记者面对这个问题的报道进行了深入思考。在记者看来，职能部门知道这个情况是解决问题的前提。记者在安排细节上增加了采访农机局负责人的情节，请他谈谈对这个问题的意见。农机局负责人积极接受采访，并发表意见，还表示要让全体农机干部都看看这个节目。节目在遵义县广播电台和电视台播出后，引起共鸣。据各镇乡反映，这个问题的确是一个重大问题，但是之前大家都没有想到就近维修的方便。机器坏了各自跑到城里去买配件。看了农机局负责人的同期声，才觉得在镇乡建立服务网点非常必要。农机干部也深感责任重大，认为为农民搞好农机服务是他们的职责。接下来，农机局安排5个调查组分赴各镇乡调研。调查结果显示农机维修难是一个普遍存在的问题。为了解决这问题，农机局与农机销售商进行了座谈，并达成一致意见：2020年投入经费在中心镇乡建立维修站，实行农田耕作定时定点服务，保证农民在10公里以内能买到农机配件。销售商认为，现在农机正在逐步推广，普及程度还不高，建立配套完善的服务网络时机尚不成熟，只能根据实际情况解决维修问题。农民的愿望就是能够在最短的时间内把机器修好，节约耕作时间。如果能够这样农民就比较满意了。记者对农机局的这一行动进行了追踪报道，给农民群众一个满意的答复。这个意见等到2020年农耕期间实施时，记者表示将继续关注，直到农机维修难问题实实在在地得到落实。

  这个问题的解决与上一个问题的不同之处在于，上一个问题的解决越快越好，不受时间和季节的限制。早一天解决，流浪人就早一天过上幸福日子。所以职能部门应迅速着手解决了这个问题。体现了行政职能部门高效快速的办事风范。后一个问题则不一样，农闲时，一般不耕作，就没有农机的修理业务。当农机部门与销售商达成意见后，农忙已经过去了。只有等到下季农耕时，建立服务站才有意义。新闻报道已引起职能部门的高度重视，而且迅速派人到农村实地调研，掌握了解农机售后服务的重要性和必要性，然后与销售商一道研究解决之策，最后形成方案，等待实施，事实上，也相当于解决了问题。特点是解决迅速，等待落实，不影响工作。

值得强调的是新闻工作者应具备强烈的预见性，即新闻舆论引导的先导性，要能报道人们普遍关注而又未知的事实，把社会上那种无序的舆论进行清理集中概括，得出系统的结论。也就是提出问题，然后寻找解决问题的部门，把该部门纳入采访对象，使之在不知不觉中明白工作职责，明确使命，然后开展工作。记者这样做，事实上是主动为当事部门搭台，如果不安排采访职能部门，他们未必能知道这事，因为他们未必能看到这期节目。记者的预见性就体现在这里。新闻的社会功能就是通过记者的分析思考和深入报道表现出来的。新闻的社会功能揭示了社会与新闻的密切关系：社会需要新闻，新闻服务社会。

第二节　新闻实践专题报道（上）

一、专题报道案例——脱贫攻坚：以人民为中心的伟大实践

（一）人民，只有人民，才是创造世界历史的动力

历史在不断发展，人类在不断进步。历朝历代的大小战争、压迫剥削、侵略扩张都在推动着生产力向前发展，同时又在不断构建新的生产关系。从原始社会到奴隶社会如此，从奴隶社会到封建社会如此，从封建社会到资本主义社会如此，从资本主义社会到社会主义社会亦如此。这种生产力与生产关系的不断更替，推动着人类社会向前发展。人类整个文明进程就是一个不断肯定、不断否定、不断失败、不断胜利的过程。这个过程中，人民既是受压迫受剥削者，又是战争的受害者。正所谓："兴，百姓苦，亡，百姓苦。"但是，人民仍然是推动历史前进的动力，是接力长跑运动员，一棒接着一棒跑到今天，一直就与奴隶主、地主、资本家进行着激烈的斗争，虽然，他们是无产阶级，手无寸铁，身无寸土，但是，他们凭借着多数派的力量和坚持不懈的斗争精神，他们取得了伟大胜利，建立了国号，掌握了万里神州，一

时之间，他们又失利战败，江山易主。从武王伐纣、秦灭六国、楚汉之争，到三国鼎立、八王之乱、隋唐更替如此；从鸦片战争、不平等条约签定、火烧圆明园，到五四运动、抗日战争、解放战争亦如此。但无论胜败，人民都是主体，没有千千万万的人民，便没有一切战争。然而人民又是一盘散沙，尽皆被古代帝王利用，成为战争的牺牲品。自由丧尽，生命不保，尊严全无，谈何幸福。只有到了现代，中国共产党成立后，领导中国人民进行了艰苦卓绝的斗争，才成立起新中国，让人民获得了解放，人民才当家做了主人。这是举世创举，亦是人类奇迹。中国共产党不但要让人民获得解放，让人民扬眉吐气，还要让人民过上幸福生活、富裕生活、美好生活，更要让人民有尊严、有底气，可以挺直腰杆大声说话，让整个地球都能听见。

中国共产党的任务就是为人民服务，就是为中国人民谋幸福，为中华民族谋复兴。

(二) 改革开放是让人民过上幸福生活的伟大战略

国家获得解放，人民获得自由，不等于所有人都能马上过上幸福生活。1956年，生产资料的社会主义改造完成后，我国才正式实现了生产资料公有制，建立了社会主义制度，人民有了基本的生活资料。但由于连连战争的破坏、生产力落后和基础条件薄弱等原因，广大工人、农民收入处于极低水平，人民生活还极为困难，贫穷落后的面貌一直在维持着。

改革开放后，我们党明确了"我国还处于社会主义初级阶段"的事实判断，提出了这个阶段的基本路线：坚持一个中心，两个基本点。允许一部分人先富起来，通过先富带后富，最后走共同富裕的道路。这一路线斩钉截铁、立竿见影。40多年来，我国发生了翻天覆地的变化，政治、经济、军事、教育、文化、体育、医疗卫生、环保城建等各行各业突飞猛进，成绩骄人。人民日益增长的物质文化需要同落后的社会生产之间的矛盾逐步在化解。但仍然还有一部分群众生活贫困，尤其是农村群众，成为实现全面小康目标的短板。对此，党中央不忘初心，牢记使命，提出了以人民为中心的发展思想，要求小康路上一个也不能掉队。于是，谋划了脱贫攻坚伟大战略。把脱贫攻坚作为人民战争来攻打，对这场战争作了全面、周密、系统的安排部署，谋划了脱贫攻坚系统工程。全党全国都把人力、物力、财力集中到这场战争上。

短短几年间，这场战争取得了阶段性成果。众多贫困群众增加了收入，实现了就业，众多农村产业兴旺起来，众多贫困家庭学生得到资助，顺利完成学业，众多贫困群众获得医疗资助，大病重病得到治疗，众多生存环境恶劣的群众实现了易地搬迁，搬到城市或集镇，住进了环境优美，上学、就医、创业、就业都十分方便的安置小区，并且实现了搬得出、留得住、能致富的目标。"安得广厦千万间，大庇天下寒士俱欢颜"只是古代诗人的梦想。但是今天，我们党把它变成了现实。我们党为贫困群众修建的安置房屋何止千间万间。尽管尚未让所有住房特困群众住进新房，却已迈出了坚实的步伐，取得了阶段性成果，天下寒士俱欢颜的美好愿望必将实现。只是硬骨头都在后面。

（三）脱贫攻坚，是让人民过上美好生活的现实举措

党的十九大提出中国现阶段社会主要矛盾是人民日益增长的美好生活需要和不平衡不充分的发展之间的矛盾。脱贫攻坚就是克服这一矛盾的重大举措。党中央决定2020年实现脱贫目标，在2019年底全面清零。这个任务十分艰巨。深度贫困地区、深度贫困群众都是脱贫攻坚的重中之重，坚中之坚。要啃下这些硬骨头，是对全党的严峻考验，是对全体领导干部的严峻考验，也是对深度贫困地区、深度贫困群众的严峻挑战。时间短，任务重，工作艰巨，2019年自然成为冲刺之年。行百里者半九十。这一年，集中了所有的矛盾冲突。这些矛盾冲突概括起来就是要实现"一达标两不愁三保障"。这句话听起来很简单，干起来就是一项系统工程。就像打仗，要攻克前面的山头，需要多少战士、多少武器，需要运用什么措施、采取什么战法，都要全面研判，科学决策，这是时代课题，必须认真解答。这就是以人民为中心，必须贯彻执行。

现在，国务院扶贫办已经作好顶层设计。各级领导干部也在冲锋陷阵。从精准识别，全面了解真正的贫困群众，收集各种佐证，到精准施策，实现"一达标两不愁三保障"，补齐各种短板，大家各就各位，深入村组、群众家中紧锣密鼓地行动起来。与群众交谈，帮助群众出谋献策，谋划兴旺产业，让群众增收。为了充实基层力量，县级部门安排了驻村第一书记，驻村干部，县镇两级分别抽派了1+10部门和1+N小分队到村组工作，形成了网格负责制。切实把国家的各种政策资金落实到贫困群众，切实把镇乡统筹的补

齐短板资金用到刀刃上。

通过调查走访梳理的问题台账，是干部开展工作的"必答题"。一本本台账沉重千斤，记录了群众的所思所想，所盼所愿；一个个问题沉积千年，揭示了农村发展的艰难历程，激发着领导干部的民生情怀和工作信心。首先看增收台账，种植水稻、玉米等粮食作物收入多少，种植烤烟、辣椒等经济作物收入多少，养猪养牛养羊收入多少，务工收入多少，五保户、低保户兜底政策落实多少，各项收入汇总人平均年纯收入达没达到3747元（即一达标，贵州省2019年脱贫指导标准）的标准。达到了，就基本脱贫了，达不到，则要想办法让其增收，让其达到或超过这个标准。接着，要了解有没有安全饮用水，吃和穿困不困难，要看看有没有自来水、水质是否达标，米缸里有没有大米，衣柜里有没有换季衣服。

其次看教育台账。建档立卡家庭有没有学生读书，有几个，读几年级，应该享受多少补助资金，是否调查清楚，兑现没有，群众得到没有，要一户一户、一人一人落实好，不能漏户漏人，要认真核实有没有因贫辍学的现象，切忌任何一名学生因贫辍学。通过政策落实确保贫困群众子女充分享有受教育权。再次看医疗台账。贫困家庭有没有大病重病人员，住院没有，报销没有，报销比例达到标准没有，家庭医生明确没有，慢特病检查没有，残疾人办证没有，政策享受没有，要按照台账一项一项抓好落实，确保医疗政策充分享受。最后看住房台账，这是脱贫攻坚的重中之重。符合危改的调查清楚没有、改没有，跑风漏雨的短板补齐没有，散水地平处理没有，没有厨房、厕所、圈舍的三改工程改没有，土坯房完全消灭没有，住在危房里的群众搬出来没有，房屋内外卫不卫生，有没有人畜共居、人畜共圈。这些仍然要一项一项抓好落实，要让群众住上干净、安全、舒适的房子。领导干部都在脚踏实地抓落实，都在一家一户深入查摆、督促跟踪。

此外，还有一些密切相关的工作也不能忽视，也同样要抓在手上，比如收集轿车、商品房、商铺、租房等与精准识别、住房安全相关的佐证，比如收集就业、务工、放贷、承包工程等与收入相关的证据，还要笔录贫困群众修建新房、撤掉土坯房的计划，包括选址、动工时间、修建面积、完工时间等，以保证土坯房按时撤掉。要做好这些工作，往往需要干部从农村跑到集镇、从集镇跑到城市、去与群众见面交谈，到电力部门、住房部门、居住小区居委会调查，还需要电话联系去外省务工的群众。千头万绪、交叉复杂，大量的工作等着大家去做。大家都分头去做，主动去做。问题在一个一个解决，一个一个减少，目标在一步一步实现。

（四）人民对美好生活的向往就是我们的奋斗目标

人民需要我们做什么，我们就做什么，什么事情让人民满意，我们就做什么事情。每当贫困群众破烂的房屋、杂乱的居住环境、人畜共居、无厨无厕的实境展现在眼前，每当看到贫困群众焦黄的脸膛、紧锁的眉头、蓬乱的头发、佝偻的身躯、蹒跚的脚步，每当想到贫困群众生病就医困难、子女上学困难、儿子娶不上媳妇、老人无人赡养的情景，广大领导干部就感到特别沉重，特别不安，深深为他们忧虑，都希望他们能够逐步好起来。因此激发了他们打赢脱贫攻坚战的决心和信心。暗暗下决心要让他们尽快脱贫，让他们在规定的时间实现"一达标两不愁三保障"的目标，让他们紧锁的眉宇舒展开来，让他们沉甸甸的心轻松起来，让他们过上比较好的生活。

于是，广大领导干部不断开会研判工作、探索工作方法，不断进村入户，了解实情；三番五次到群众家中登记核实相关情况，三番五次督查工程推进情况、短板补齐情况、三改完成情况，切实把党的各项政策贯彻到位、落实到位，让群众得到实惠，改变生活。

工作中，农技人员、家政讲师，镇村干部、攻坚小分队干部分别到村、到组组织群众，集中开展农技、家政培训和感恩教育，把扶贫、扶植、扶志有机结合起来，增强群众就业本领，提高群众精神境界。

所有工作都围绕群众脱贫展开，所有的工作都尽力让群众满意。再苦再累都值得、都欣慰。每当群众的问题解决一个，困难战胜一个，目标就接近一步，大家都会产生成就感。认为为党工作光荣，为人民做事光荣。当然，工作中也会遇到很多矛盾，有的群众有逆反心理、拒绝配合，领导干部便冷静沉着、循循善诱，晓之以理，动之以情，以博爱胸襟温暖群众，以公仆情怀善待群众，以责任担当服务群众。这样，干群认识一致、思想统一便会水到渠成，以至形成强大合力。

工作中，各级党政、扶贫部门对脱贫攻坚既实现宏观管控，又注重微观指导。党和国家科学、精密、周到的部署了这项战略，把大笔大笔的资金投到了脱贫攻坚上，工作推进如何，成效明不明显，群众得没得到实惠，都需要检查督导，于是各级督导检查也依次展开。各级督导让大家看到了各级党政对脱贫攻坚和贫困群众的高度关注，体现了对贫困群众的眷眷深情。督导旨在了解脱贫政策都兑现没有，各项工程落实到行动上没有，群众是否都已经享受到了。督导的目的重在发现问题，分析问题，解决问题，促进系统工程全面推进，达到目标。

干群一心，众志成城。"党委主责、政府主抓、干部主帮、基层主推、社会主扶"的脱贫机制就会高效运转起来，各项工作就能科学有序推进，脱贫攻坚目标就能如期实现。贫困群众都脱贫了，全国人民都过上了好生活，就是向新中国成立70周年献上了一份厚礼。

脱贫攻坚战略让中国共产党更加伟大，中国共产党让中国人民更加自豪。更加伟大的党领导更加自豪的人民，就会无往不胜，就会创造更加辉煌灿烂的明天。

二、专题报道案例——乡村振兴：务必根治不良风气和陈规陋习

改革开放40多年来，农村经济发展了，农民物质生活水平提高了，农村环境改善了，农民在教育、医疗、养老等方面有了切实保障，过上了幸福、稳定的生活，农民综合素质也明显提高。可以说农村发生了翻天覆地的变化。但在广大农村仍然存在较多不良风气和陈规陋习，这些不良风气和陈规陋习阻碍着农村社会的进步，阻碍着农村精神文明建设，成为脱贫攻坚的和乡村振兴的战略重大障碍。

我国农村这些不良风气、陈规陋习

主要表现为滥办酒席、赌博成风、不孝敬老人、相信迷信风水、不讲卫生、好吃懒做不思进取、邻里关系不和谐、违规建房、占道经营、交通安全意识淡薄等方面。

滥办酒席成风，暗箱操作。符合中国传统的酒席，大家都办，无可厚非，婚事丧事热热闹闹也能活跃农村气氛，给亲戚朋友创造聚会之机、交流之机。但婚丧之外的各种酒席也随之兴起，诸如建房、乔迁、生小孩、开业、再婚、办寿、升学等。直接把传统的礼尚往来嬗变为聚敛财富。这些现象屡禁不止，变着法儿暗箱操作，严重扭曲了文明乡风，给乡村振兴笼罩上了一层阴影。

赌博成风，玩物丧志。赌博现象在农村还普遍存在着，红白喜事娱乐娱乐无伤大雅，但以此为职业，则是不健康的，主要是心理不健康，赌博不能创造财富，只有生产劳动才能创造物质资料。农村有一部分群众长期以此为职业，这与客观规律背道而驰。没有心理健康的农民，文明乡风和乡村振兴都将成为无源之水、无本之木。

不孝敬老人引发社会问题。一少部分农民对年迈的父母视而不见、置若罔闻，父母艰难度岁。这必将加重社会负担，延缓文明进程。

相信迷信风水、不讲卫生、好吃懒做不思进取、邻里关系不和谐、违规建房、占道经营、交通安全意识淡薄等陋习都会成为乡村振兴的绊脚石。

要根治这些不良风气、陈规陋习，需要加快经济发展速度，巩固脱贫攻坚成果，提高农民收入水平，丰富农民物质生活，建设绿色生态环境，重视教育发展，提高综合素质。要制定地方规定和村规民约加以约束。要改善农村基础条件，丰富农民群众精神文化体育生活，引导广大农民空闲时间打球、下棋、唱歌、跳舞、读书、看报，激发他们参加有益于身心健康的文体活动，启迪他们的思维、陶冶他们的情操、丰富他们的思想、提高他们的文化品位、精神境界和综合素质，迸发他们干事创业的激情，勇于创业就业，不断增加收入。这样，不良风气、陈规陋习就会与农民作别。

要大力宣传《公民道德建设实施纲要》，把《公民道德建设实施纲要》作为必读物在农村普及，让农民认真阅读，全面了解，深刻领会，从而潜移默化、润物无声。要在农村普遍开展法治进乡村活动，让农民了解我国的法治体系，法律规定，从而懂得法律、遵守法律、运用法律、争当好公民。要开展各种技能培训，提高农民的创业就业能力，增强他们的造血功能，引领他们创业就业，增加收入，过上幸福生活，提振气势，对生活充满信心。

这些方法归结起来，就是要关心关注农民，帮助引领农民，培训提高农民，让农民精神振作起来，信心树立起来，文化水平高起来，最大限度感受党和政府的温暖，充分享受改革开放和经济发展的成果，向农民普及科学和文化、博爱和善良，让温暖和煦的阳光普照农村大地，温暖农民心窝，当然更重要是加快发展，加快高质量发展，增加农民经济收入，改善农民生产生活环境，让农民生活好起来、富起来，促进农民在实现中华民族伟大复兴的中国梦的征程中满怀豪情，信心百倍，激励农民在社会主义现代化建设中斗志昂扬、阔步前进。如此，脱贫成果方能巩固，乡村振兴方能实现。

三、专题报道案例——中国共产党：苦难辉煌100年

近代以来，中国历史上发生的特大事件有五件。一是鸦片战争，二是辛亥革命，三是中国共产党成立，四是中华人民共和国成立，五是改革开放。这五件特大事件代表近代、现代、当代中国社会的主要矛盾和矛盾的主要方面，引领和推动中国获得解放、走向文明、实现富裕、逐步强大、完成复兴。

（一）鸦片战争爆发

使中国社会由封建社会沦为半封建半殖民地社会，直接改变了中国的性质。中国完全闭合的版图先后被列强撬开了若干缺口，大举进攻中国，使中国体无完肤，血溅九州，撕肝裂肺，痛彻心扉，国将不国。试看，中英《南京条约》（1842年）、中美《望厦条约》（1844年）、中法《黄埔条约》（1844年）、中俄《瑷珲条约》（1858年）、中日《马关条约》（1895年）等一系列不平等条约的签定，逼迫中国不断给列强割地、赔款、开通口岸、提供最惠国待遇，以致丧权辱国，民不聊生。人为刀俎，我为鱼肉，东亚病夫，任人宰割。中国在滴血，中国人民在滴血。这都是清政府软弱无能的结果，也是旧中国科学技术落后的结果。

1911年爆发的资产阶级民主革命——辛亥革命，推翻了清朝统治，结束了长达两千年之久的君主专制制度，挽救了民族，争取了国家的独立、民主、自由，开启了民主共和新纪元，成立了中华民国，是一次伟大的革命运动。但是，辛亥革命的果实被袁世凯窃取了，终究未能成立新中国。新中国在哪里？中国人民在呼唤，中国人民在期待。毛泽东主席诗曰："长夜难明赤县天，百年魔怪舞翩跹。"呼唤，啼血的呼唤，无回应；期待，痛苦的期待，无休止。

（二）1921年，中国共产党成立

犹如在黑夜中划过一道闪电，照亮了一条明晃晃的大道，这条大道便是通往建设新中国的方向。

中国共产党的成立，为新中国建设创造了客观条件。中国共产党和新中国互为因果。没有共产党，就没有新中国。有了中国共产党，中国人民就看

到了新中国的曙光。尽管共产党领导的革命遭遇了大革命和第五次反围剿的失败，被迫长征、持久抗战、解放战争，无数先烈抛头颅、洒热血，却赶跑了日本侵略者和国民党反动派，最终取得了胜利，于1949年成立了中华人民共和国，这是开天辟地、亘古未有的大事。毛泽东主席在天安门城楼上发出的湘音响彻云霄、振动全球。亚洲东部、太平洋西岸的中国屹立在了世界的东方。亿万中国人民终于获得了解放和自由，可以挺直腰板了。这是中国之大幸，中国人民之大幸。从此中国走上了独立自主的道路，实现了生产资料公有制，建立了社会主义制度，开启了新中国的历史纪元。

1949年10月1日，是一个金碧辉煌的日子，是新中国的生日，是一个必须永远铭记的日子，我们的一切美好生活都从这一天开始。然而好事多磨。新中国刚成立，千疮百孔，一穷二白。中国共产党领导的中国人民要面临各种挑战，克服各种困难。1958年实施的"大跃进"运动，违背了客观事实，导致1959年吃人事件出现。但伟大的党勇于纠正错误，迅速回到实事求是的轨道。1966年发生的"文化大革命"，成为一段颠倒的历史，中国共产党又一次勇敢地面对了它，纠正了它，比如否定"两个凡是"，比如拨乱反正。新中国总会遇到很多新问题、新危机，新中国都会勇敢地解决新问题，化解新危机。棋逢高手，棋艺倍增；棋逢低手，每况愈下。新中国总在实践、认识，再实践、再认识，既勇敢地朝前走，又认真地回头看，总在不断探索，不断进步；既勇于纠正错误、正视矛盾，又勇于发扬成绩，改革创新。因此，新中国总是沿着正确的方向前进，永远处于不败之地，永远朝气蓬勃。

原子弹和氢弹的爆炸成功，为保家卫国提供了坚强保障，也为世界和平和多极化发展作出了巨大贡献。这是新中国成立后的尖端科技成果，标志着我国核科技事业迈出了坚实步伐。浓浓的黑黑的蘑菇云告诉世界，这片土地不容侵犯。

（三）改革开放是新中国富起来强起来的伟大战略

改革开放带领中国人民走进了新时代。农村家庭联产承包责任制的落实，现代企业制度的改革，我国处于社会主义初级阶段的事实判断，党的基本路线的提出和实践，都让新中国发生了翻天覆地的变化。从综合国力上看，取得的成绩十分骄人。

1990年，成功举办北京亚运会。

1997年，香港回归祖国。

1999年，澳门回归祖国。

1999年，"神舟一号"顺利升空，首次实现天地往返。

2001年，中国正式加入世界贸易组织（WTO）。

2003年，"神舟五号"发射成功，杨利伟成为飞天第一人。

2008年，中国成功举办奥运会。"神舟七号"遨游太空，中国航天员走出飞船舱门迈出了太空第一步。中国第一条高铁京津城际线路开通，时速350千米。中国成为世界上高铁发展最快，系统技术最全，集成能力最强，运营里程最长，运营速度最高，在建规模最大的国家。

2010年，上海世博会成功举办。

2018年，港珠澳大桥建成通车。

就这个简单的排列，从总体上，大家已经能够感受到，没有强大的国力和科技的进步，这些举世瞩目的大事是干不成的。

中国共产党建立100年，科技取得的巨大成就离不开科学家的发明创造。100年来，中国涌现出众多杰出科学家。他们是地质学家李四光，中国现代桥梁之父茅以升，中国实验胚胎学的主要创始人童第周，现代中国数学研究创始人华罗庚，中国航天之父、导弹之父、火箭之王钱学森，中国航天"大总师"孙家栋，中国原子能事业的开拓者和奠基人钱三强，核物理学家、中国核武器事业重要奠基人于敏，中国光学之父王大珩，固体物理学的开拓者黄昆，"杂交水稻之父"袁隆平，现代毕昇王选，等等。还可以列举很多。如今，中国已成为世界一大"创新中心"。

现在我们通过华为公司去了解科技的力量所在。2016年8月，全国工商联发布"2016中国民营企业500强"榜单，华为以3950.09亿元的年营业收入成为500强榜首。在2018年7月19日美国《财富》杂志发布的最新一期的世界500强名单中，华为排第72位，是唯一的未上市500强企业。2019年3月19日，世界知识产权组织发布的年度报告显示，华为公司的专利申请量在企业中位居全球第一。华为为什么能够取得如此辉煌的成绩？华为在全球18万名员工中，研究人员就占到了45%，每年的研发包括基础研究的投入占销售额的15%左右。2018年，华为在研发方面投入达到了150

亿美元，未来 5 年将超过 1000 亿美元。华为公司现有数学家七百多个，物理学家八百多个，化学家一百二十多个，还有六千多位专门在基础研究的专家，有一万名博士，三万名硕士，再有六万多工程师来构建这么一个研发系统，使华为抢占了重要的制高点。

中国共产党建立以来，还涌现出世界级的文学巨将和医学家。

2012 年，莫言获诺贝尔文学奖。

2015 年，中国药学家屠呦呦获诺贝尔生理学或医学奖。

新中国还涌现出了很多教育专家、医学专家、作家、艺术家、战斗英雄、时代楷模、优秀领导干部，各级劳动模范，他们都是新中国的脊梁，为新中国建设作出了卓越的贡献。

《周易》说："天行健，君子以自强不息；地势坤，君子以厚德载物。"

2013 年，中国提出"一带一路"、共建人类命运共同体战略，正是自强不息、厚德载物的具体行动。推进"一带一路"建设既是中国扩大和深化对外开放的需要，也是加强和亚欧非及世界各国互利合作的需要，中国愿意在力所能及的范围内承担更多责任和义务，为人类和平发展作出更大的贡献。体现的是中国责任担当，世界责任担当。2015 年，中国政府明确打造"中欧班列"品牌，2018 年，中欧班列共开行 6300 列，回程班列 2690 列，双向运输进一步趋向均衡。国内开行城市达 56 个，可通达欧洲 15 个国家 49 个城市。中国的国际知名度和影响力不断扩大。

100 年来，中国的发展成就世界瞩目。随着综合国力的不断提高，中国日益走近世界舞台的中央。国家主席习近平在日内瓦联合国总部阐述人类命运共同体理念，在亚洲文明对话大会上为亚洲乃至世界不同文明之间交流互鉴指明方向。中国向世界展示了负责任大国的风范，让国人感到振奋。

（四）100 年来，我国文化事业繁荣兴盛

我国始终坚持"二为"方向和"双百"方针，大力传承中华民族优秀传统文化，积极吸收世界优秀文化成果，正在不断向社会主义文化强国的目标阔步前进。

1949 年，全国公共图书馆、文化馆、博物馆屈指可数。现在已经实现了部分镇乡、村社有图书室、县县有图书馆、文化馆、地州有博物馆的目标。到建党 100 年时，我国从以前单一的广播媒体发展到今天具有电台、电

视台、报刊、网络广播电视和移动多媒体广播电视等多种媒体构成的传播新格局，出版了一大批广受读者欢迎的优秀出版物和精品图书。

到2020年底，全国重点文物保护单位总数已达到4000多处，世界遗产总数已达到50多项，位居世界第二；全国共有国家级非遗项目保护单位3000多家，入选联合国教科文组织人类非物质文化遗产代表作名录的项目总数达40个，是目前拥有世界非物质文化遗产数量最多的国家。

100年来，中国教育按照"教育要面向世界、面向未来、面向现代化"的发展要求，实施教育体制改革，取得了重大成就。100年来，我国教育改革发展波澜壮阔，全民族的思想道德素质和科学文化素质全面提升，为经济社会持续健康发展作出了重大贡献。新中国教育是在极其落后的基础上起步的。新中国成立时，我国绝大部分人口是文盲，高校在校生仅有十多万人。建党100年时，我国已形成了体系完善、结构合理的现代化教育体系。

学前教育"从无到有、从有到优"。高中阶段教育规模不断发展。已超过世界中上收入国家平均水平。

1999年开始实施高等教育扩招政策，高等教育规模快速发展，入学机会大幅增加，城镇农村广大青年有机会进入大学深造，成为国家栋梁。2020年，全国各种形式的高等教育在学总规模3800多万人，在学博士生39万多人，在学硕士生234万多人。

农村义务教育学生营养改善计划全面实施，受益学生达数千万人，农村学生营养健康水平得到提升。

国家先后实施"211工程""985工程""高等学校创新能力提升计划""'双一流'建设"等重大项目，出国留学人数和到中国留学人数大幅提升，重点建设项目带动了我国高等教育整体水平提升。

中国共产党建立100年，中国教育已经站上新的历史起点，向着教育强国阔步前行。

100年来，我国的医疗事业突飞猛进。我国已经基本建立起遍及城乡的医疗卫生服务体系。覆盖全国城乡的医疗、预防、保健、监督等各级各类医疗卫生机构众多，基本满足了城乡居民医疗卫生需求。初步建立了城镇职工医疗保险制度和新型农村合作医疗制度。妇女儿童卫生保健水平进一步提高，实现了低生育率和低死亡率的良性循环。世界卫生组织曾经赞誉中国用最低廉的成本保护了世界上最多人口的健康。

（五）100年来，我国体育事业蓬勃发展

我国广泛开展了各项体育运动，其中包括29个奥运会正式比赛项目。在历届全运会上，我国运动员30多次打破田径、游泳、射击、举重、射箭、跳伞、航空模型等项目的世界纪录，打破全国纪录达两千多次。近几年来，我国还创办了全国城市运动会、全国农民运动会、全国残疾人运动会、第一届全国少数民族运动会等。在奥运赛事上，自许海峰在第23届奥运会上获得第一枚金牌起，中国获得金牌数不断上升，在第29届北京奥运会上，中国健儿共获得金牌51枚，超出第二名美国15枚。从23届到第31届，中国共获得金牌227枚，已经成为体育强国。1981年至1986年中国女排完成了"五连冠"霸业（在世界杯、世界锦标赛和奥运会上5次蝉联世界冠军），完美地诠释了"女排精神"，激励和鼓舞了一代又一代人学习女排振兴中华。

100年来，我国交通运输业发展成绩斐然。从"用双脚丈量"到乘坐时速350公里的高铁，从"黄金向海里扔"到港口智能化，从坐飞机想都不敢想到务工者春运乘机回家过年……中国共产党建立100年来，居民出行方式发生巨大变化，交通运输业发展成绩斐然，创造了举世瞩目的"中国速度"和"中国模式"。从居民的方便出行、快速出行，便能感受到"中国速度"，坐飞机、乘高铁已经成为居民的家常便饭，坐地铁，乘轻轨更是简单容易；国内旅游、国际旅游已经普及到普通群众；水上交通，陆路运输，四通八达；省际高速，县县通高速，农村公路组成了一张密集畅通的网络，哪怕千里之遥，也可一日返回。从最近20年兴起的旅游热、景点爆满、堵车常态，物流频繁，到轿车普及，完全能够感受交通运输事业快速发展带来的喜人变化。

改革开放时期，中国共产党战胜了各种重大考验。1998年发生的洪水灾害、2003年的非典疫情、2008年的冰雪灾害、2008年的汶川地震，2020年新冠肺炎疫情，还有矿难、交通事故、污染、火灾等，都在党中央正确领导下，一一被战胜，铺平前进的道路。尽管每一次灾害都有很多人受灾或失去生命，却也不能摧毁全国人民的意志，相反，越是遇到重大灾难，越是让人民更加勇敢坚强，让人民越挫越勇，变成了打垮压不倒的钢铁长城。

100年来中国发生的变化远不止上述几个方面，再有千言万语也述说不尽。比如通信事业，从大哥大到科机、到普通手机、到智能手机，从手摇电话到程控电话到数字电话，再到人人有手机，从接听电话，发短信，到聊QQ、微信，再到转移支付，一台手机走天下，卫星导航，可谓方便快捷，高效准确。比如，人类历史规模最大、速度最快的反贫困斗争——脱贫攻坚，100年来，7亿多名农村贫困人口成功脱贫，贫困发生率下降至零。中华民族彻底摆脱绝对贫困，实现全面小康的千年梦想，将于建党100周年之前在我们这一代人手中实现。更有甚者，从一分钟接待一个顾客的服务纪录，到2018年11月11日天猫商城创下每秒49.1万笔订单新纪录，从凭票排队等待到移动支付的"秒抢"，老百姓消费支付的变化，从一个侧面书写了让世界惊叹的"中国速度"。再如，生态文明建设、城镇化发展、反腐倡廉等都取得了显著成绩。

中国共产党，风雨兼程100年；中国共产党，辉煌灿烂100年。

迎接中国共产党建立100周年，我们信心百倍，我们豪情满怀！

祝愿中国共产党的明天更加美好！

第三节　新闻实践专题报道（中）

一、典型报道案例：创建全国文明城市的哲学思考及价值取向

创建全国文明城市是推动我国社会主义事业向前发展的科学举措，是探索人类社会走向文明的世界观和方法论。是党中央、国务院治国理政方略极其重要的组成部分。是落实科学发展观，实现中华民族伟大复兴中国梦的必然选择，是增强国力、壮大国威、影响世界、保护地球的必然选择，是奋力推进城市化、提高人民生活质量、让人民生活幸福的必然选择。充分体现了辩证法在创建工作中的广泛运用，具有深刻的哲学意义，闪耀着明亮的哲学光辉。

首先，创建全国文明城市坚持物质决定意识，意识对物质有能动作用的辩证观点。创建全国文明城市要以宽敞整洁的街道、整齐美观的大楼、雄伟气派的工厂、漂亮好玩的公园、先进完善的市政设施、聚集了一定数量的人口等物质基础作为前提，具备了这些物质基础，城市功能才称得上完善，才

能为市民学习、工作、创业提供条件，才能丰富市民的精神生活、提高市民的综合素质。否则，创建工作就成会为无源之水、无本之木。可以想象，没有硬化、油化的街道，灰尘满天；没有果皮箱，垃圾乱丢；没有斑马线，人们乱穿；没有红绿灯，车辆乱行……社会秩序将会一片混乱。因此，创建全国文明城市务必首先完善市政设施。这应该是各地创建工作的共同举措，都会投入巨额资金建设硬件。硬件完善了，再引导或强制市民遵章守纪、文明行动、诚信经营，那样创建文明城市才能顺理成章。

其次，创建全国文明城市坚持用发展的、全面的、联系的理论指导实践。全国文明城市测评体系明确规定，要建设好八大环境，创建才能达标。八大环境即：廉洁高效的政务环境；民主公正的法治环境；公平诚信的市场环境；健康向上的人文环境；有利于青少年健康成长的社会文化环境；舒适便利的生活环境；安全稳定的社会环境；可持续发展的生态环境。这一指标充分说明了创建工作包括社会生活若干方面，涉及政治、经济、文化若干领域，是全方位的，而各个方面、各个领域又是相互联系的。是把用全面的、联系的哲学方法运用于创建工作的具体体现。全国文明城市测评体系的另一指标创文十大工程：创业就业工程、便民畅通工程、优质教育工程、优质医疗工程、全民健身工程、依法治市工程、平安家园工程、智慧家园工程、文化家园工程、绿色家园工程，同样遵循了用发展的观点推进创建工作的规律。这些工程是根据人民美好生活需求在不断发展变化。各地在创建中，都重点抓了这些工作，一项一项对标，一项一项完成，一项一项巩固提升。漏落一项，就出现短板，就会产生短板效应。因此，创建是发展的、全面的、联系的创建。不是静止的、片面的、孤立的创建。

再次，创建全国文明城市要求在工作中学会"弹钢琴"，即创建工作要抓住重点，统筹兼顾，善于把握重点和主流，坚持两点论和重点论的统一。把握重点就是要抓关键，牵住"牛鼻子"。那么创建工作有哪些重点呢？创建重点包括：突出思想道德内涵，把社会主义核心价值观从观念形态向实践形态转化，真正落细落小落实，扎实推进学雷锋志愿服务制度化，大力推进诚信建设制度化，切实加强和改进未成年人思想道德建设，不断提升公民旅游文明素质，把整治"脏乱差"作为经常性任务，把生态文明建设作为紧迫任务，等等。只有抓好了这些重点工作，才符合全国文明城市测评体系规定指标，才能实现创建目标。各地在谋划创建工作时，都会以这些重点工作为脉络，分层次、分条块进行全面部署，逐一落实，既解决主要矛盾，又解决次要矛盾。

最后，创建全国文明城市坚持群众路线。这是马克思主义哲学的重要内容。全国文明城市创建的宗旨是：创建为民，创建惠民。创建的目的是：让人民更幸福、让城市更美丽、让社会更文明。创建的宗旨和目的都以人民为中心，为了让人民过上美满幸福的生活。正因如此，人民群众才是创建的主体，因此，各地都重视发动群众积极参与创建工作，引导群众为创建工作贡献力量，同时在创建中提高综合素质，实现自我完善。

此外，创建全国文明城市还包含认识论、矛盾论、内外因关系、量变质变规律、地理环境学说等哲学原理在创建工作中的广泛运用。

总之，上述原理在创建工作中发挥了重要的理论指导作用，为创建工作提供了科学的方法，加快了创建进程，提高了创建效率，实现了创建目标。

什么是全国文明城市？全国文明城市简称文明城市，是指在全面建设小康社会，推进社会主义现代化建设的新的发展阶段，坚持科学发展观，经济和社会各项事业全面进步，物质文明、政治文明、精神文明建设协调发展，精神文明建设取得显著成就，市民整体素质和城市文明程度较高的城市。全国文明城市称号是反映中国大陆城市整体文明水平的最高荣誉称号。是培育和践行社会主义核心价值观的排头兵。既是国家发展的远大目标，又是全国人民的共同追求，因此创建全国文明城市是一场伟大的革命，也是广泛的实践。全国人民都有责任参与创建工作。

那么，创建全国文明城市的价值追求表现在哪些方面呢？

价值之一：创建全国文明城市能够提升城市品位，完善城市功能，增强城市吸引力，让城市成为市民温馨的家园。每一个城市在创建之前，都或多或少存在这样那样的问题，比如街道脏乱严重，大街、小巷路面粗糙不平、灰尘满天，广告垃圾随处可见，骑门摊点、流动摊点泛滥，油烟乱排。比如十字路口未设置红绿灯，行人车辆乱穿乱行，行人不走斑马线，践踏绿化带，损害市政设施。再如，歌舞厅噪声扰民，网吧危害青少年身心健康，等等。这些城市问题都与文明城市格格不入。而创建文明城市，就是要根治这些问题，把这些问题解决好。具体的创建工作要由党政主抓，层层分解责任，齐抓共管，分头落实。一方面，做好申报创建全国文明城市的地方党委政府要加大城市建设投入，完善城市基础设施，油化城市道路，包括大街小巷、城市岔道、居民小区、楼群院落等。划好标致标线、让白色的标致标线也成为一道亮丽的风景，清新悦目，心旷神怡，同时规范车辆行人通行行为。设置红绿灯，修建地下通道、天桥、建设绿化带，公厕、广场、停车场、商场、商业街、设置垃圾厢等市政设施。让这些硬件成为城市的主体，为市民生活提供方便。另一方面，城管、工商、公安、文体等部门要治理城市乱象，规范城市秩序，让城市整洁干净、美观亮丽。要把野广告、占道经营、骑门摊点、流动摊点清理干净。把乱搭乱建、违法建筑清理干净，把破损了的市政设施修补好或拆旧更新，把破损的城市街道、人行道修补好，或安装统一规格的地砖，或统一油化，使之整齐美观，爽心悦目。同时要实施常态化管理，365天天天都务必有环卫工人上岗，随时随地有人清扫垃圾、冲洗街道、擦洗市政设施。就好比把一个肮脏的人，从内到外全身清洗一次，既要漱口洗澡，又要修剪指甲，既要梳妆打扮，又要更换新衣。必要时还要搽脂抹粉、穿金戴银，使之花枝招展，美艳动人。让市民赏心悦目，心旷神怡，过上美好生活。

价值之二：创建全国文明城市是规范人民群众日常行为、提高人民群众综合素质、引导人民群众践行社会主义核心价值观的科学方法，是建设社会主义精神文明的重要组成部分。人民群众的陋习由来已久，尽管各届党委政府都重视两个文明建设，但重物质文明轻精神文明却是不争的事实。精神文明建设提是提到了，也宣传了，就是没有行动。而创建全国文明城市这一行动则把精神文明建设落实到了具体行动上。要求市民或行人走斑马线，严禁横穿马路，车辆通行红灯停绿灯行，同时到了斑马线要礼让行人，不乱扔垃圾、乱停乱放、乱涂乱画等。否则，将受到处罚。虽然带有强制性质，但也是形势所需。创建全国文明城市就是要强制大家遵章守纪，诚信友善，礼貌待人，就是要强制市民走斑马线、红灯停步、绿灯通行、勿乱扔垃圾、勿高声喧哗、勿随地吐痰、排队上车、依次办理金融、医疗、购物等业务，用语文明和蔼，待人热情友善。然后通过强制执行后，过渡到自觉行动。创建全国文明城市的过程就是强制大家走向文明的过程。强制便是高效的执行手段。一旦过渡期结束，文明时代就来了。可以说，创建全国文明城市是提高市民综合素质的有效载体。

价值之三：创建全国文明城市是规范城市秩序，推动科学发展的有力举措。城市是一个国家、一个地区的政治经济文化中心。在人类进步过程中发挥着极其重大的作用，代表着一个国家、一个地区整体发展水平。因此，每个城市都务必保持良好的秩序。包括经济秩序、建设秩序、市场秩序、交通秩序、经营秩序等社会秩序。规范良好的秩序是创建全国文明城市的重要内容之一。

创建工作要求申报城市经济健康快速发展。创建工作要求企业生产的产品绿色环保、安全健康。严厉打击制假行为、冒牌生产行为和非法生产行为。建立完善、科学、高效的企业生产体系，遵循经济发展规律，促进经济良性运行，保持良好的经济秩序。

创建工作要求申报城市维持正常的建设秩序，科学合理规划城市，增强城市辐射能力。严厉打击违法建设，乱搭乱建。保持城市整洁美观，光彩照人。让市民流连忘返，爱之如家。同时要求政府及相关部门建设好特色街道，比如、商业街、小吃街、美食街、夜市等，为市民就业创业创造良好的环境，方便他们经商、开店、发展特色产业，增加收入。

创建工作要求申报城市保持良好的市场秩序，要求人们依法经营、守法经营，买卖公平，童叟无欺。有关部门将严厉打击缺斤少两、以次充好、赝品横行、欺行霸市等行为，严禁假冒伪劣产品流入市场，避免市民遭受经济损失，确保市民舌尖上的安全。市场管理部门要加强市场管理，加大市场保洁力度，让市场干净整洁、无污染无臭味。保持良好的市场秩序。

创建工作要求申报城市要有良好的交通秩序。城市人口密集，出行频率较高，加上农村人群的往返、外地人员的进出，导致城市交通十分繁忙。如果没有良好的交通秩序，城市就会经常出现拥堵，交通事故频发，对人们出行造成影响。而创建文明城市就是要规范交通秩序，要求人们遵章守纪、礼貌行车、红灯停、绿灯行，不抢道，斑马线礼让行人，不强按喇叭，不超速超员，出租车收费合理，禁止价格欺骗和随意要价。上车排队，下车依次，主动给老、弱、病、残、孕乘客让座。只有这样做，才能保持良好的交通秩序，才能建设和谐交通，才能为文明城市添彩。

创建工作要求申报城市维持良好的经营秩序。城市经济发达，交易频繁，商铺众多，经济繁荣。但城市内的占道摊点、骑门摊点、流动摊点也不少，挤占了城市公共空间，成为城市拥堵、交通安全、行人通行的不利因素。不整治，就成为城市的短板，影响城市的整体实力。而创建工作就是要补齐这块短板，取缔所有的占道、骑门、流动摊点。让城市更整齐美观，让空间更顺眼迷人。同时还要取缔传销、手机诈骗等一切非法组织。只有消灭了这些城市毒瘤，文明城市才名副其实。

价值之四：创建全国文明城市是招商引资、加快经济发展的必然要求。城市的经济发展离不开招商引资。各个城市都在通过招商引资发展经济。而招商引资的关键是要招得进来。凭什么招进来，凭实力，实力就是这个城市的文明程度。简言之，要招商引资，必须提高文明程度。我国历史文化名城苏州，全市面积8500平方公里，户籍人口678万人，常住人口1060万人，2016年财政收入1730亿元，远远超出一些人口多、面积大的省份。这与招商引资关系密切。据了解，目前苏州招商引资企业外资企业已有1万家，总投资900亿美元，占全国总投资的10%，世界500强跨国公司已有96家先后落户这里。一个户籍人口只有六七百万人的地级城市财政收入远远超出了人口数千万之众的省份，这个差距不能说不大。可以说筑巢引凤、借鸡生蛋非常重要，是经济发展的引擎。创建文明城市也是招商引资的客观要求，城市的文明程度提高了，城市的吸引力自然就增强了，招商引资环境也就变好了，招商引资就会水到渠成。因此，创建文明城市意义非凡、价值连城。

下面以遵义市播州区为例，深入了解创建全国文明城市的举措、力度、方法和取得的成绩。

2016年7月，播州区启动全国文明城市创建工作。区委区政府严格按照省、市统一工作部署，以义不容辞、舍我其谁的责任担当，以"不创则已、创则必成"的信心和决心，积极投身全国文明城市创建，全区上下群策群力、共创共建、促进了创建工作扎实开展，并取得突出成效。

创建期间，城区完成沥青砼路面38842平方米；城区道路改造工程摊铺沥青面积约7万平方米，道路柔化基本做到全覆盖。城区新建一类公厕7座，改建二类公厕14座，新增移动公厕13座。增设、改造、修补城区支架灯共计550盏。检查食品生产经营单位15495家（次），责令停业整顿29户。对全区95所学校、2651户餐饮单位实行了分级管理和量化等级评定。

劝导流动摊5200余个，开展文明劝导7200余人次，共劝阻行人撞红灯、不走斑马线等不文明行为16000余人次。查处各类车辆交通违法行为24378起。关停校园周边200米内网吧8间、KTV7家、游戏机室7家、图书店3家。检查各类市场主体经营单位3500余户次，现场责令整改经营单位134户。

创建中，强力推进"十大工程"项目建设。全区"十大工程"项目共99个，总投资367.7亿元，年度计划投资125亿元。全部开工，开工率100%；完成投资71.6亿元，占年度计划的57.6%，累计完成投资150.4亿元，占总投资的40.9%。

创建中，坚持开门抓整改，充分发挥人民群众的监督作用。共受理群众投诉1504件，转办806件，交办698件，打通了服务联系群众的"最后一公里"。

创建中，大力开展志愿服务。注册志愿团体111个，发布志愿服务项目587个，注册志愿者参加志愿服务33012人次。组织开展了"明礼知耻·崇德向善""文明我接力·志愿一小时""团聚青春志·创文勇冲锋"等志愿服务活动。积极关心关爱弱势群体，开展关爱孤寡老人、留守儿童等志愿活动2200余次。成功塑造黄大发、刘怀旭、雷卫强等全国、全省争相学习的榜样人物。黄大发入选"全国道德模范"。124家单位（家庭）先后获文明单位、文明村镇、文明社区、文明家庭等荣誉。

2017年11月4日，中央文明办公示了第五届全国文明城市城市名单，遵义市成功荣膺"全国文明城市"称号，也是贵州省首个获得"全国文明城市"称号的地级市。作为遵义市主城区之一的播州区功不可没，与其他主城区一道共享"全国文明城市"之殊荣。如今的播州区像一位雍容华贵、温文尔雅的新娘，浓妆淡抹总相宜，市民纷纷点赞。

然而，创业难，守业更难。播州区用了一年半的时间，投入大量人力物力，才实现创建目标，但要巩固好创建成果，则需要更长的时间，十年，二十年，甚至更长时间都需要坚持。否则，创建成果就会反弹。从创建成功到现在，播州区已经坚持了整整两年，这两年，区文明委、创文办把巩固提升工作摆在重要议事日程，既有巩固工作安排，又有检查督导，确保保洁工作，劝导工作一天也不间断，时时保持文明城市的标准。

创建全国文明城市只有起点、没有终点，只有逗号、没有句号，播州区将始终与中心城区同频共振、同向发力、同步推进，坚持问政于民、问计于民、问需于民，全力展示出创建全国文明城市的播州态度、播州力度、播州速度，奋力巩固创建成果，让文明之花盛开在播州大地上。

二、典型报道案例：解决实际问题的服务才是优质服务

2020年8月，黔北某镇因黄桃产业获得效益而引起镇党委政府的重视。镇党委书记镇长带头为业主销售黄桃，业主担心的销售问题迎刃而解。业主说，党委政府的服务让他十分满意，对此，他表示要带动群众发展壮大黄桃产业，帮助群众增收致富。

黔北某镇的黄桃产业是当地残疾农民潘某2018年投入百万元资金发展起来的，共130亩。2020年初挂果，挂果达50%，到了7月下旬，桃子成熟了，金灿灿挂满枝头。

成熟之初，潘某便采取各种措施打广告，吸引客人到基地上采摘购买，但效果不佳，半个月过去了，销售量屈指可数。他十分担心。他预测按照当时的进度销售，大部分桃子可能买不出去，如果与超市对接，售价与实际会相去甚远。他心急如焚。就在这时，当地县级媒体记者正好前来采访，陪同人员中有一位是镇党委委员，他知道这一情况后，迅速向党委书记报告。党委书记说，这件事很重要，要帮助他，决定召开党政联席会，研究解决黄桃销售问题。会上所有党政领导各抒己见，最终由党委书记概括总结提出解决措施，一、由镇党委政府出面宣传黄桃产业，向上级有关部门介绍产业情况，争取得到上级支持。二、全镇干部职工把黄桃的特点、味道、价格发到各自的朋友圈，让各自的同事、朋友、亲戚了解。三、愿意购买的干部建议每人销售10斤。四、为了前来购买的顾客创造条件，保证道路畅通，停车方便。五、主动为愿意购买又不方便前来的顾客送货上门。会后，大家就行动起来，过后几天，桃园的人多起来，销售量大幅提高。干部也忙起来，他们主动把黄桃送到县城、送到周边集镇的朋友亲戚家里，有的顺便送到地级城市，甚至省城。其中一位干部几天时间就帮助销售1000多斤。结果，4万斤黄桃短短十多天时间便销售一空。业主十分惊喜，他对党政领导干部深致谢忱。

不难发现，党委政府提供的服务，是真正解决实际问题的服务，这样的服务是温馨的，暖人的。这样的服务越多，招商引资环境就越好，吸引力就越强。人们常说，筑巢引凤，什么是筑巢，实实在在的服务就是筑巢，服务好了，氛围浓了，巢便筑好了，接着，企业家就来了。特别是广大农村，要推动农业产业化，发展现代农业、高效农业、智慧农业，必须创新机制，出台优势互补的土地流转政策，打造宽松方便的创业环境，就能筑成一个个温暖的巢穴，凤凰来了，她才会留恋，才会在这里投资兴业。如此，广大农民就能在家门口就业，增加收入，村级集体经济积累自然也会不断增加。因此，筑巢很重要，但筑巢要筑好巢，要让企业家满意高兴。服务很重要，服务要服务到点子上，要站在业主的角度想问题，解难题。以此增强业主信心，激发他们把产业做大做好做强。一个地方，如果产业多了，人气聚集了，发展就会欣欣向荣。服务要服务到业主的心坎上，他们需要什么，当地组织就帮他们提供什么，正如上面的黄桃销售，那么这个地方的风是温暖的，雨是温暖的，人是温暖的，党委政府的措施更是温暖的。何愁招商难？何愁增收难？反之，如果对业主的困难视而不见，不关心不过问，认为与政府无关，与干部无关，那业主就会遭受损失，业主受损，产业就有可能流产，群众的就业自然就会受到影响。或者作风不实，嘴上说一定要帮助解决，但就是不落实在行动上，只说不做，那么问题也解决不了，这与视而不见没有区别。因此，要视服务为己任，视优质服务为目标，帮助企业实实在在解决难题，这样就能够把企业扶上马，扶上路，扶一程。企业就会健康成长起来，就会发展成兴旺产业，就会增收致富。这样的服务，做到了守初心、担使命、怀民心、解民难，推动着经济社会健康快速发展。

解决问题的服务是优质服务，值得倡导，值得弘扬。

三、典型报道案例：优化法律服务与法治贵州建设研究

在贵州遵义农村发生了一件事，一位30岁的农民李某因为借用他人证件经营香烟，而被拘留37天。公安机关、工商和烟草部门以无证经营为由对其开展调查。李某自认为很冤枉。他说他没有触犯国家法律法规。但不知道应该怎样保护自己。李某一家10口人，只有一份承包地，生活拮据。于是到处借钱在镇乡集镇上租房开了一个百货批零兼营店。同时经营香烟，但

没有烟叶经营许可证。便先借用房租老板的烟叶经营许可证经营。之后，曾经三次向县级烟草部门申办烟叶经营许可证，都没有申办成功，就一直借证经营，烟草部门在配发香烟的过程中也没有说不允许借证经营或借证经营行为是违法行为。当李某在同一集镇购买了门面以后，更换了经营地点（与原租用商铺在同一个集镇上，相距大约1000米），仍然借用原房租老板的烟叶经营许可证经营。2019年7月的一天，公安机关、工商和烟草部门的执法人员来到他的店铺检查，发现他是借证经营，就把他的经营行为定性为非法经营。然后，他就进了看守所。他初中学历，对法律不了解，不知道自己触犯了哪部法律。但他觉得自己是依法经营的，一方面，没有经营假冒伪劣商品，没有坑蒙拐骗行为，没有接到过任何投诉。另一方面，没有扰乱经营秩序，没有任意哄抬商品价格，相反，在香烟的经营上，常常让利于客户，要么薄利经营，要么无利销售，实在不明白哪里违法了。那么他冤不冤枉呢？法律对他公正不公正呢？法律的要义和权威是不是就在他身上体现出来了呢。法律打击罪犯，保护人民的宗旨是不是就在他身上得到了诠释呢？针对这些问题，笔者在这里就优化法律服务对法治贵州建设的重要性谈谈初浅的意见。以至抛砖引玉。

　　优化法律服务是法治国家、法治社会建设的重要保障，是普及法律、宣传法律的重要手段，是由人治向法治过渡的前提，也是以人为本、倡导法治精神的客观要求。通过开展优化法律服务，可以加快法治社会、法治国家建设进程。尤其对我们贵州来说，意义更为重大。可以说，优化法律服务是法治贵州建设的必然选择。近几年，全省经济社会虽然获得了飞速发展，但总体落后是实情。既包括经济社会的落后、法治建设的落后，又包括农村教育的落后、广大群众思想文化意识的落后和综合素质的低下。法治建设的落后包括法律普及的落后和农村居民法律意识的淡薄。要改变这种落后局面，优化法律服务迫在眉睫。那么，什么是优化法律服务呢？就是改变以往传统单一的法律服务方式，选择更多优质优良的服务方式，使法律服务更加科学、优质、高效，更加彰显人文情怀，真正体现以人为本。同时要扩大服务范围，实现法律法规宣传全覆盖，让每一个成年公民都有接受法律培训和学习的机会，使之全面了解我国最基本的、常用的法律法规和本行业本系统的法律法规。让大家都了解法律是打击罪犯，保护人民的有力武器，从而遵守法律法规，做一个守法公民，为建设富美贵州和法治中国贡献力量。

从本文前提到的这个案例来看，李某并没有违法的本意，也没有违法的行动。但被拘留了一个多月，心理极不平衡。问题出在，他被法律服务边缘化了，更谈不上获得优质的法律服务。我们来分析一下。首先，他借用房租老板的香烟经营许可证至少是被烟草部门默许了的，否则，烟草部门不会配发香烟给他，既然默许了，就是合法的。其次，借证经营是不是违法行为，烟草部门应该给经营业主讲解清楚，是就是是，不是就是不是，法律法规宣传要斩钉截铁、落地有声，切忌似是而非，优柔寡断。李某认为，烟草部门默许了他的行为就不会有问题。但恰恰就在这里出了问题。再次，李某最初已经意识到，还是必须要有自己的证件才更踏实，于是他主动向烟草部门提出办证申请，希望办理香烟经营许可证，然而他前后申请了三次，都未能获得通过，直至他被查出无证经营为止，都没有办得下来。他不知道原因，也没有人给他说明原因。

《烟草专卖许可证管理办法》第八条规定，公民、法人或者其他组织从事烟草专卖品的生产、批发、零售、进出口等业务的，应当依法向烟草专卖局申请领取烟草专卖许可证。第二十三条规定，经审查，申请人的申请符合法定条件的，烟草专卖局应当自受理申请之日起二十日内作出许可书面决定。二十日内不能作出决定的，经本单位负责人批准，可以延长十日，并应当将延长期限理由告知申请人。但法律、法规另有规定的，依照其规定。烟草专卖局应当自作出予以发放烟草专卖许可证决定之日起十日内向申请人送达烟草专卖许可证。第二十四条规定依法作出不予发放烟草专卖许可证的书面决定的，应当向申请人说明理由，并告知申请人享有依法申请行政复议或者提起行政诉讼的权利。

这个案例的出现，无疑与烟草部门的服务和法律宣传有着直接的联系。部门的不作为，造成的后果由经营者承担。这违背了法律本意。最后，公安机关对李某的处理也让人费解，烟草专卖法也没有规定，无证经营就要拘留人。《中华人民共和国烟草专卖法》第三十五条规定：无烟草专卖零售许可证经营烟草制品零售业务的，由工商行政管理部门责令停止经营烟草制品零售业务，没收违法所得，并处罚款。再说，借证算有证还是算无证，由谁来决定。要是算有证，那么李某的经营行为，就是依法经营。要是算无证，执法部门为什么不宣传到位。如果执法部门优化了法律服务，职能部门提供了优质服务，这个案例就不会出现。李某也不会被拘留。

像李某这样的案例，在贵州广大农村不少，当事人并无违法的有意趋向，因为没有接受优质的法律服务，而导致他们犯罪服刑。让他们遭受精神创伤，人生自由被控制，农业生产被严重影响，经济遭受重大损失，这是社会的问题。要建设富美贵州，和谐贵州，让人民生活富裕幸福，必须建设法治贵州，建设科学、公平、严谨的法治体系，为全省经济社会发展保驾护航。要实现这一目标，就务必优化法律服务。各级有关部门干部职工务必把优化法律服务工作放在心上，抓在手上，落实到行动上，让全省人民受益。

具体来说，优化法律服务包括若干方面。一、要求干部职工自觉全面系统学法，各级党政机关、企事业单位要组织干部职工学法，要制订学习计划，或每月学一次至二次，或每周学一次，要重点学习通用的法律法规，要全面掌握各行各业法律法规。只有干部职工掌握了法律法规，才能为群众普法创造条件。要鼓励全民学法，为全民学法创造条件。党和政府要组织机构，选编法律法规书籍，送到居民手中。特别要送到农村群众手中，让广大农民每家至少拥有一册或一套，让他们有法可学，具备学法的条件，再通过会议、电视、广播引导广大群众学法。学校要开设法治教育课，让学生在学校就开始接受法律教育。从而形成全民学法的良好氛围。为法治贵州建设打好基础。二、法律法规宣传培训，这是法律服务的永恒话题，是法律服务最重要的方面。各级党政机关、司法机关、党政干部、司法干警是法律宣传培训的主体和主要责任者，要广泛深入开展法律法规培训。各级党政机关、企事业单位要对干部职工开展法律法规培训，要形成年度学习培训计划，定期开展培训，要全面系统了解掌握我国的法律体系，规定条款。形成领导干部带头学法的良好局面。在干部懂法的基础上，广泛开展普法进机关、进校园、进社区、进村组、进企业等活动。尤其是镇村两级干部职工、司法部门、法律服务工作者要拟定法律法规年度培训方案，以村民组为单位，轮流到各个村民组为村民讲解法律法规，实施农民法律法规培训全覆盖，让每一个农民每年至少接受一次法律法规培训。人大机关要对执法机关加强执法监督检查，了解执法机关的工作情况，了解是否有违反法律的行为，确保执法工作依法进行。三、司法机关为弱势群体提供法律援助。随着改革开放的不断深入、城市化建设的快速推进、创业就业率的迅速提高,征地撤迁赔偿、工伤事故理赔、群众矛盾纠纷调解等各种问题凸显,有的需要进入司法程序,这给当事人造成极大困难,他们不知道运用法律武器保护自己的权益。特别是其中的弱势群体,他们束手无策。面对这样的社会问题,司法机关应该主动作为,启动法律援助机制,帮助弱势群众协调解决矛盾纠纷,获得经济赔偿,维护人生权利。让群众放下包袱,安心发展生产,全面增加收入。过上平安和谐生活。对此,司法机关要联合镇村两级干部广泛为群众讲解法律援助的目的和意义,引导弱势群众积极申请法律援助,通过法律援助快速高效解决问题。司法机关可广泛公开法律援助信息,在人群集中的地方、社区、镇政府、村委会所在地、公路沿线、公共场所等张贴法律援助地址、联系电话、联系人等信息。方便群众找到司法人员。通过法律援助同时可以让群众学法用法,提振群众信心。四、司法机关严格执法。司法机关要按照"有法可依、有法必依、执法必严、违法必究"的法治建设要求开展执法工作。尽管各级司法机关严厉打击了各个领域的违法犯罪行为,每年都要审判众多案件,查处众多犯罪嫌疑人,维护了社会稳定。有的司法人员还牺牲了生命,用生命捍卫了法律的尊严。但是,犯罪行为并没有完全被打击,还有犯罪嫌疑人逍遥法外。破坏了公共秩序,对人民群众造成威胁。影响了人民生命财产安全。比如传销猖獗。尽管工商部门和公安机关露头就打,发现就打,可仍然打不绝、打不尽,似有野火烧不尽,春风吹又生的架势。屈指一数,传销已经猖獗了几十年,不知逼迫多少家庭妻离子散、家破人亡、造成多少人肢断体残,财产耗尽,债台高筑、丧失生机,回天乏力,陷入绝境。而且传销猖獗程度高,涉及面广,几乎遍及中国的每一个城市,参与其中的有国家公务员、社会各界人士、大中专学生,最多的是农民工朋友。千千万万之众深陷其中,严重影响了工作、学习、生产等人类最基本又最重要的事情。这一严重的社会现象务必引起高度重视。这一涉及面广、牵涉人员多的社会乱象、恶行,不重拳出击、严厉打击,彻底根治,社会将继续不得安宁。还会有更多的人深陷其中而不能自拔。又如网络诈骗,有多少人因网络被骗财骗色,不得而知,但可以肯定绝不是个别现象。而是有大量的人群遭遇此劫。他们的安全不保，谈何平安，财产被骗，雪上加霜，谈何和谐。党和国家、司法机关义不容辞要高压打击网络诈骗行为。山东临沂18岁的女生徐玉玉，考上南京邮电大学，被诈骗电话骗走学费9900元，伤心欲绝导致心脏骤停离世事件已经为我们敲响了警钟。一位农民还曾被网络诈骗36000元。全国有多少人遭遇网络诈骗，不得而知。但可以肯定，数字惊人。而破案率又不高。因此。打击网络诈骗行为刻不容缓。要有信心、决心，科学的方法、过硬的措施彻底干净全部消灭这些社会毒瘤。再如，制假售假、贪污受贿、卖官买官、挤占、挪用、截留民生资金、环境污染、贩毒吸毒、滥办酒席、医疗腐败、教育腐败等违法行为依然严峻，一直成为挑战党和政府、司法机关的难题。如何攻克，值得深思。

综上所诉，上述严重影响社会安定的重大行为，各级各部门、司法机关可从几个方面加大工作力度。（一）高度认识和谐社会建设的目标，重抓主要矛盾和矛盾的主要方面。既然上述行为对社会安宁构成重大威胁，那就列为重点工作，重点研究，重点部署，建立专业团队，安排特大警力重点侦察，建立健全侦察长效机制，确保侦察工作一年365天都人抓、都有人管、都有人分析研究，都有人跟踪追击，形成打出犯罪行动的高压态势，让犯罪分子无处藏身。（二）切实履职尽责，转变思维方式，主动作为。传销也好，网络诈骗也罢，不要等到有人报告了、出问题了才去处置，而是要形成自觉行动，积极主动去发现问题、发现苗头，一旦进入视野，就立即控制，消灭在萌芽状态。或者露头就打，让传销组织、网络诈骗等无藏身之地。（三）深刻领会"执法必严、违法必究"的内涵。真正做到"执法必严、违法必究"。严格侦察、审理每一个案件，做到件件必究、件件有着落，件件公平、件件让群众满意，让人民得到保护，罪犯被制裁，让法治建设为经济社会发展保驾护航。

此外、优化法律服务还包括以下内容：开展律师以案说法、服刑人员现身说法、群众身边的法律分析等活动。各级行政部门积极主动为群众办理各种经营手续，让公民依法经营、持证经营，并全面解答所涉法律法规。关注和帮助困难服刑人员家庭，让家人感受党和社会的温暖，从而帮助服刑人员悔过自新，重新做人。

总之，优化法律服务既包括对人民群众开展科学、高效、优质、方便的法律宣传教育培训，对人民群众充满博爱；又包括严厉打击罪犯，对罪犯决不姑息手软。真正实现保护人民、打击罪犯的目标，确保全省社会和谐稳定、长治久安、经济发展、人民幸福。确保富美贵州建设目标顺利实现。

第四节　新闻实践专题报道（下）

一、深度报道案例：涉农资金检查怎样才能落到"实"处

最近有报道称，某地基层政府将启动涉农资金专项检查工作，对过去两年度各级财政预算安排用于农业、农村、农民的各项涉农资金的分配、拨付、管理、使用进行检查核实，了解资金是否专款专用，是否挪作他用，了解是否存在违规违纪违法等问题。开展这项工作意义十分重大，工作安排了，做没有做，做得好与不好，要通过检查来得出结论。要通过检查，了解工作落实情况、资金使用情况、工程效益发挥情况、群众的看法意见及满意情况，以便总结经验，为今后工作提供借鉴。因此，检查工作十分重要。

但要把检查工作真正落到"实"处并非易事。关键取决于检查人员的政治素质，如果作风不实、没有责任意识、担当意识、公仆意识，对工作走马观花、蜻蜓点水、走走过场，有问题发现不了，没问题也发现不了，检查就成为空谈，失去意义，就相当于考试交了白卷，这种作风就是漂浮的，不可取，很危险。反之，如果检查人员具备了良好的政治作风，对涉农资金进行一项一项的认真的检查、清理、核实、评估，就能达到预期目的。没问题，皆大欢喜，有问题解决问题，提出解决办法。小问题治病救人，大问题追责问责。这样，检查工作才能名副其实，才能完成使命任务。

工作中，检查人员要讲党性，讲政治，要牢记使命，担当作为。要按照程序，逐项开展检查核实，对资金使用取得的成绩要给予充分肯定。反之，对存在的问题也要态度鲜明，不遮不掩，特别是严重问题绝不能掉以轻心，要指出这样的问题会导致什么后果，会给人民群众造成什么损失，会给党和政府造成什么影响，要义正词严，讲明问题的严重性，能补救的要及时补救，不能补救的，立即叫停，立即整治，减少损失，绝不能讲情面。对违抗

者要动真碰硬，表明观点态度，促进检查工作取得实实在在的效果。

检查过程要实事求是，要探索方式方法。要深入工程现场，察看工程实况，了解工程效益。除了听取专家对工程质量的意见外，还要深入走访群众，了解群众对资金的使用的意见，他们对工程有没有想法，满意不满意。常言道，群众的眼睛是雪亮的，要善于与群众交朋友，从群众那里获取信息，了解实情。这样可以更加全面准确地了解工程建设是否达标，是否偷工减料，是否完成指标。对群众不满意的工程和存在克扣、挪用、挤占涉农资金的行为，要一查到底，追究责任。

要用法治思维对待检查工作，做到依法办事，依法检查，保障检查的严肃性、公正性。这样就能做到有错必纠，有腐必反，有贪必肃，以保证政令畅通，风清气正，以保证涉农资金安全运行，用在"三农"上，用在刀刃上，真正为"三农"服务，解决好"三农"问题，同时为巩固脱贫攻坚成果，为实施乡村振兴建立良好政治生态，促进农村全面发展、科学发展、高效发展、和谐发展。

二、深度报道案例：制止餐饮浪费，大兴节俭之风

习近平总书记对制止餐饮浪费行为作出重要指示。他指出，餐饮浪费现象，触目惊心、令人痛心！"谁知盘中餐，粒粒皆辛苦。"尽管我国粮食生产连年丰收，对粮食安全还是始终要有危机意识，今年全球新冠肺炎疫情所带来的影响更是给我们敲响了警钟。这一指示，不仅是新时代下推动餐饮行业健康发展的重要指导方针，更是提升国民素质的有力举措。

据不完全数据统计，我国民众每年在餐桌上浪费的食品高达两千亿元，被倒掉的食物相当于两亿多人一年的口粮。这种浪费即便是发达国家也不可取，何况发展中国家。浪费与人类文明背道而驰，务必摒弃。为了有效制止浪费，各级有关部门要提高餐饮行业管理水平，大力倡导勤俭用餐之风，积极弘扬勤俭节约的优良传统，要将制止餐饮浪费纳入社会规范管理之中，倡导"光盘行动"理念，强化爱惜粮食、反对浪费的责任担当，建立长效机制以制止餐桌上的浪费行为。

制止餐饮浪费应当从如下几个方面着手。

第一，各级有关部门和新闻媒体要加大宣传力度，广泛宣传节约文化传

统和勤俭节约的重大意义，让人们了解节约是中华民族传统美德，是家国兴盛、社会稳定的关键，是物资调剂、国足民裕之利器，是高尚品格形成之根基，是人们快乐、幸福之源泉。节约就是要爱惜劳动成果、从简戒奢，就是要知满足重积蓄。第二，法律是治国之重器。我们要积极通过法治手段，建立严密的制度约束、严格的制度执行、有力的监督检查、有效的惩戒机制等一套制度体系，运用法治的刚性手段引领"新食尚"，从而将节俭理念融入餐饮行业的各个环节之中，减少"舌尖上的浪费"。第三，要积极弘扬餐饮文明，大力提倡"消费不浪费"的餐饮文化，排除人们请客吃饭爱面子、讲排场的低俗风气，营造节约光荣浪费可耻的餐饮氛围。推行 $N-1$ 点餐模式。$N-1$ 点餐模式，即 8 位进餐客人只能点 7 个人的菜，不够再加；针对两三位客人进餐，餐厅要推出半份菜和小份菜，在节约的前提下，以满足消费者品种多样化的需求；所有餐厅为顾客服务，必须以节约作为前提，要提醒所有客人，以量点食，够吃就行。每家餐厅都要准备打包盒，为万一有剩菜、剩饭的顾客提供打包服务，体现餐饮行业的光盘行动。第四，推行家庭用餐少而精，家庭是推行"光盘行动"的最小单位，因为就餐人数少好控制。把节约落实在家庭用餐上是制止浪费的基础，这个基础打好了，人的素质就上去了，到餐厅节约用餐就会顺理成章，水到渠成。我们知道，家庭用餐是中国最为广泛的用餐形式，绝大部分人以家庭用餐为主。

民以食为天。中国饮食文化源远流长，随着社会经济的飞速发展，人们生活质量的不断提升，导致人们"好了伤疤忘了痛"，因为不饿肚子，以致丧失了危机意识，在生活中逐渐出现大手大脚、浪费的现象，这是不可取的，也是很危险的。"厉行节约，杜绝浪费"，这不仅是我国饮食文化的优良传统，更是新时代下社会发展亟待解决的现实问题。制止餐饮浪费，以哪一种姿态作答，不仅考验了我国每一个公民的精神意识和思想觉悟，更能检验国民素质是否得到提升，公民的决心和毅力是否达到标准。

制止餐饮浪费，大兴节俭之风。我们要自觉践行社会主义核心价值观，不搞花哨的形式主义，大力弘扬中华民族勤俭节约的传统美德，从自己做起，从一点一滴做起，人人作表率，才能养成文明用餐习惯，才能制止餐饮浪费，才能建设富强、民主、文明、美丽和谐的社会主义现代化国家。

三、深度报道案例：争做绿色发展推动者，开创多彩贵州新未来

习近平总书记指出："我们既要绿水青山，也要金山银山。宁要绿水青山，不要金山银山，而且绿水青山就是金山银山。"2017年7月26日，习近平总书记在省部级主要领导干部专题研讨班上指出："到2020年全面建成小康社会，实现第一个百年奋斗目标，是我们党向人民、向历史作出的庄严承诺。我们要坚决打好污染防治攻坚战。"

贵州省第十二次党代会报告指出：今后五年是"两个一百年"奋斗目标的交汇点，我们将与全国一道开启中国特色社会主义现代化建设新征程，开创中华民族伟大复兴中国梦的多彩贵州新未来。开创多彩贵州新未来，最根本的目标是，实现习近平总书记对贵州提出的"百姓富、生态美有机统一"的要求。百姓富则贵州富，生态美则贵州美。生态美，核心指向是彰显自然美、人文美，让贵州山水"颜值"更高，让贵州大地"气质"更佳，让自然与人文美美与共，让多彩贵州更加珍贵。

建设生态文明，实现生态美，推动绿色发展，开创多彩贵州新未来，建设"多彩贵州公园省"是一项系统工程。务必高度重视、科学统筹、周密部署、上下联动。需要相关法律法规和制度作保障，需要加大宣传力度，需要各级有关部门落实到行动上，需要根治陋习，需要学习别人的长处，需要全民广泛参与。每一个人都要增强环保意识，都要争做绿色发展的推动者。笔者在此就如何实现生态美、推动绿色发展谈谈初浅的意见和看法。

各级党政领导干部要率先争做绿色发展的引领者、推动者。要严守发展和生态两条底线，严格执行中央的环保政策，平衡好发展与生态保护的关系。要把环保放在第一位，无论是招商引资，创办企业，谋求发展，还是资源开发，利用优势，追求高效，都务必首先考虑环保。要探索一批可复制可推广的重大制度成果，打造生态环境保护的制度"坚盾"，形成助推绿色发展的制度"利器"。加强绿色绩效考核评价，健全党政领导干部自然资源资产离任审计和责任追究制度。不利于环保的项目不要引，不利于环保的产业不要上，不利于环保的资源不要开发。就是不能越雷池一步，否则就会导致破坏后再修复的恶性循环，这样会因小失大，就要受到惩罚。这是发展的大忌。这条底线必须守住。

严格执法，依法行政。各级执法部门和监督机关的领导干部要争做绿色

发展的执法者、监督者、推动者。《中华人民共和国环境保护法》规定：保护环境是国家的基本国策。一切单位和个人都有保护环境的义务。保护环境就是一切单位和个人的职责，不能出现与此相反的行动。执法机关和部门要积极扛起保护环境的大旗，既要联合党政机关、社会团体广泛宣传保护环境的重大意义，又要主动积极开展执法检查。根据《环保法》规定，对破坏森林资源、乱砍滥伐、污染环境、乱倒垃圾等行为进行严肃查处。要对辖区内的所有企业开展全面调查，要重点研究企业有没有排污情况，坚决关闭重度污染企业，严禁工业"三废"污染空气、大地或江河、湖泊、水库。各级人大机关要加强执法部门执法监督和检查，了解执法部门执法履职情况，监督执法工作落到实处。积极构建以大数据技术为支撑的生态监管体系，严格环境执法和督察问责，以零容忍态度严厉打击破坏生态环境的违法行为。

各级职能部门的广大干部职工务必切实履行职责，争做环境保护的开路先锋、具体执行者和主要推动者。职能部门要履职尽责，抓好环保工程建设，抓好水土流失治理。林业部门要认真开展植树造林和退耕还林。要对辖区内的荒山荒坡作分析调研，制定绿化方案，编制造林计划，让荒山荒坡披上绿装，逐年提高森林覆盖率，可计划先从现在17%的森林覆盖率上升到22%的世界平均水平，再逐年上升，然后向30%、40%及更高目标迈进。水务部门要加强河湖山塘治理，修筑防护堤、溢洪道、阻止泥沙流入，水土流失，预防堤坝垮塌，冲毁农田。国土部门，则要加强土地管理，保障基本农田不被占用，防止农田遭受污染。要有效实施坡改梯，根治水土流失。农牧部门要预防土地被污染，科学指导农民运用农药、化肥。确保农田酸碱度适中，pH值在6.5左右，利于庄稼生长。各部门应加强生态建设环境治理。严守生态保护红线，完善主体功能区布局，统筹推进山水林田湖综合治理，多为生态"留白"、多给自然"种绿"。深入推进绿色贵州建设行动计划，切实加强生物多样性保护，全面实施新一轮退耕还林还草、石漠化综合治理、矿山地质环境恢复治理等生态工程，筑牢"两江"上游重要生态安全屏障。深入实施大气、水、土壤污染防治行动计划，全面加强集中式饮用水水源地保护。

各级媒体和新闻工作者要争做绿色发展的宣传者、号鼓手、推动者。要唱响绿色环保主旋律，打好生态优先主动仗。要准确定位绿色发展新闻宣传报道工作，正确引导绿色发展舆论，传递绿色发展理念。要认真领会从中央到地方各级党委政府提出的绿色发展战略蓝图、宏伟目标和具体措施，在宣传报道中不走神，不散光。确保宣传报道准确、科学、生动、高效，引导广大人民群众朝着绿色发展目标积极行动起来，以至人人都成为绿色发展的参与者、践行者。要通过策划系列报道、专题专栏、常规宣传等形式，以生动形象的故事、案例揭示绿色发展与人类和谐共生的关系。积极营造发展绿色企业，拒绝污染企业，壮大绿色产业，拒绝粗放产业的浓厚氛围。宏扬绿色发展正气，抵制破坏生态歪风，坚决与破坏自然生态环境的行为作斗争。以至达到尊重大自然、保护大自然、保护我们家园的目的。

　　家庭、个人要争做绿色发展的践行者、推动者。这是实施生态保护的重大力量。人多力量大，人人都参与绿色发展，绿色发展的目标才能实现。那么怎么参与呢？笔者想起一个故事。一个朋友在央企旁边开餐饮，央企的技术人员是德国人，他们经常到此就餐，朋友为德国人的节俭所惊异。他说德国人吃饭，菜点得特别少，四五个人就点两三盘菜，每盘菜都要吃光，连素菜汤也不剩。如果炒菜吃完剩下一点油汤，则也要让餐馆服务员再送上一个馒头或包子，把馒头或包子夹到油汤上左右滚动，直到油汤全部被吸收了，再把馒头或包子吃掉。盘子像洗过的一样干净。由这件事又让笔者想起曾经看过的一篇报道。说德国人在公共场所喝矿泉水，要在瓶子上作上标记或写上自己的名字，以免混淆而把矿泉水喝完。若实在喝不完，也要把剩下的倒在花草树木脚下，决不浪费一滴水。这与我们现实生活中大吃大喝、铺张浪费现象形成强烈反差。人们到餐馆就餐，无论是公费还是自费，点的菜都吃不完，有的要剩三分之一，有的要剩四分之一，剩下的就被服务员倒掉了，很少有光盘现象。还有啤酒，喝半瓶倒半瓶的情况也常常发生。在家里，用水很大方，洗个碗也让自来水哗哗的流，用电亦然，一个人在家，要开两个房间的电灯，明明在卫生间洗澡，也要把卧室或客厅的灯开着。要知道，大自然的资源是有限的，一水一电、一食一饮、一草一木都非常珍贵，浪费不得。浪费预示着践踏劳动果实，预示着糟蹋资源，预示着精神颓废、素质低下，同时会对环境造成污染，破坏生态，与今天全国各地都在开展的"创建全国文明城市"行动背道而驰，尤其与推动绿色发展格格不入。德国人的光盘行动才是真正的文明行为，值得学习借鉴推广。要把节约光荣、浪费可耻的传统植根内心深处，来一次深层次的思想变革，事事做到节俭，人人做到节俭，形成节俭好习惯，才能实现真正的小康，才能快速走向文明。对此，笔者认为，每个家庭，每个公民都要主动参与生态环保行动，从小事做起，从我做起，把大自然当作我们的家，一生爱护，终生守护。生活中，我们每个人都可以从节约资源做起，比如节约水、电、煤、气、食物等。我们可以选择绿色出行，少开车、多步行，少开车，多拼车，一人出行选择公交车。我们可以通过认识树木、森林与气候三者的关系，爱护森林资源，避免乱砍滥伐。唯其如此，我们才能成为绿色发展的推动者，才能与大自然和谐相处，才能实现绿色发展的宏伟目标。

时代篇

本篇简要阐述了新闻传播者脚力、眼力、脑力、手力素质锤炼"四要素"内容；简要论述了新闻传播的新媒体应用；分析论述了新闻传播举旗帜、聚民心、育新人、兴文化、展形象等时代使命融媒体时代的新形势新要求。

第十一章　全媒体时代下的新闻传播平台

近年来，平台化趋势席卷至新闻传播领域，囊括多边平台用户及多边平台产品的新型关系网络架构成为新闻传播的新生力量。本文以媒体的融合视角，避开了"为传统媒体找出路"这一固有的思维方式，在充分了解平台化的趋势和背景后，对新闻传播平台概念、类型和运作方式进行了描述并归纳，试图探究类型平台运作的机制，探究新闻传播平台的发展趋势，风险问题和治理方针。本章引进了大量的平台案例，深入分析了由专业媒体领导的新闻生产平台，技术要素领导的新闻分发平台，以及由多边市场和网络效应相关的理论，借助于多边市场和网络效应相关的理论，研究了各种新闻传播平台在技术、客户和用户等重要因素的组合，从运行机理出发，社交、社会等方面进行了组合。内容生产者聚合的生态和传统媒体自身通道的加强成为当今主流发展的趋势。通过分析三大新闻传播平台和案例，对平台化趋势和媒体融合之间的相互关系进行了厘清，平台化三大要素的作用下，主体合作关系在提出新闻传播平台建设和治理的建议时，关注新闻舆论传播的力量、引导性、影响力和公信的全面提升，以期对当前新闻传播进行统筹性的整合。平台资源，合力优化新闻传播的环境。

第一节　新闻传播平台的发展现状和类型

一、新闻传播平台的发展现状与背景

1. 新闻传播的平台化趋势

在传统媒体产业融合的巨大背景下，新闻信息传播服务平台一体化的发展趋势非常明显，在中国互联网媒体巨头的强力带动下，微博、微信、短信和视频等新兴网络媒体应用传播形式层出不穷，如微博、微信等。并开始由简单的互联网应用向平台进化，作为社交应用的微博、微信慢慢地成为新

闻传播的重要渠道，引来大量媒体、自媒体和机构进驻，并开始向平台化进化的进程。微博中媒体机构账号早在2013年就已经达到3.7万个，[①]2018年，微信媒体账号的数量即便在庞大的公众号中不足1%，却拥有23亿名的粉丝总量。[②]与此同时，读者的阅读习惯也不断向平台和移动端迁移，不久前兴起的抖音视频平台更是迅速吸纳媒体机构账号，引入媒体账号近600家，并主动推动"政务媒体号成长计划"等项目，推动主流媒体与主流舆论的平台化。[③]事实上，经由平台化的新闻传播，由于信息的可分享性使得其衍生价值并不会被削弱或消逝，互联网巨头自然而然地为新闻传播提供了超级入口，在互联网巨头的扶持发展中，平台化与媒体机构发生双向作用，平台化趋势越发显著。

此外，在平台化的浪潮中，部分传统媒体也开始走向平台化，人民日报推出了全国手机新媒体聚合平台"人民号"，凝聚了"众人之智"和"众人之力"，并不断邀请媒体、党政机构、各种机关和个人进驻，为入驻者提供手机内容的生产和分发服务。[④]

着力打造最具信息度和影响性的移动网络聚合平台，以便在移动网络上建立最具信息度和影响性的聚合平台。汇聚生产机构、生产优质内容是推出"人民号"的初衷，其创作大脑充分利用人工智能增设平。

2.新闻传播平台化的背景

新闻传播的平台化应时而来，不能忽略关键因素对其发展进程的影响，作为平台化基础的技术因素、作为平台化动力的经济因素以及作为引导力的政治因素在其中发挥着至关重要的推动作用。

技术因素是新闻传播平台化的基础。随着大数据、人工智能、物联网、云计算、区块链技术等新型计算机技术的创新和突破，深度融合的时代真正

---

① 人民网.全国微博账号突破13亿.
② 雷锋网.马化腾：根据媒体报道微信的官方公众号已经拥有中国超过23亿的移动粉丝.人民日报排第一.
③ 光明网.抖音推出了政务传媒号成长项目，联手政府传媒机构，打造出正能量的爆款.
④ 16台功能和服务，在新闻采写、推荐和分发的流程创新优化"人民号"平台客户的内容生产和分发效率.

到来，技术发明、推广到得以应用的时间差大大缩短，新闻传播平台与生俱来的平台基因降低了新技术应用的排异反应，紧跟前沿技术的同时将其作为优势重点发展。以大数据和算法技术为基础的"算法新闻"引领着一种新的内容生产方式，众多新闻传播平台运用其作为理解用户和服务用户的重要技术手段，更有如今日头条等聚合新闻的平台运用智能算法工具突出重围，其对数据的处理能力和新闻传播效率一度使得此类新闻传播平台广受追捧和热议。

同样在新闻传播平台上得到了广泛的应用，2018年霍羲、陈昌凤的《人工智能与媒体融合：技术驱动新闻创新》一文明确指出，智能技术和内容双核驱动在媒体的融合中起着重要作用，对新闻生产过程的重构，用户传媒体验提升和管理方式的改革是非常有意义的。依据庞大的底层数据作为支撑，形成的集成平台在智能化写作、智能化分发等方面占据技术优势。

值得一提的是，"人工智能"和"智能技术"之间的对应关系似乎是值得商讨的，相关研究经常将两者混在一起，客观地说，人工智能只是技术驱动的一个方面，除此之外，计算新闻学中的多语言索引，自动书写，算法的可视性在帮助媒体找到数据和数据的联系方面起着举足轻重的作用。作用：区块链技术通过自主身份系统，提高个人数据的可控度和隐私安全；语言交互系统的开发和衍生了新型叙事体统，其沉溺式体验、个性对应和交互对话，使受众能够真正地成为故事的线路走向。

二、新闻传播平台的发展现状和类型

诸如此类的智能技术不胜枚举，全方位助力新闻传播平台在内容生产、信息传播、品牌策划管理等方面的转型升级，智能技术提示新闻传播平台发展方向，创新新闻生产、传播方式，俨然成为新闻传播平台发展的驱动力。经济因素是新闻传播平台化的动力。20世纪90年代，商业网站在获得第一波红利后即加入传媒市场，以门户网站为出发点，开辟了综合性新闻频道、垂直化新闻频道及地方性资讯服务频道，互联网自进入新闻传播领域就从未放松这块阵地的创新发展。互联网巨头和科技公司为了吸引更多的用户、获得更大的利益，将平台化引入新闻传播并强力扶持，整合资本和技术等要素投入平台建设，占据巨大的市场份额，膨胀速度较快，用户的增加带动需求的增加，从而促进平台增值。

政治因素是推动新闻传播平台化的重要力量。媒体的融合升为国家战略，以传统媒体作为运营主体，以传统媒介为运作主体进化，是加强舆论导向和引向的需要。事实上，主流媒体一直在尝试将主流的价值融合到媒体的最前面，在聚集内容和用户的过程中，将主流的价值聚集在正能量中。同时，媒体还肩负起把握政治方向，舆论引导和价值取向的重任，如正确政治方针。这就需要将扩大覆盖面作为保证质量的前提，以期建立起兼具主流价值与创新活力的新闻传播平台。坚持发展一体化方向，打造新的传播平台。新时期党和政府为传媒业发展创新指明的新方向，是顶层设计中的关键步骤。

新闻传播平台的类型

在对新闻传播平台类型的整理与归纳过程中，曾试图找到现有较完善的分类方法，在梳理多种分类方法的过程中，或自自圈地区，主观的研究对象限定了其定义范围，或从样本的研究出发，对类型假设和定义进行归纳。事实上，2018年的传播学领域曾多次讨论技术哲学，研究人员立足于这一视角，认为技术是裹挟新时代秩序和邀请新社会关系的一个意义空间，它包含着新的时代秩序和邀请新社会关系。而不仅仅是传统意义上的工具或手段，由此，基于研究范式的改变，将新闻传播研究的出发点定位于媒介技术寄生的平台更具现实意义。

在对各新闻传播平台的梳理和分类中，新闻传播平台的三种类型逐渐清晰，现象层面上来看，有以"新华社新闻生产系统"为代表的专业化媒体主导的新闻生产平台，有以"今日头条"为代表的依据数据挖掘精准推荐内容的技术要素主导的新闻聚合平台，也有以"腾讯企鹅媒体"为代表的聚合新闻源进行多渠道内容投放的流量要素主导的新闻分发平台。

① 专业化媒体主导的新闻生产平台

专业化媒体主导的新闻生产平台指的是由专业化的新闻媒体开发而成的新闻传播平台，新闻来源与输出渠道基本为合作媒体机构，常局限于其内部传播体系中的矩阵产品。依托原有成熟的信息采集系统中丰富而有深度的内容资源，进行专业化的新闻生产，有效弥补了移动终端由于移动性和屏幕制约而造成的内容深度缺失问题。[①] 传统媒体主导的新闻生产以往常以权威、专业、原创取胜，如今的新闻传播平台则在开放性的前提下将聚合特征纳入其中，由媒体开放内容生产、加工和管理系统，平台的技术工具和数据服务助力合作媒体在线进行新闻信息的即采、即传、即审、即发，打破媒体各自为政的局面，以全面、权威、聚合的专业化信息汇聚海量用户，建立内容与用户的数据库，形成能量交互的专业化新闻传播平台。

新华社的新闻生产体系在吸收了互联网诸多具有开放、交互、聚合等优点的同时，创造了智能新闻生产体系，将其纳入了新闻生产体系。以产品之一的"现场云"为例，它作为新闻直播平台实现了一键式生成，即新闻生产、传播和审核。目前，多边客户群体中已经包括近三千个媒体和政府机构。2018年发布的"MAGIC"组合机器生产和人工智能，根据媒体大脑的智能价值判断，智能标签的整合能力，以及智能标签的整合。批量生产新闻视频。现今，诸如现场云、MAGIC等多边平台产品成为新华社新闻生产系统联结并服务媒体客户的基础性资源。

新华社新闻生产系统各个子产品严丝合缝地将新闻传播平台的专业功能和媒体服务整合在一起，在优化多边新闻产品的过程中，"现场云"从移动端直播工具方面升级新闻在线生产，"通讯员在线管理子系统"从生产者方面协同记者、通讯员在同一平台和流程中进行信息的流动生产。从人工智能到人机协作，新华社新闻生产系统集消息源、内容生产者、传播者等身份于一体，作为新闻生产的智联平台将推动媒体的智能转型和采编升级，推动专业化媒体从离线生产到万物皆媒，从单独作业走向协同生产。

"新华社新闻生产系统"的发展启示原有新闻采编体系及智能化技术开发的重要性，较于传统意义上的技术引入，专业化媒体主导的新闻生产平台革新的并不仅仅是时间、空间及呈现形式上的优势，而是架构在大数据和智能技术基础之上的深层次变革，以技术为创新点，向媒体和自媒体开放新闻生产全流程，提供全方位的数据服务和加工组件，完善用户数据库。同时，专业化媒体的公信力和品牌价值由来已久，专业化媒体主导的新闻生产平台秉承精神，坚持以内容为王的根本，坚持生产彰显"四力"的优质内容，竭

[①] 宫承波.《新媒体概论》（第五版）[M].北京：中国广播电视出版社，2016，84-85.

力构建技术要素驱动的主流媒体平台,在互联网的浪潮中深入融合,推动深层次改革,以系统、全面、深度等优势裹挟而入,边守卫疆土,边开启新路。①

②技术要素主导的新闻聚合平台

与专业媒体领导的新闻生产平台相比,技术因素主导的新闻聚合平台往往没有直接的媒体依托,通过技术方式完成内容聚合和输出,大数据挖掘用户信息,算法对个性化的新闻进行定制,在大量信息聚合和分发过程中,实现用户在兴趣的基础上精准地到达。通俗地说,技术因素主导的新闻聚合平台是指以大数据、算法等技术为基础,将各种新闻资料集中在一起,以某个前台作为依据而集中展现的技术结构。其中,典型的代表不在今日的头条,"你关心的,才是头条"定位和宗旨的今日头条。面对洪流般的信息涌入,互联网时代的信息有效检索成为受众聚焦的问题。

今日头条依据用户原有的社交媒体身份数据及当下的使用习惯等信息推算出用户的兴趣偏好,从而形成用户阅读与信息供给的闭环模式。在具体的界面架构中,"首页""西瓜视频""小视频""我的"四部分作为主功能菜单,显然,视频已经成为今日头条主打领域,在拆分与重组中,如"西瓜视频""悟空问答"等品牌已经成为独树一帜的 App。与此同时,"搜索"与"推荐"作为人与信息直接联结的两大端口,在运营中占据重要地位。近期,在今日头条的更新版本中,个人收益相关栏目被调至醒目位置,这也是2018年兴起的新闻资讯媒体裂变营销新路径,通过奖励阅读和奖励分享的方式对用户阅读进行利益激励,增加用户数量、延长在线时间、培养用户长效的阅读兴趣等。

2018年初,今日头条高级算法建构师曹欢欢博士将内容、用户特征和环境性特点作为输入变量、点击率、评论等数据设计成量化指标,综合有关特征、环境性特点、热度和协同性特点斟酌推荐信息。

在信息数据到达用户之前,依据停留时间长短过滤噪声,降权处理热点

---

① 新华网.中国新华网"现场云和媒体大脑"人工智能企业生产管理平台受邀参与上海进博会新京报.http://www.xinhuanet.com/politics/2018-11/08/c_1123685998.htm,2018/11/08.

周边行为，偏向时间线上更新的行为，降权未被点击的推荐新闻特征，与此同时，综合考虑推送内容的合理性和需求程度。用户到达后的发生行为也会以数据流的形式反馈至数据库，提交至个性化的用户标签。在整个闭环中，在线训练推荐模型接受来自各个主体的信息反馈，以越来越庞大的数据"喂食"，使推荐模型在细分的同时，提升数据的完整性、全面性和时效性。由此，算法模型并非一成不变，而是瞬息万变的，原始数据的巨大变更、推荐特征的增加、算法相关参数的优化、算法模型本身的改进都影响着算法推荐流程中最终的用户到达信息。

今日头条的信息推荐算法机制自2012年成长至今，对低俗内容的助推、虚假信息的泛滥以及用户隐私的过度使用成为受抨击的根源，与此同时，深受诟病却也在持续地反思整改，将社会责任和行业准则置于重要地位，经历过四次巨大调整之后，建立了较完善的鉴黄模型、低俗模型、谩骂模型等风险识别技术模型，内容审核机制有了新的进展。对于机器理解难度较高的假新闻、标题党、语义差错等问题，今日头条利用泛低质内容识别技术对用户反馈进行情感分析，结合人工复审予以内容把关。当然，时至今日，算法等技术手段的运用已经被各个平台广泛效仿，今日头条所占据的优势无非是庞大的头条作者群以及较完善的推荐审核机制，但技术的可复制性及市场经济的竞争性确实威胁着技术要素主导的新闻聚合平台的长久发展，如何在风起云涌的算法推荐新闻市场中牢牢站稳是当前技术要素主导的新闻聚合平台的一大议题。

③流量要素主导的新闻分发平台

伴随新闻传播平台的激烈角逐，技术要素主导的新闻聚合平台持续不断地进行前台输出，相较于此，以"自由撰稿人"身份聚集的处于后台位置的新闻传播平台也层出不穷。如企鹅媒体平台、头条号、百家号等新型平台，由于与自媒体维系盘根错节的关系或自媒体大量涌入平台，常被简单界定为"自媒体平台"。

事实上，以企鹅媒体为例，其平台入驻指引中就明确将入驻方身份界定为媒体、自媒体、企业及机构四大类，自媒体仅仅成为其一方内容生产者。由此，将企鹅媒体这类平台定义为"自媒体平台"的说法也就不合时宜了。这类平台在运作过程中，平台方、内容生产者以及内容分发渠道三者相对独立,且平台处于中间方,织并联结两端的生产与消费,将入驻方与渠道方纳入至平台的关系网络中,对平台关系网络结构中的各方主体来说,分发是发生联结关系的目的或归宿,因此,将其定义为流量要素主导的新闻分发平台显得更为合理。

以企鹅传媒平台为典型例子进行分析,2016年3月1日,企鹅传媒平台正式启动,腾讯提供了四个面向的能力,即开放全网流量,内容生产能力,开放用户链接,开放商业转变能力。媒体或自媒体人发布在企鹅传播平台上的优质内容,通过对接用户的多个前台端口一键分发,使内容更加广泛、多元化。更准确地进入各类技术要素主导的新闻聚合平台,由此,媒体及自媒体人可携带身份符号与粉丝互动,建立与粉丝的连接,实现粉丝资源积累。企鹅公众号视频是基于腾讯的一个视频生态服务入口,拥有微信的视频看点、QQ 的视频看点、腾讯的的短视频,QQ 的的浏览器,腾讯的新闻、天报和小空间,微视和腾讯 yoo 的视频分发四个渠道等,包括微信的视频分发四个渠道。流量资源的丰富是其与生俱来的一大优势。对企鹅平台来说,建立好的平台生态是吸引原创内容的重要方式,具体地说,良性平台的生态建构需要先进、便捷的内容生产工具,多元合作的方案,也需要实处内容发布渠道和内容生产者的扶持计划。2019 年初,企鹅传媒平台推出了"中国城市品牌计划",呼唤合伙人,试图建立以城市 IP 为核心的新闻生产和服务,而成为企鹅城市的合伙人,也意味着获得了诸多的收益回报,包括区域流量、广告收入和分成。无论地方媒体,地方论坛,知名的大 V 还是其他机构,企鹅媒体都是下沉到各个城市频道的强有力扩展者。在增强自媒体的扶持性的同时,企鹅号指数的高低又对应于媒体人在其间所获得的权利,用户爱戴企鹅号。创作创新能力,发文用户活动度,行业品牌影响力,平台信用奖励等五个关键维度也都是针对企鹅公众号信用指数进行评分的重要依据。

由于后台程序的私人化主页设定,选取企鹅媒体的落地平台之一天天快报作为具体的研究对象。天天快报作为企鹅媒体平台的前台输出,其典型性主要表现在三个层次感,即内容层次、主体层次以及关系网络层次。其一,所谓内容层次方面主要表现在其内容生产方的多层引入,拥有微信公众号文章及企鹅媒体平台两大内容源;其二,所谓主体层次,流量要素主导的新闻分发平台保留原有的身份辨识度，专业媒体与非专业媒体并存，自媒体人与媒体机构并存，内容提供者以作者署名方式呈现保证了粉丝集聚和个性化媒体品牌建设，尤其是后台对于机构层次的分类尤为清晰，以同机构成员的菜单栏提示媒体品牌及媒体产品；其三，所谓关系网络层次，天天快报从双向关注和单向关注两个维度展开主体的社会化网络及认知，双向关注主要是借助于腾讯社交网络的先天优势，依据熟人圈的关注内容推荐议题，单向关注则以所关注企鹅号的关注加以筛选和推荐。

针对流量要素主导的新闻分发平台的入驻方而言，流量变现和分发渠道是影响平台选择的两大因素，平台补贴、商业广告以及引流消费则是流量变现的主要方式，平台补贴往往通过广告分成、项目奖金及内容补贴等途径实现，商业广告则通过直接的广告插入或间接的软文发布实现广告主的推广要求。引流消费通过链接将用户引流至销售渠道或平台，直接实现产品的推广和交易。流量变现的模式为内容生产者提供了更为便捷高效的内容收益获取方式，在各司其职的新闻分发平台中，内容生产者的生产空间和活力得到了大幅度的提升，多样的激励机制激活了创作者的创新能力。

第二节　新闻传播平台的运作机理和发展趋势

一、新闻传播平台的运作机理

1. 要素分析

不同的新闻传播平台，由于其经营主体、核心技术、用户和客户资源三个要素之间的差别，其组合形式也有所不同。专业媒体领导的新闻生产平台运营主要是传统媒体，其应用核心技术通常是以平台定位为基础，新华社大脑 magic 智能生产平台包括了整套的智能生产工具，利用人工智慧、大数据、云计算和物联网等技术，为媒体提供了自动的分析和生成图，可以自动对舆情进行分析，生成图、表，识别图片语音，自动完成声音视频剪辑等等。对于专业化媒体主导的新闻生产平台来说，媒体即其客户资源，而平台用户则是由原有传统媒体的受众群体转化而来，其忠诚度与用户黏性可直接转移至新闻传播平台中来，但值得关注的是，即便传统媒体为其积累了大量的公信力和用户群体，但对于用户资源的掌握度却是非常不足的，仍需致力于建立完善的用户数据库。专业化的内容生产是其与生俱来的优势，进入新闻传播平台后，成熟的采编队伍、采编流程以及审核机制向全媒体人才、在线化一体化采编、"人工+算法审核"等方向转变，将专业化媒体的优势接入到平台创新发展的轨道中来。

技术主导的新闻聚合平台的运营主体往往是互联网或科技公司，以算法为主导开展内容的抓取、聚合以及推荐，依据用户兴趣精准推送定制化信息，其客户资源即广告商，通过平台首页广告、软文推送等形式到达用户，用户可以是信息接收者，也可以是平台中产品的消费者。因此，新闻聚合平台在为用户提供更精准的信息推送的同时，着力提升用户使用时长和用户留存。凭借算法优势，技术要素主导的新闻聚合平台擅长做以兴趣为导向的上瘾机制，以用户增长过渡到收入增长，利用技术革新和功能迭代完成平台的优化和创新。

流量因素主导的新闻分发平台运营者以互联网巨头为代表，以bat（百度、阿里巴巴和腾讯）为代表，以原有平台辅助技术为基础的互联网巨头，往往以原平台为基础的多样化运营基础，便利于新闻分发平台技术的引入和创新，百家号"创造大脑"就集成了百家号的创作者。百度拥有强大的人工智能技术，包括精确的智能错误、精确的智能。视频理解以及共用AR素材等。新闻分发平台所对应的客户资源包括媒体机构、党政机关及自媒体、个人等内容生产者，客户身份多元化，也即内容生产者的诉求多元化，这直接影响着新闻分发平台形成丰富多样的内容生态。平台的用户人群多元化必然产生多元化的社交关系，促进平台生态的能量交互，流量要素主导的新闻分发平台以多元渠道和智能分发为优势，其丰富的平台生态助力其成为新闻传播的又一大主力。

专业化媒体主导的新闻生产平台在进行技术、客户、用户等要素的组合过程中，其运作模式建构、关系结构调适以及平台运营目标始终由传统媒体牵头进行引导，技术要素主导的新闻聚合平台则以用户要素为中心，围绕用户革新算法技术、优化平台服务，实现用户与客户的有效对接，流量要素主导的新闻分发平台依托互联网巨头强大的基础流量，将内容生产者与分发渠道相连接，也即客户与用户的需求对接。显然，三种类型的新闻传播平台的基本要素存在巨大的差异性，但对于用户、客户关键要素的重视程度却是不约而同，那么，差异性要素的组合带来的是运作机理的迥异形态。

2. 运作机理分析

专业化媒体主导的新闻生产平台依靠智能化的生产系统，以开放的姿态共享，连接媒体与生产平台，连接不同媒体，连接媒体与用户，与媒体共享技术产品和服务。新华社"媒体大脑"在新闻生产系统中扮演着基础性设施和服务者的角色，在连接用户的过程中，专业媒体由来已久的权威性和可信度为其积累了一定的用户基础，而当连接客户时，新华社则积极为媒体赋能，以功能性应用作为打开客户市场的钥匙，"采蜜"录音系统自动转化文字、精准推送、智能检测等工具的使用为客户提供了从新闻线索感知、新闻生产、传播到用户实时反馈的一站式智能应用，专业化媒体主导的新闻生产平台大量使用机器生产内容（MGC），但需要加以区别的是，其利用技术赋能的是媒体和记者，是将客户、产品与用户相关资源相连接，将可供采编的数据相连，并以此完成新闻传播的专业化运作。

技术要素主导的新闻聚合平台在连接客户与用户的过程中，以兴趣凝聚用户，其算法推荐机制为连接架起桥梁。在关系网络中，广告商虽然表面上并未与用户取得直接的联系，但广告商的目的性却是整个平台生态系统运行的动力之一，在给予一定经济收益的基础上，通过用户的选择和平台的推广完成广告的到达。为争夺用户，头条号邀请用户同步其通讯录，以社交化网络扩充平台用户，2018年脱颖而出的趣头条更是直接开启用户网赚模式，收徒式奖励机制使用户数量得到了爆发式增长。技术要素主导的新闻聚合平台的算法优势在聚合内容的同时，同等重要的是在理解用户、挖掘兴趣点的基础上服务用户，以便将用户资源转化为广告商所需求的消费者资源。

流量要素主导的新闻分发平台更多地关注到内容生产者生态，客户资源的多样性往往对应丰富的内容资源，因此，竭力扩大所构筑的关系网络结构，这缘于其具有网络外部性特征，联结到新闻传播平台的用户或主体数量直接影响到平台的整体效用和价值。为最大限度地发挥网络外部性的正向功能，在所构筑的关系网络结构的基础上吸引大量的用户入驻。自2015年9月谷歌新闻公司正式上线以来，newslab为政府记者免费提供相关工具及技术培训的信息资源，并陆续公开发布了多个谷歌政府新闻报道倡议，即基于谷歌的政府新闻宣传报道活动，旨在政府扶持开展高质量谷歌新闻报道，以及政府支持开展高质量谷歌新闻宣传报道活动。开发行业尖端技术、研发假新闻识别系统。

从引流媒体、技术开发、资源共享，到打击假新闻，谷歌在与媒体进行市场交易的同时，致力于构建良性健康的平台新闻生态，优化媒体、广告商、用户以平台为基础的市场交易环境或是信息服务空间。对流量要素主导的新闻分发平台来说，多样性的用户群体、多元化的社交以及智能技术都是其优势所在。

二、新闻传播平台的发展趋势

平台化的趋势特征之一，是社交化。时至今日，社交已经不再是一个用户维持联系所需求的功能，而是作为产品拓展更为底层的基础设施而存在的。今日头条对于社交网络的需求既表现在对于App客户端用户信息的蚕食，也表现在整个产品矩阵对于强社交关系的提升。新闻资讯类媒体作为工具性客户端，难以与用户形成强联系，而一些技术主导的新闻传播平台更是缺少长线的忠诚用户群体，社交的引入无疑将成为头条系的一针强心剂。由此，千人千面的内容推送无法避免技术手段上的复制或模仿，新闻传播平台借助技术将用户信息及标签视作精准推送的原始数据，但用户信息相对独立，无法织就一张社交的网络，这是当下所面临的难题。

2018年，趣头条App异军突出，成功登场并入选《2018年中国品牌案例》，入选人民日报。与今日头条类似，通过媒体和PGC获取原创专业新闻，依靠大数据支撑，提供个性化内容及服务。与此同时，趣头条建立了一套完善的收徒式现金奖励机制，将用户定位至三四五线24岁至35岁的城市人群，以拼多多式推广增加用户流量，用户通过注册、签到、阅读、邀请朋友、分享链接等行为可获取一定的现金奖励。虽然目前趣头条的推荐算法仍存在诸多漏洞，版权意识不强，内容拼凑广泛存在，但其崛起却显示着新闻传播平台纳入社交的显著趋势。

平台化的趋势特征之二，是内容生产者的聚合生态。新闻传播平台以提供补贴和流量等方式吸引内容生产者入驻，内容生产者的诉求主要有内容曝光度、内容收益以及个人品牌粉丝的积累，供需对接后，新闻传播平台中呈现内容生产者的聚合生态。内容生产者的聚合即资源的集聚与匹配，一个健康的生态必然是各归其位，最大限度发挥价值的资源优化配置，也是不同生产者能量动态交换的场所。在聚合内容生产者的过程中，需要做好两个"专业"的匹配，一是专业新闻生产者的匹配，二是垂直化专业生产者的匹配，即以专业的人和专业的事对应内容生产的匹配。

为了吸引内容生产者，企鹅号打造出了一个百亿流量，一个资金百亿元的计划，一个百亿的资源，一个百亿的计划，一个百万的名目，一个百万城市等知名的项目，明确了签约者的标准和数目，透明激励创作者，引进和买断高质量创作者的账号。对于新闻传播平台而言，不管是信息收听者在消费平台上，还是信息生产者在消费平台上服务，越来越多的用户将不断扩大与平台之间的关联网络结构，为新闻传播平台注入活力，以及几何级数的增长。在线优化提升创作者的生态，全面提高内容创作者的工具、空间和投资水平，完善了大数据热点分析系统，在线交流训练和平台功能扩展等基础设施，在线开发 we space 作为一系列创作行为的集成体，如拍摄、训练和文创，为内容的后期技术和设备提供了一站式拍摄和后期的技术和设备。真正让内容产品的创作力和主观能动在优化平台的生态环境中得到激发。在鼓励原创的同时，企鹅平台媒体也十分注重版权保护的落地，促进平台生态环境的良性发展。

对于内容生产者而言，内容首发、发文活跃度、更新频率高，在垂直领域生产原创内容，互动以增加粉丝黏性都是增加流量与收益的方式。当然，原创、高效的内容加分是至关重要的，与此同时，企鹅号指数也制约和影响着内容生产者的行为，换言之，策略性发文和经营也是自媒体人进驻流量要素主导的新闻分发平台的必修技能。以企鹅媒体为代表的流量要素主导的新闻分发平台着重升级内容生产者生态，优化内容生产环境，在对现有行业资源、技术设备整合的基础上做好平台的服务工作，促进平台内容深耕专业化、原创性。

平台化的趋势特征之三，是传统媒体为主导的平台将会强化自身渠道的建设，用以抑制分发权旁落的趋势，缺失了反馈一环则不利于新闻生产理解用户、满足用户需求。生产与分发不再能够固定在传统媒体新闻生产流程中，而是通过平台进行内容的二次分发。平台向传统媒体诉求优质内容，传统媒体则向平台诉求用户流量与渠道，媒体自适应进入平台后，所面临的是平台的内容筛选和呈现标准，关注度、阅读量、点赞数成了入驻媒体考核的重要指标。平台依据越来越丰富的用户数据优化组织架构和服务方式，相对应地，入驻平台的媒体依据平台设计不断调整自身的内容供给和传播模式。与此同时，传统媒体更希望通过平台扩大原有媒体影响力，借助平台技术孵化的新兴媒体品牌，但分发权旁落以致反馈闭环难以形成，强化自身渠道的建设成为传统媒体争夺分发权的唯一出路。

第三节　新闻传播平台的治理机制

一、新闻传播平台中的风险问题探究

媒体的融合发展到今天，各类媒体交出的答案远远超过了意料，从新闻产品、新闻聚合到媒体的把关，从新闻到受众的接收，整个媒体的传受关系发生了很大变化。以人民日报新媒体矩阵为例，全国手机新媒体集成平台"人民号"，吸纳了七千多家媒体机构进驻、研发的"现场云"新闻在线生产系统，服务于地方媒体和党政机关，央视网"数据中台"形成了大数据的采集、统一管理"系统"，大数据的采集分析体系。人工智能等技术以无孔不入的姿态进入新闻业时，媒体行之有效的应对策略便是将融合深化下去。较于传统媒体，互联网新闻传播弥补了更新速度慢、内容呈现形式单一、信息传播量小等缺陷，互联网的开放性、低门槛为新闻传播提供了广袤的大地。在多元文化发展的今天，伴随媒体融合的推进，舆论生态呈现新气象，新闻传播平台中的风险问题越发显著。

1. 以算法为代表的技术所造成的风险

2017年9月，人民网已经连发了三篇关于信息算法的内容推荐评论文章，分别为《评今日头条、一点信息算法推荐：不能让算法决定内容的情况》《评评人民网第二十期评信息算法内容推荐：不要被你的算法内容困在"信息茧房"中，也不要被你的算法内容困住》。算法推荐机制广受诟病的同时，虚假新闻、信息茧房、回音壁效应成为众矢之的。所谓"茧房"，即蚕茧一样的空间，用户依据自身兴趣和需求选取关注点，久而久之，所关注的

信息标签特征相对集中，接收信息也就越发同质化、同倾向性，形成较为封闭的信息"茧房"。在群体中，用户倾向于选择与自己观点相同或类似的观点或个体，在类似观点不断被认同和强化的过程中，用户所接收的信息环境充斥着单一的观点态度，用户点击行为深刻影响着所接收信息的筛选，在算法源源不断的过滤泡中，用户喜好与用户推送形成相对闭环的传播流程。同时，基于人工智能的内容创作、分发和平台管理，内容创作者所获收益与点击量、阅读数等曝光度数据密切相关，虚假新闻甚嚣尘上。

今日头条资讯等产品新闻推荐客户端以具有个性化的新闻推荐搜索引擎和新技术平台为研发基础，根据不同的年轻用户群在社交互动行为，阅读消费行为，职业和阅读年龄等不同维度充分挖掘年轻用户的不同兴趣，对新闻内容热点进行准确性的推荐。无论人工智能算法本身是为了迎合一个观众，还是根据受众自身的心理选择性地去接触这种心理，都容易被塑造成人类信息的一个"茧房"，即使是人类在某些信息技术领域里会习惯惯性地被他们的某个兴趣点所引导，从而容易使自己在这种像一个蚕茧那样的"茧房"里感到生活困难。尚且不论"算法绑架内容"是非，淡化总编辑工作，以用户喜好作为唯一的推荐标准确实显得片面。但事实上，常为人所忽略的是用户并不是一群应声而倒的靶子，受众内在的深度和思考能力也是不易揣摩的。

将用户喜好单一地归类为娱乐性这一观点本身就带有一定的倾向性，值得一提的是，天天快报较于今日头条的算法推荐机制，其本身可获取的用户兴趣点更为广泛和全面，既包括展示自我的前台，即朋友圈或QQ空间等，也包括后台使用的功能服务型信息，即微信小程序中的摩拜单车、火车票等功能运用、微信公众号中的知识性关注等。

媒体的去中心化、媒体选择多元性为用户中心理论提供了前提，算法机制把用户中心理论推到了风口浪尖，个性化地定制了新闻信息，将用户限制在使用者选择和强化新闻信息的环境中，过度地迎合使用者的需求，甚至产生了用户唯一的中心理论。但是，用户需求不能准确地归纳到用户的行为中，用户需求分别包括客观和主观要求，即用户能够认识到的需要和不能理解的需要，主观要求和不能理解的需要，主观需求又分别包括表达通道和无表示通道的要求，有表达渠道的需求又包括能够被准确理解的需求和被偏差理解的需求。显然，用户唯一中心论所依据的用户需求本身就是相对狭窄而片面的信息，用户中心论呼唤更为智能的信息筛选和推荐机制，以期真实、全面地洞察和明辨真正的用户需求。

2. 非专业内容生产者的大量涌现和集聚

开放式内容生产平台在为多元化内容生产者提供准入的同时，大量非专业内容生产者的涌现和集聚也为新闻传播平台带来了新的严峻问题。新闻传播平台区别于"平台媒体"的原因主要在于"媒体"性质，上文的定义也规避了这一点，但是，新闻传播平台在传播信息的过程中应对其内容的真实性与合法性予以保证和监督，有责任营造健康良性的网络平台环境。此中，专业新闻的引入恰逢其时，专业媒体机构、专业新闻作为平台用户进驻其中，是对内容真实优质的保证，也是平台新闻信息权威性可信度的强有力的支持。

正处于市场繁荣时期的新闻传播平台吸纳了大量的创作者，一些内容产品具有某种目的，低门槛地进入了新闻信息的传播通道，散发或媚俗、不实或违反规定的信息，对平台的新闻讯息传播及良性运营产生了恶劣的影响。复杂的环境中，网络生态和议题的流变越来越难以捉摸，一系列问题如"后真相时代""新闻专业主义"被重新提及并加以重视，其中饱含了对多元化内容的审视。2018年底，国家网信办先后约谈了10个媒体平台，要求百度、凤凰、今日头条、信息一点整治中存在的内容问题，低俗色情、标题党、谣传滋生等现象屡见不鲜，恶意引流、违规圈粉、不节制炒作等平台的乱象也广为流传，除此之外，本次约谈也要求各平台进行集中治理，要求各平台进行平台合作行动，完善黑名单。将内容生产者的行为标签化，并纳入管理系统。

真实和新鲜是新闻的重要特征，信息洪流与碎片化特征吸引着平台用户争抢时效性，当具有权威性的专业媒体组织不再能够承担首次发布信息的角色，转而成为一键转发者，新闻的把关责任也就无从谈起，专业新闻缺位导致不加核实的信息多如牛毛，从这个角度而言，受众则陷入了被动而无措的境地，媒体的可信度大打折扣，舆论导向的争夺越发激烈，舆论风向标也越发模糊。

3. 互联网平台与传统媒体平台的非均衡发展态势

互联网平台与传统媒体在构建新闻传播平台的过程中，传统媒体的专业化新闻运作优势常被提及，但除此之外，互联网平台强大的社交用户基础、不断更新的技术应用、雄厚的资本运作都是互联网平台引以为傲的优势所在。在巨大流量的诱导下，互联网平台成为传统媒体和专业新闻的主要流向，这将有可能使媒体沦为互联网平台的"打工者"，进而加速传统媒体的边缘化。同时，互联网平台常通过转码直接完成新闻的二次使用，版权意识薄弱，传统媒体所生产的优质内容产品直接成为互联网平台的聚合内容，传统媒体平台的用户积累和用户反馈不复存在，良性的平台生产、传播、反馈闭环也就无从谈起。

应对互联网平台与传统媒体平台的非均衡发展态势，传统媒体并没有坐以待毙，传统媒体平台正在从互联网平台手中争夺话语权、分发权以及独立性。但是，传统媒体平台的新闻信息主动或被动进入互联网平台时，某种程度上已经沦为互联网平台的内容生产者，如果平台因版权向传统媒体平台进行内容付费，那么平台的分发权力和用户反馈也就难以为继。

二、新闻传播平台建设和治理问题探究

2019 年 1 月 25 日，习近平在第十二届中共政治局集体学习期间，在讲话中明确了传媒融合方向，要因势而谋，应势而动，顺势为为，加快传媒融合的发展，使主流传媒具有强大的传播力，引导力，影响性和公信力，形成网络同心圆，使全民在理想的信念中获得理想的信仰和价值。价值理念与道德理念紧密结合，使正能量变得更强、主旋律也变得更高。[①] 媒体融合视野下，各类新闻传播平台应承担起社会责任，推动新时代新闻传播的有序发展和高效运营。平台竭力构建健康良性的平台生态系统，但在实际的运行中，不免出现平台服务不完善、平台主体权力不平衡、监督管理不到位等问题。应对新闻传播平台开展信息传播中的种种问题，将各类新闻传播平台予以统一的备案和管理是首要工作，由政府或媒体前线，杜绝新闻传播平台市场一盘散沙的情形，资源的整合并不局限于自上而下的统筹，平台间的合作与互助、传统媒体与新兴媒体的优势互补都是新闻传播平台联动的重要一环。

平台乱象是指平台的生产、传播和监管等问题，更重要的是后盾值得强

---

① 杨俊峰. 因势而谋应势而动顺势而为 [N].《人民日报海外版》, 2019/02/01.05.

调的权利和义务之间的对应关系，获得互联网新闻信息服务许可证的新闻传播平台，如何对应权利和义务。明确平台上各主体行为的边界和惩戒，维护行业和平台良好秩序，摒弃孤岛思维，联合新闻传播平台行业，将培育健康良性发展的新闻传播平台生态系统为己任，这是当前平台乱象亟待审视的问题，也是新闻传播平台应当首先明确的态度。

1. 建立健全新闻传播平台联动机制

今日中国，报网端微百花齐放，新闻生产机制不断创新，各自探索同时，也应打通资源与技术之间的壁垒，做好平台与媒体之间的互助。在互联网、大数据的风潮中，今日头条被视为智能传播平台的代表作。聚合新闻信息、挖掘大数据、算法推荐精准到达成为今日头条连接用户的主要方式。通过分析用户的社交媒体信息授权和 App 使用习惯，推导用户偏好和用户画像，定制用户的个性化阅读界面。今日头条在连接用户中的所做的大胆设计成为其高居资讯类媒体阅读榜单的重要原因，而它与传统媒体的关系却仍在积极地探索之中。

2015 年 9 月，今日头条与湖北省新闻出版广电局签署战略合作协议，与湖北省首批 100 家媒体签署意向合作书，首次尝试与传统媒体合作。2017 年起，今日头条尝试呈现传统媒体的新闻直播，为媒体提供融合的基础设施，特别是国庆升旗等国家要事。

在新兴媒体与传统媒体的合作中，平台为媒体提供的是用户开放、技术开放、智能开放三大部分，即海量的用户信息、专业的技术平台以及智能化的平台服务。

而权威媒体为今日头条提供的则是官方的发布渠道，消息源的可接近性、新闻的真实性、传统媒体的权威性及专业性成为其可利用的长板，其中涉及新闻信息采编发布权是媒体的核心优势所在。

在平台和媒体合作的对话中，北京大学新传媒研究院于 2017 年发布了《传媒微博发展白皮书》，对传媒微博的发展情况进行了数据分析。其中，媒体微博的累积读者数量突破了万亿关，视频播放率比上年增加了 89%。微博是重要的社交平台，认证用户已成为新闻的重要来源，也是媒体的重要新闻资源。是媒体联系新闻源的关键纽带；微博为媒体矩阵的搭建提供了较完善的平台，也是政务新媒体不可或缺的"两微"之一；以《华西都市报》为代表的地方媒体通过微博平台成长为全国性主流媒体，庞大的受众量与新闻报道议题形成了良性的互动。以《新京报》"我们视频"为代表的平台孵化出的新媒体产品，成了《新京报》独树一帜的子品牌。

2. 落实新闻传播平台主体的资质审核和许可制度

平台的自由开放和低准入门槛的操作特点，也为其带来了泥沙俱下的非法信息和大量用户，2018年1月，国家互联网网络传播信息处开始指导中国北京市政府互联网网络信息处与中国新浪微博就网络违法非规传播信息非法发布行为未尽法律审查处理义务，持续以非法传播信息为市场导向的非法炒作，如低俗淫秽色情、国家政策歧视等，违法犯规发布有害信息。下线一周之后整改未经核实的新闻源、匿名开炮的"键盘侠"、加快后真相时代步伐的一键式扩散，都促使种种不实消息在平台中肆意发酵。

资质审核是处理当前新闻传播平台乱象的第一步，许可制度是保证新闻秩序的前提。关于平台新闻信息传播的相关说法，2017年6月1日起施行的《互联网新闻信息服务管理规定》中对互联网新闻信息服务作了明确的规定，主要包括互联网新闻信息采编发布服务、转载服务、传播平台服务，由于服务归属主体的不同，需将新闻采编、转载权及传播平台的经营与服务分隔开来。在互联网新闻信息采编发布服务方面，采编应与运营业务分离，申请网络新闻信息采编发布许可证，应为新闻机构（含有控股单位）或主管新闻机构（含有控股单位）。服务提供商应设立主编，总编辑负责互联网新闻信息的总责，有关从业者应依法获得相当的资质，接受专业培训和考核；转载服务方面，应当转载国家规定的中央新闻单位或省、自治区、直辖市等单位所发布的新闻信息，注明其来源、原作者、原标题和编辑的真实名称等，不得扭曲、歪改标题的原意和新闻信息的内容，并保证有关新闻信息的来源可以追溯到现在；传播平台方面，应取得网络新闻信息服务许可证，在许可条件下明确规定，平台中需要具有与服务相符合的专业新闻编辑、内容审查人员和技术保证人员的资格。新闻的客观性与真实性自然是不容置喙的，但媒体既应当遵循写在法律中的明确规定，也应当遵循基本的政治纪律、道德等方面的隐性的基本要求。当我们梳理了《互联网新闻信息服务管理规定》后，对此进行了梳理。不难发现，众多在实行互联网信息传播服务的机构和平台并未获得相应的资质，这就需要相关政府部门加大排查力度，在严格把控相关运营牌照的同时，对于符合条件的主题提供便捷的审核流程，将资质审核结果与权力范围对应起来，在备案的基础上明确责任主体，缩小监管范围。

3. 全方位实现新闻传播信息的把关

传统媒体中的"把关人"角色逐渐模糊，直到消失为止，新闻信息在报纸、电台和电视等专业媒体机构的层级审核中不能应用于网络新闻信息发布的应用。此间，政府作为宏观把关人的地位不可动摇，其一，政府完善的互联网信息管理规定，明确相关处罚红线，倒逼新闻生产者与传播者的行为朝着规范化的方向迈进；其二，在关乎国家重大利益和方针政策的信息传播方面严防死守，做好社会主义核心价值观和主流思想的宣传工作，营造正能量的传播氛围；其三，实时把关是新闻传播平台监管的重点问题和难度。互联网新闻传播时效性的提高给新闻将关带来了一个新的问题，传统编辑部的审稿体制很难适应新闻信息流动的速度。为堵塞假新闻的源头，2016年5月，微博与公安部联手推出了全国辟谣平台，实现了全网流言一站式的举报处理，实现了全网流言谣传的一站式处理。除此之外，在线舆情监测系统等新型技术平台的运用为实时监测、及时处置提供了技术支持，善于运用大数据、人工智能助力互联网新闻信息把关是当前工作的重要突破口。

在过去的相关研究中，新闻传播平台经常被分为媒体和商业两大类，原因是媒体机构主动履行社会责任，而商业机构更倾向于把利润用作直接运营的目标。在互联网风潮下，更多的商业和定性不清楚的机构转向新闻业，试图在媒体式微时机中分羹。因此，应该转变观点，摆正态度，将拥有采编发权的新闻传播平台统一分类管理，同样担负着作为传媒的社会责任，切实履行着把关主体的责任，将平台经济利益与其运作结合起来。一些新闻传播平台中，传播媒介与传播者是相对分离的，或是自媒体人，或是记者，或是未受过新闻专业教育的某个人，当他的身份转变为新闻生产者时，唯一可能对原始新闻进行专业加工和把关的可能只有编辑，那些表达不准确、未经核实、无依据的信息需要编辑作为互联网传播的入口。由此，一大批经过专业新闻知识学习、采编训练的全媒体编辑应当成为把关人。

权利与义务总是相伴而生，大批量的网民在享受浩如烟海的信息洪流时，也应当成为信息把关人，因此，提升全民媒介素养确实迫在眉睫，构建一个生态平衡的新闻传播环境,其中的用户必定是不能不有所作为的。

4.平台生态系统的能量交互和外部平衡

传统媒体由被动内容融合向主动媒体融合,积极地向PC端和移动端融合扩展,新媒体的移动覆盖范围不断扩大,竭力构建专业化媒体主导的新闻生产平台,新华社新闻生产系统作为融合途径的典范,创新发展范式,构筑专业化媒体的良性平台生态系统。由北京市新闻工作者协会及社会科学文献出版社共同发布的《媒体融合蓝皮书:中国媒体融合发展报告(2019)》中强调了平台化发展的效用,对于媒体来说,平台化利于以制度规范和主导采编发流程实现阵地可控,以掌握核心技术和应用转化实现技术可控,以存储数据拓展大数据业务实现数据可控,以自主权衡盈亏实现经济可控。在平台与媒体合二为一的过程中,平台以其四大优势保证整个平台生态系统的可控运行,助力专业化媒体主导的新闻生产平台在新闻生产理念、流程、技术等方面的统筹与优化。

良性在平台生态系统中,平台效应表现在使用户关系网的建立,促成了整个关系网的价值暴涨,因此,平台内部的利益相关者之间的互动与能量交换尤其重要,利益相关者之间的共同创造价值,共同促进平台生态系统的发展。具备权威性、真实性、正能量的媒体发声被如何能被顺利引入平台的舆论场是平台生态系统需要直面的问题。平台模式是一种改变消费习惯的产品生产模式,商业模式和产业发展方向的新型产品模式,改变了人们的消费习惯。接收方式的同时,几乎垄断了流量入口。但是,目前情况下,平台内容分发权力与媒体优质内容的对接并没有取得相对稳定的标准和协议,平台向媒体诉求优质内容,媒体向平台诉求用户流量,表面上是两股拉力的较量,事实上,二者拥有共通的目标,即为平台中媒体品牌的塑造,既可以是原有媒体影响力的扩大化,也可以是借助平台技术孵化的新兴媒体。媒体在平台发展中的角色应当彻底沉淀下来,在平台生态系统中建立良性的媒体生态系统,引入拥有优质内容的媒体,给予媒体适当的资源供给和生存空间,将其作为平台价值的重要组成部分。

平台生态系统的能量交互和外部平衡不仅依赖于平台与媒体关系的联动,更得益于平台可持续发展所需的吸引力与凝聚力。共享收益的基础上达成风险的共担意识,风险共担的基础上形成协同治理的共识,平台生态系统的健康良性运行有赖于各主体的共同参与，利益相关者们的主体行为决定所处平台的环境承载力，长效的平台治理机制应当在利益相关者们的共识下得以完善和落实。

总之，媒体融合发展至今，平台化趋势成为其显著特征，形态各异的平台的迅速崛起。依据新闻学、传播、产业经济学研究视角和相关理论成果，创新性地提出"新闻传播平台"的概念，将其定义为"囊括多种类型内容生产者，提供多种类型产品和服务，并具有标准技术接口的关系网络结构"，并就作为创新路径的平台化趋势、作为现实语境的媒体融合以及作为理论基础的多边平台进行相关概念的阐述。

在对新闻传播平台的发展现状与背景进行梳理后，不难发现互联网巨头带动下的平台化趋势已经成为新闻传播领域的热潮，在技术、经济、政治等要素的作用下，向平台化进化成为首选创新路径。由此，概括出专业化媒体主导的新闻生产平台、技术要素主导的新闻聚合平台及流量要素主导的新闻分发平台三大新闻传播平台类型。其中，专业化媒体主导的新闻生产平台以传统媒体的资源为基础，在守正与创新中不断探索智能化新闻生产体系建设，寻求技术、采编队伍、互联网思维以及供需市场的融合；技术要素主导的新闻聚合平台依托大数据和算法为用户定制个性化信息推送，通过提升数据的完整性、全面性和时效性完善推荐模型；流量要素主导的新闻分发平台组织并联结生产者与用户，开放流量、一键分发，利用平台补贴、商业广告以及引流消费完善平台激励机制，携带身份符号的自媒体人流量变现的同时，也便于粉丝集聚和个性化媒体品牌建设。

不同运营主体主导的新闻传播平台在组合技术、客户资源及用户等要素时，形成不同的平台优势和运作机理，或是专业化的内容生产优势，或是算法推荐的捕捉用户兴趣优势，或是多元化用户为基础的流量优势。伴随平台化的尝试与探索，新闻传播平台的发展也呈现着新的发展趋势，社交化的引入将为平台带来更多的活力、用户黏性及平台增值；内容生产者的聚合生态将扩大平台的关系网络结构，为新闻传播平台注入活力和几何级数增长式的价值；为避免分发权旁落，完善新闻生产的闭环机制，传统媒体为主导的平台将不断强化自身渠道的建设。

媒体融合视野下，新闻传播平台的多元发展为公民信息权的实现提供了新的通道，为"新闻游侠"们提供了更广袤的议题运作空间，打破了单一化的拟态环境，呈现了更为复杂的舆论格局。新闻传播平台面临着以算法为代表的技术所造成的风险、非专业内容生产者的大量涌现和集聚以及互联网平台与传统媒体平台的非均衡发展态势等问题。应对严峻而复杂的舆论场时，各类新闻传播平台应承担起社会责任，推动新时代下新闻传播的有序发展和高效运营。建立健全新闻传播平台联动机制，疏通媒体与媒体，媒体与平台的关系对话，落实新闻传播平台主体的资质审核和许可制度，将许可制度作为保证新闻秩序的前提，将资质审核结果与权力范围对应起来，在备案的基础上明确责任主体。应对当前的新闻传播乱象，把关人的身份应当重塑，政府作为宏观把关人，在政策制定和政策执行中至关重要，备案后的新闻传播平台应同样成为平台的把关人，编辑作为信息传播中不可或缺的一环，应当充分利用作为专业化的信息过滤关卡，浩如烟海的信息把关需要用户的及时反馈和举报，提升全面媒介素养势在必行。易于忽略的是，平台生态系统作为可持续、动态的能量交互实体，拥有强大的自净能力，平台中各主体的共创价值不仅体现在推动平台生态系统的发展，更体现在对平台健康的监测和修复。

第十二章　全媒体时代下的数据新闻传播

大数据的时代，数据和算法正在改变着我们，重新塑造我们的工作、生活和思维模式。应运而生的数据故事，被认为是未来新闻行业的发展趋向。本章对国内外数据新闻的研究情况进行整理，归纳数据新闻概念和发展史，厘清了数据新闻和数字新闻、精确的新闻以及计算机辅助报道的概念，厘清了数据新闻与计算机的关系。通过对当前的数据新闻的抽样统计出数据新闻的主要呈现形式。针对目前国内尚未有学者对数据新闻传播模式、各传播要素进行界定这一情况，基于传播学理论的支撑尝试对数据新闻传播过程中八大要素进行界定，并在5w传播模式的基础上构建出数据新闻的传播模式。最后，本文对数据新闻传播过程中出现的问题进行探讨并对数据新闻的未来趋势进行预测。

第一节　数据新闻概念

一、概念界定

数据新闻，又叫数据驱动新闻。是指基于数据的抓取、挖掘、统计、分析和可视化呈现的新型新闻报道方式。数据新闻在大数据技术的推动下发生质和量的飞跃。数据新闻是随着数据时代的到来出现的一种新型报道形态，是数据技术对新闻业全面渗透的必然结果，它的出现在一定程度上改变了传统新闻生产流程。

从叙述新方法的角度来看，作为一种覆盖性的数据新闻，它不仅包括了一系列应用于叙事新闻的分析工具，技术方法和手段。它几乎包含了从传统意义上讲的计算机辅助新闻报道（用数据作为一个新闻源）到位于尖头的数据可视图表和应用程序的数据模式。它的统一目标是为新闻提供：通过信息和分析，帮助我们了解当天发生的所有重要事件。

综览上述学者对数据新闻的含义的界定，虽然角度多元化且没有关于这一现象的准确定义，但是关于数据新闻的核心问题已达成共识：即基于对大数据的提炼获得的一种新型新闻。

大数据技术决定着记者能从繁复的数据中提炼出有价值的新闻。数据新闻呈现在大众面前的始终围绕两大要素：一是数据，二是新闻。即使是具有丰富实践经验的数据记者和新闻学者，他们也毫无例外的针对这两点进行表述。数据和新闻是构成数据新闻的两个要素。新闻是记者的日常工作，是记者讲故事的一种呈现。传统新闻一般都来源于记者长期从业经验下所产生的敏锐的新闻嗅觉，他们发现合适选题后，通过查阅相关资料和对当事人进行采访来完成故事的采集，并经过自己润色加工后呈现出来。数据新闻和传统新闻一样都是在讲述故事。大数据技术决定了数据拥有成为新闻的可能，也正因此出现了数据新闻。新技术的蓬勃发展，记者可以通过对庞大数据库的访问、对数据库中数据项目的相互关联选取合适角度，分析数据并将其可视化呈现出来。通过访问数据库和利用工具的方式，将新闻与新技术更自然的融合。

二、与数据新闻相近概念厘清

近几年大数据被炒得如火如荼，数据新闻早已不是新闻战场中的新角色。但是大众对数据新闻与其他形式新闻仍存在概念上的混淆与偷换。

（一）数据新闻与数字新闻（Digital Journalism）

数字新闻，也被称为是在线新闻（Online Journalism），是与原始的通过印刷或者广播出版截然不同的一种新闻形式，它是记者通过网络形式发布的新闻产品。数字新闻将新闻事件通过文本、音频、视频或者交互表单以单独或组合的形式在数字媒体平台进行传播。数据新闻就是将新闻"数据化"，而数字新闻就是将新闻"数据化"。"数据化"是将日常现象转换为可分析读取的量化形态的过程。"数字化"是通过计算机建立的数字化模型将繁杂多变的信息转换成一系列用0和1表示的二进制代码来统一处理。数据新闻是一种以数据为基础的量化新闻，是一种以数据为基础的新闻，表述形式为可视性作品。它是基于大数据衍生的抓取工具实现海量数据的挖掘采集，分析生产出来的，主要表现形式为交互式图表以及信息图等。目前一些新闻媒体认为追风简单的要罗列的就是数字媒体图表这种类型的新闻还不够到足以将其称为真的数字图表新闻。"数字新闻"则是对文本、音视频文件和图片等数字化处理,进而采用互联网技术传输的新闻。

(二)数据新闻与精确新闻(Precision Journalism)

精确的商业新闻由时任美国大学教授菲利普·梅耶(Philip Meyer)在60年代首次明确提出,具有丰富的新闻媒体从业实践经验。精确科学新闻调查是广泛指一种运用科学严谨的新闻研究理论方法,通过科学抽样调查收集综合分析的科学数据,检验科学事实和数据探索科学真理的一种新闻调查技术报道理论方法。其最重要流程便是确定选题后的计划方案,包括如何确定调查对象、设计怎样的抽样方案以及以何种方式对对象进行访问等。得到调查内容和数据后整合分类到对应的内容版块下。精确新闻应用最多的领域当属财经新闻。

精确新闻强调利用真实准确的新闻信息,数据是调查性报道的辅助性工具,其呈现使得新闻内容更加精确。而数据新闻是用数据驱动调查报道,用数据讲述新闻事件。在精确新闻中,数据是说明性文字,而在数据新闻中,数据即新闻。其差异在可视化方面尤为突出:精确新闻中,可视化产品是对文字的阐释性补充;数据新闻中,文字反而变成对可视化产品的补充。精确新闻中的数字和图表是起到辅助性说明作用的,而数据新闻中的数据是驱动整个新闻。

数据新闻比数字新闻数据获取的方法和来源都更多样,数据记者可以在线挖掘,通过机器捕取数据不出户的情况下,可以通过互联网搜索,机器捕获数据;基于网络可视化技术的提升,数据新闻在可视化的产品中表现能力远超精确的统计数据和图表。精确新闻充分运用数据突出报道重点,但由于数据样本量级低、抽样方法科学性不强、样本存在偶然性,受众容易会被误导或是产生误读。数据新闻中强调样本即整体,海量数据中提取出的分析结果更令人信服。

精确新闻与数据新闻的最大也是最本质区别在于数据分析方面:精确新闻中的数据是因果关系的报道和结论是因果关系,数据新闻中的数据和结论是相关关系。《大数据时代》(*Bigdata*)的作者维克托·迈尔-舍恩伯格的思维是:庞大的数据量必然衍生出更多的非结构化数据,记者无法将鱼龙混杂的结构进行精确的归类。从这一角度来讲数据新闻并不能做到像精确新闻那样精确。整体数据作为数据新闻的样本，我们必须接受从混杂数据中提取挖掘出的相关性关系。

（三）数据新闻与计算机辅助报道（CAR）

计算机辅助新闻报道（Computer-assisted Reporting，CAR），是指一切运用计算机获取并分析数据信息的报道。计算机在获得分析信息的同时还可以进行统计结果的处理显示、面向互联网发布新闻等辅助功能。计算机只是CAR的一种辅助工具，其核心还是新闻。

计算机数据辅助新闻报道有力数据支撑海量数据和精确的行业新闻，也正是在计算机的协助下，记者们才可以事半功倍地收集和分析数据。计算机辅助报告强调计算机的帮助功能，它偏向于报道新闻所运用的辅助手段，并不是一种成熟意义上的新闻形态。而数据新闻是发展史上新兴的一种新闻形态，这一新概念的外延和内含更广阔。计算机辅助报道的主要形式以文字为主，辅以数据。数据新闻的主要形式是数据驱动，数据就是新闻、数据就是故事，文字只起到解释说明性作用。

三、数据新闻的发展历史

尽管数据新闻在最近几年才被发现并广泛使用，但它不是一个全新的概念。追溯数据新闻的出处，必须提到《卫报》创刊的名字，即1821年5月5日发行的名为《曼彻斯特卫报》，这是当时的一本名为《曼彻斯特卫报》。在创刊的第一期中刊登了一份由化名为"nh"的可靠信息人士提供的数据资料，这份新闻在近几年中成为一个时尚的词，并不代表新闻记者凭空发现了大数据，它也经历着漫长的史实。客观和真实是新闻界两大基本规范。不管新闻如何发展，都始终遵循这两个准则。从20世纪30年代的解释性报道，到60年代的新闻主义，从60年代的调查报道，到90年代的精确的新闻报道，到了90年代的准确新闻报道，新闻界都在试错和纠正中，不断地进行着试错和矫正，客观、真实和美观的新闻也逐渐在大众面前明晰地呈现出来。个人电脑的普及，计算机技术的提升，为通过数据库挖掘和可视性新闻的可能性提供了条件；大数据时代来临，数据的井喷式增长为趋势预测和私人定制创造了条件。

21世纪初，西方媒体系统地开始了数据新闻地实践。最早的便是英国《卫报》的 data blog 版块和美国的《纽约时报》。2007年，互动新闻技术部（Interactive News Technologies Department，INTD）组建成立，该团队是《纽约时报》专门建立、旨在运用交叉的采编和技术探索基于线上的报道形态。该网站在强有力的数据支撑的基础上为总统大选、奥运会等制作出一系列动态、交互的可视化信息图表。与《纽约时报》相比，《卫报》清晰地提出并推广"数据新闻"这一概念及理念。2009年，《卫报》作出了数据新闻史上有里程碑意义的决定：创办数据博客。创办负责人西蒙·罗杰斯（Simon Rogers）主编指出，每天《卫报》都会收到来自世界各地的数据，这些数据只是在刊载当天有利用价值，之后便会被遗忘。西蒙表示数据博客的初衷便是与读者共享数据。

　　报道成功斩获业界赞誉。2011年，mozilla 大会在伦敦召开，全球许多数据记者聚集在48小时的作坊中，共同讨论和撰写介绍数据新闻的小册子，用于交换全球数据媒体的理念和实践。这本用来交流的书被命名为《数据新闻书册》(data journalism handbook)，现在已经由志愿者翻译成中文版，免费在网上下载，这本书也预示着数据新闻作为一种新的媒体形态向大众视野转变，不再局限于零星实践的尝试。2012年，国际数据新闻奖（data journalism awards）成立，参赛作品从全球51个国家开始，共计286项项目。经过激烈角逐，最终59件参赛作品入围，六件作品获得大奖。此奖项的设立也可见国际新闻传媒界对数据新闻的青睐有加。

　　数据新闻的丰富实践推动了数据新闻教育的展开和研究的跟进。国外的数据新闻教育也颇受各大高校关注，纽约大学、哥伦比亚大学、密苏里新闻学院、纽约市立大学等都成立了数据新闻研究团队或者开始数据新闻、数据可视化和新闻分析等系列课程。

　　四、数据新闻的发展现状

　　1.融合：多媒介使用

　　在信息社会中，社会的核心资源是信息，"数据 = 信息"是大数据时代的共识。而将数据信息转化为较为直观的信息形式传递给受众是媒介信息领域较为关键的一环，传播媒介的主要工作就是将各种信息、各种因素进行有机地结合,从而达到将信息在受众与传播信源之间进行传播的目的。传统的报纸、期刊、电视、广播等媒介形式较为单一,且具有一定的局限性,往往是由新闻记者较为单一的从第一线进行信息采集,然后以纵向的形式进行传递,传输渠道、传输方法、传输形式都比较单一。随着信息技术的迅速发展,各种多媒体平台、类型层出不穷,受众对信息的需要呈现出多元化态势,以互联网为基础的信息传播技术迅速发展,网络信息传播技术以互联网为主。拉近了新旧媒体之间的距离,传播媒介的种类和数量也快速发展,数据新闻也由此在不同媒介上进行传播。合理的利用多媒体手段,将叙述过程立体化,从多个层面进行叙述,媒介与其专属的传播渠道一一对应,通过多种角度将社会信息进行展示。

数据新闻因其可视化及交互性特点较多的出现在个人电脑、平板及手机等新媒体媒介,用户可以同新闻产品进行实时交互。马航失联事件发生后,腾讯网推出还有一个交互产品比较特别,是腾讯制作推出的交互产品MH370海上搜救动态地图。此产品是由腾讯新闻和腾讯地图两个团队共同协作完成,通过船讯网等数据后台提供的海运定位信息开发出海上搜救团队的动态位置及搜救轨迹。财新网根据手机屏幕尺寸设计出一款名为"摇车号"的数据新闻游戏。用户通过摇一摇手机便可根据指标数据和总摇号数随机虚拟测算出用户是否能中号。这类数据新闻适合通过新媒介平台传播。

然而图表类数据新闻因其静态特点,不仅可以在新媒介传播,传统媒介如报纸杂志也可以刊登,且不影响其传播效果。大部分数据新闻在新闻事件发生后都会出现一个多媒介传播的情况,比如在新闻发生时,数据记者首先将已完成数据新闻报道时公布在报纸上,随后网络媒体也会转载,广播电视节目也有可能同步播出。一则优秀的数据新闻作品有可能同时在多个媒介上出现,在增加数据新闻受众总数的同时大大增强了数据新闻的传播效果。

2. 百变:数据新闻的分类

数据分析报道的显示形式大致相同可通过归纳可分为显示静态信息图、动态信息图表和显示人机之间互动三种类型的图表三十四大类。静态显示图表和其他动态显示图表同样是目前我国各大数据中心新闻报道的常用显示方式,而不同的新媒体报道类型也对新闻信息的动态呈现显示效果和阅读受众们的感觉都不同。例如,广播仅仅通过人的声音可以传递信息,而声音广播仅仅通过人的声音不能传递信息。数据信息无法直观的展现；报纸和杂志以文字的形式传递信息，其呈现形式是静态的，每次信息传播的内容有限，审美上也有局限性，电视比前两者具有显著的优点，可以立体展现信息，将动静态的信息传递特征结合起来。2014年春运期间，中央节目《据说春运》在其系列节目中用大数据讲述了春运，节目组以中国地图为背景，在不同的城市之间用线条来标出春运期间人们迁徙的线路，同时用百度指数提供的热词分布表展示，直观地将春运现象展示给观众。状态，整体节目十分流畅，给观众以视觉上的美感，同时由大数据信息作为辅助，将信息传递的效果达到最大化，使得信息传播更为直观。我国目前还没有进行数据新闻报道的网站或者收集应用程序，但是不少媒体对于社交网络和平台的利用已经日益成熟，在微博上建立官方微博，在微信上设立公众号，将信息第一时间进行发布。

（一）静态图表

静态图表也就是我们平时所说的信息图（Infographic），就是用图像的形势将数据、信息和知识表述出来，以报纸、期刊为代表的传统媒体形式有时会运用信息图来进行信息的传达和新闻的阐述。近些年，随着受众对于信息传递的要求越来越高，信息图的应用也日益广泛，这种直观的表现形式受到了市场的热捧，不少互联网媒体以此为契机，开辟以信息图为主要表达方式的栏目，例如网易的"数读"，静态图表的市场价值可见一斑。

信息图是将信息以图像、图形的形式进行展现，由于数据的复杂程度，以及展现手法的不同，因此信息图也分有简单的信息图和复杂的信息图。前者的表现形式较为直观，通常是以频率分布和趋势走向图为主，后者所要表达的内容一般较复杂，同时牵扯的数据较多。信息图可以抓住复杂的时间线索，抓住重点，将事物的发展状态和事物之间的关系进行直观的表现，十分简洁、直观，受众能够轻松的通过看图来明白信息图所想表达的信息。制作一张信息图，分为三步，一是编辑进行主题的确立，并收集相关的数据；二是将数据交由专门的分析师或部门进行数据的分析和处理，将数据所要表达的内容和反映的情况进行整体；三是将上述的所有内容交由图像设计师进行排版和图像设计，完成信息图的绘制。

进行信息图绘制的三个环节由三个独立的部门分工，他们之间相互独

221

立、分工明确，但是之间也有千丝万缕的联系。编辑、数据分析师、图像设计师之间的沟通尤为重要，他们的根本目的就是将信息以最直观的形式进行完整、正确的表达，三个环节的工作人员各自为这一使命献计献策。一些记者如果第一时间收集到相关数据信息，同时又掌握数据分析和图像设计的能力，那么这些记者就可以独立的进行信息图的制作，mease Uy、infogram等工具的巧妙应用，可以大大提高信息图的质量以及观赏性。

（二）动态图表

1. 百度百科

数据新闻是将传统新闻的敏感度和有说服性的叙述能力与大量数字信息结合起来的，创造出新的可能性。这些信息可能包括我们本人，更多的信息来自社会。大数据时代存在着大量的数据，价值密度低，互相间的关系也很难见到。大数据技术的发展提供了对海量数据分析的技术支持。例如，两会的数据新闻线索经过大量的数据技术存储，统计分析后发现，如何挖掘数据，发现与线索相关的数据，从而形成了可视性的数据新闻，为观众提供了可视性的数据，这种新闻模式是可视性的。离不开大数据技术的高速发展和支持。

2. 数据即信息成为共识

阿尔文·托夫勒，这位著名的未来分析学者，在这本书中一直称他的大数据时代为"第三次浪潮的华彩乐章"。

20世纪60年代，"媒体即信息"一词由麦克·卢汉将当时的社会背景和信息数据传播的水平结合起来，当时这一观点就像是"一石激起千层浪"，这在当时引起了不少争议。随着大数据时代的到来，"数据＝信息"这一概念深入人心，数据以及其代表的信息背后所蕴含的价值也被人们所重视，业界纷纷致力于充分发掘数据信息潜力。

第二节 数据新闻传播模式的理论依据及模式建构

一、理论依据：数据新闻中的传播要素

如果我们翻阅历史资料，看一下20世纪的报纸新闻，那么就可以了。

再选取一则现代新闻,我们会惊奇地发现:二者除了报道的事件不同之外,其结构都惊人的相似。这主要是由于它们本身具有一个所谓的中国新闻理论内核这五个要素,这就是我们所谓的中国新闻理论核心。即读者可以清晰地描述出什么人(who)、在什么时间(when)、哪个地点(where)、发生(how)、了哪些事情(what)。也有人会说:那么这么多年新闻一直是在止步不前吗?这个问题的答案,不能以偏盖全的说是或者不是,新闻确实在进步在改变,但是文字新闻的本质没有变化。写出一条如前文提到的1821年《卫报》的未成年人教育系统的新闻要历时很长时间,而现在所花费的时间并不需要太长。随着新型社交工具和平台的出现,一则新闻产生的流程缩短到了几分钟。一些新闻由于信息采集或者信息发布环节出现纰漏,使受众产生了疑问,或者所表达的信息不明确,但是由于社交平台和工具的普及,很快就会被其他信息源所发布的信息而解释。在纸媒时代不被人关注的新闻,可能在数据信息时代几秒钟就有数十万人进行传播,千万人阅读,成为一个社会热点。这就是量变引发质变的体现。

信息的流通就是人类社会传播的是指,以大众传播学的认识来说,信息源将观点加工为编码,然后以各种渠道将编码传递给受众,受众再对这些编码进行破译,获取信息,对信息作出反应,再将受众的观点进行下一次编码,再按照原来的渠道传回。这一整个过程,牵扯到很多环节,每一个环节都有可能出现信息的偏差和噪声,具体分为以下八个环节:

第一,信源:信息产生的源头,数据新闻的提供者,标志着信息传播的准备阶段。

第二,编码:将由观点和抽象的思想所组成的信息进行转化,将其以具体的形式传出。

第三,信息:各式各样的符号组合就是信息的外在表现。

第四,传播渠道:数据新闻的信息需要有一定媒介作为支撑和依托,这就是传播渠道。

第五,信宿:数据新闻的接受者,是通过各种渠道获取数据新闻的读者。

第六,译码:接受信息的群体将接受的编码进行转化,这一个过程就是对信息传播者传播信息的理解和认识,这一个转化的过程与受众的自身受教育水平以及生活背景有关,"译码"的结果不尽相同。

第七,反馈:受众在对信息翻译后的反馈就是回应,这种回报体现了信息的传播价值与意义,是信息的传播过程中不可缺少的环节之一。

第八,噪声:噪声就是指在传播过程中干扰信息编码和破译的因素,这些因素使得观众接受信息员传递的编码受到影响,或者接受到的信息不全面,使得受众的对于信息的理解和反馈不尽如人意,比如数据记者的数据思维等。这种影响是传播过程中不可避免的,只能通过采取相应的手段,将这种干扰降至最低。

数据新闻从信源生成起,将信息来自观点编码形成的信息,通过各种途径向受众传播,接收到信息后再进行翻译,然后反馈信息,再将数据来自传播者的信息反馈,从而使数据来自传播者完成整个数据新闻传递过程。

二、数据新闻传播模式的构建

本章通过对数据新闻传播过程涉及要素的分析,在借鉴传统传播模式和网络信息传播模式的基础上,提出了以下数据新闻传播模式。

对数据新闻的传播过程分析,首先要明确数据新闻的传播主体是谁。随着对信息采集难度系数的降低、数据开放程度的加深和数据新闻 App 的出现及广泛应用,数据新闻传播主体大致分为,一、数据提供者,主要包括大众在日常生活学习中所产生的海量数据;二、发起者主要包括企业、组织机构和数据新闻记者个人等;三、生产者主要包括数据新闻团队和数据新闻记者个人等。

数据新闻的编码环节是对信息生产者编码能力的考验,信息的生产者将观点进行整合,然后由相关的技术进行加工并编码,这一过程会受到很多外部和内部因素的影响,外部因素包括了数据处理技术等,内部因素包括了生产了的自身专业水平、社会背景等也将对数据新闻产生直接的影响。可视化,要搞清楚数据新闻与可视化的关系,避免盲目追求视觉效果了解数据新闻与数据的结合点,巧用数据,妙用数据。在此基础上进行编码才能使得信息的传播更具有目标性,提高了信息传递的实效性,最大限度的利用资源。

无论从既有的数据挖掘出新的角度,还是从既有的数据挖掘数据来增强说服性的数据新闻,传播者进行的传播活动有其主线和主题,这种传播者的形式可能很多，都是以这种方式传播信息，去阐述新闻事件，使读者获得信息的时候有更好的回馈活动。读图时代的到来，受众逐渐沉浸于一则新闻故事中，这也决定了数据新闻的设计和安排，以在短期内引起读者注意，并完成信息的传播。简洁清晰的表现，夺取眼球呈现，引人入胜的题目是数据新闻吸引"眼球"的重要因素。追求视觉效果与追求数据新闻的故事表达并不相斥，就这一点而言，数据新闻传者要把握好可视化的一个"度"。

第一，传播通道的区别是传统的新闻和数据新闻之间的主要差异之一，数据新闻传播的移动终端更多，也比较方便，如手机、笔记本等，摆脱了传统的通过广播报纸电视读取新闻的束缚。第二，作为数据新闻传播的主要媒体，新媒介是数据传播的主要载体。一方面是数据新闻的发行渠道，另一方面也是数据新闻的反馈渠道，摆脱了传统新闻各种新闻职能相互独立的现状，使得数据新闻变成一个新闻的发布和接受反馈的平台，将两种功能同时兼有，由于这种功能的兼容性，使得数据新闻在信息传播过程中更容易受到"噪声"的干扰。

根据受众对数据新闻关注度的高低，可对受众进行定制传播。高关注度者本身就青睐数据新闻这种形式，他们会主动关注数据新闻网站或者是在一则新的数据新闻发布时积极查阅。

高关注者诸如转发一类的口碑传播行为可以促使低关注度者尝试建立对数据新闻的认识。虽然高关注度者具有较强的主动性和互动性，但是低关注度者在数据新闻传播过程中的地位同样重要。在与数据新闻作品互动行为的同时，传播主体能够通过互联网在第一时间获得受众反馈。通过互联网，受众可以在第一时间将反馈发送给传播主体。用户日常产生的数据都有可能被数据记者挖掘提取，数据新闻受众同时也是数据的制造者和提供者，受众参与到了数据新闻传播过程的各个环节。

三、数据新闻传播模式建立的意义

数据新闻传播模式的建立具有启发、预测、构造和解释功能，是对传播思维的辅助，对传播过程进行系统的、准确的概括，对于研究数据新闻传播而言具有十分重要的意义。

（一）有利于提高对数据新闻的整体认知

数据新闻传播模式是对传播过程中各种要素进行整理和概括的系统性工具，在数据信息化时代，这些要素与传统新闻传播过程中的要素相比有着很大的差别，我们在进行数据信息传播过程中，可以确定这些要素之间已经确定的次序和联系，以及这些联系的强度和走势，从而有利于信息传播者把控数据新闻传播过程中的效果和理念，从宏观角度出发，将这些内在规律进行把控，保证数据新闻传播研究的可持续性发展。

（二）有利于发现和解决传播中遇到的问题

数据新闻传播的主体组成由传统记者转变为数据新闻、数据制作小组，数据处理技术、团队水平还有待提升。海量数据的筛取容易被庞杂数据误导。这种传播流程和结构决定了数据新闻传播过程中受到的干扰因素有很多，整个传播流程较为复杂，通过进行相关模式化管理，掌握和提取数据新闻传播过程的规则和特征，对数据进行有针对性的分析和宏观控制，找到效率较高的解决办法，避免资源浪费，提高数据新闻传播实效、有序性。功能数据新闻内容主体的众包化主要有两个方面：

其一，是公众无意识参与到数据收集中。社会化媒体尤其是自媒体的不断发展，公众无时无刻不产生巨量的信息。数据新闻记者可以通过对既有信息的筛选提纯来完成新闻选题制作。比如当有突发性灾难性事件发生后，传统的媒体无法第一时间获得更多信息和资料，反而是 UGC 首当其冲，数据记者根据社交媒体上的热门话题可以发现重要新闻选题，比如招远时间，便是用户在网上的议论使其被关注报道。

其二，是公众有意识参与到数据收集中。比如数据记者确定了某个新闻选题之后，他们需要大量的数据支撑，这时候他们可以通过问卷、游戏等形式进行数据收集，从而完成数据新闻的前期制作。例如英国《卫报》的"数据博客"栏目，其很多调查内容和数据信息都是通过众包来进行的采集的。众包使得信息的收集渠道更为广泛，改变了信息贩卖行业的格局。欧美主流媒体对于众包媒体建设的起步较早，以《卫报》为代表的新闻媒体网站，对于众包的应用可谓得心应手，例如报道伦敦骚乱、英国议员消费情况、奥运会开支等，一般围绕主题建立一个读者社区，成立一些众包调查项目，在较短时间内完成对信息的收集和数据的整理，然后《卫报》在将信息进行提炼、设计、排版，制作成可视化新闻。

综上所述，众包化的优势显而易见，它可以通过合理利用民众的力量，以最小的成本进行数据信息收集，提高了数据收集的效率，同时还增加了数据信息的生命力，群策群力共同完成新闻报道，同时整体信息收集和整体的过程是一个动态的过程。在数据新闻生产的过程中，民众参与其中，既增加了数据信息的说服力，也是的民众乐于进行，有一定的归属感。很多国家和主流媒体都开始使用众包这一方法进行数据新闻报道。

第三节　基于"5w"基础的数据新闻模式分析

一、执行主体专业化

（一）媒介组织

随着大数据时代的到来，传统媒介业也需要不断的与时俱进，那么就需要加强部门的融合同时增强团结协作。这种理念被《纽约时报》所率先倡导，其将过去独立的部门进行整合，使得采编室与其他技术服务部门进行整体化布置，让采编室也参与到其他部门的工作当中，使得新闻的收集、生产、传播实现了无缝连接，连记者编辑也需要参与到整个传播构成中，让数据团队与新闻编辑部进行完美的融合。

数据新闻要涉及数据的收集、筛选和可视化等工作，所以传统的只负责选题的记者一人很难完成。这一过程就需要各种各样的人才来共同完成新闻的报道，除记者之外，还由程序员、数据分析师参与其中，记者是负责数据信息的收集、新闻资讯的第一时间报道，程序员则是帮助记者进行数据挖掘，将数据进行整合，然后编排成电子数据表供记者参阅，然后再次基础上与数据分析师共同合作，将数据进行分析，把抽离出来的重要信息以容易被受众接受和理解的方式进行表达，一般为图片、文字和表格。在2012年首届国际数据新闻获奖作品的新闻生产过程中我们可以看出，数据新闻更为需要的是具有新闻敏感的人和具有数据挖掘和分析的分析师，以及将这些信息和内容以最简便的方式呈现的人才。例如，伦敦骚乱发生时，《卫报》在地图上清晰标注骚乱地点，不同大小的色块用于表现骚乱的程度，该数据新闻清晰的向读者展示了事态进展及其背后原因。这样的数据新闻作品仅凭借记者一人之力是无法完成的。数据博客团队的支持，团队内部各司其职才完成了该项作品。

（二）数据记者

随着自媒体的出现，把关人的作用开始弱化，专业记者的不可替代性逐渐减弱，其作用性也没有在传统媒介时代那样突出。一些新闻记者脱颖而出，如"程序员记者"等。最典型的代表就是《芝加哥论坛报》的"犯罪新闻"栏目的网页程序员，应用自己编制的程序，进行新闻报道；还有一类记者，即著名博主 Neutsfran，这种记者不仅具有新闻观测力和敏感性，而且具有统计能力，比如著名博主 Neutsfran。但是，专业的记者仍然存在，只是他们不但要成为合格的信息收集人和新闻记者，而且还需要有相关的统计，分析和设计才能。

数据只是一种信息的表现，单纯的数据显得枯燥无味，有些数据可以反映真实客观的情况，而有些数据则明显是虚假的，具有欺骗性，记者在获取数据信息之后要从复杂的信息当中抽取有用的数据，并对数据的合理性进行判别，挖掘数据背后的价值。例如，股票行情以及相关信息如果单独陈列在证券交易所的显示屏上，并没有太大的价值，而彭博新闻社就从这密密麻麻的数字当中找到了新闻亮点，彭博记者对于贵州茅台酒业股票从2002年到2012年这十年间的变化情况进行分析和研究，使得数据信息所蕴含的价值被充分挖掘，通过对茅台酒业股份有限公司十年间，市值上涨近40倍的情况，提供了中国经济快速发展，富裕阶层覆盖面越来越广，百姓生活以及相关消费水平逐年提高的佐证。这篇新闻稿发自十八大召开期间，对于报道十八大，证明中国经济快速发展来说是十分"及时"的，是对十八大的数据解读，具有很强的聚焦性，只有通过记者的想象和挖掘以及与数据分析师等人员的合作，才能充分挖掘出数据背后的信息和价值。

数据新闻通过多种渠道以及多种方式将信息予以表述，具有更深的逻辑关系，充分发挥了新闻从业人员以及公众的想象力。专业记者全面而专业的知识和能力是激发用户想象力，进行传统新闻革新的重中之重。

二、传播内容精细化

内容和数据组成了数据新闻的主体，由于数据新闻涉及的内容较多，数据较为繁杂，因此记者的任务就是从这些纷杂的数据当中找到它们之间千丝万缕的联系，以及数据背后所蕴含的价值；数据背后往往会牵扯到一个能够引发人深思和共鸣的故事，而数据新闻的故事由此而来。数据和故事二者相辅相成，数据使故事的讲述更具有说服性和真实性，故事使得数据的表现更为生动。二者所揭示的不是个别人或事，而是通过这些人或事所引发的思考和映射出的社会现象，将故事与数据相结合，把传播内容更加精细化表达。

1. 内容生产人机合作化

进行新闻内容撰写的主体是具有一定知识储备以及思考能力的人，但是随着科学技术的发展，计算机似乎已经实现能够通过编程一些软件，来通过软件完成新闻的撰写，而且文章的逻辑性可能更为严密，词语的搭配更为合理，这些软件被称为"机器人"记者，其借助大数据分析，搜集整理信息。

据洛杉矶时报网站报道，一名叫 Quakebot 的机器人，在地震发生后 3 分钟内根据美国地质勘查局提供的数据，将其输入编撰新闻的软件，并结合其编写稿件方法，发布了一条新闻，这是记者"机器人"第一次应用，腾讯财经在其上发表的这篇文章。一篇报告称，该报道的有理性强于 8 月 cpi，创 12 个月新高，该报道所撰写的引喻性强，结合了数据系统介绍，但根据网站负责人的透露，dreamwriter 的基本原则还是数据分析，这一报告的内容是：他的应用是为了帮助记者进行数据解读，而不是取而代之。网站的转发量、点击率等信进行分析，可以研究出受众的偏好、产品的市场前景等。浙江报业集团自 2011 年起开始进行数据分析，投资项目包括：通过对于数据信息的深度挖掘把握市场脉搏，进行产业调整，其通过数字电视机顶盒监测家庭用户对于电视的使用频率、使用时段、节目收视率等信息进行手机和分析，定期回收大量的数据作为分析的基础。一些互联网视频网站也开始了数据分析体系的建设，例如优酷土豆股份有限公司的搜索平台，其将用户的浏览行为、浏览倾向，视频的点击率等数据进行回收，一次对用户的行为进行分析，从而把握市场导向；搜狐网也开始紧跟大数据时代下数据分析的潮流，开始建设云计算的大数据平台，将旗下的数据资源进行整合，优化配置其数据资源。

传媒机构需要不断拓展信息收集渠道，除个人用户外，还可与企业、组织和政府进行数据共享，一方面保证媒体机构拥有丰富的数据基数，进行资料挖掘。另一方面又可履行媒体监督的职能，促进资料公开；此外，网络数据的筛选还需要传媒机构进行新闻生产，记者可通过对突发性灾难进行社交平台的报道，对新闻内容进行综合整理，对新闻内容进行核实；对传感器数据的捕捉和挖掘；将传感器广泛应用于人的日常生活中，并汇总传感器数据，编织庞大的数据网络。美国 NPR 记者率先在该领域进行实践、学术数据再利用等。

数据信息从各个渠道汇集到数据记者手中，随着信息渠道的增多，交叉性也随之增强，数据的深度和广度不断增加使得数据新闻的数据统计结论更加可有说服力。

2. 内容呈现可视化

大数据扩展了信息的收集渠道，使得信息总量迅速增加、信息的类型也呈现多样化，同时信息背后的价值获得了充分挖掘的机会。单一的数据只能反映客观的事实，只有众多数据进行联系，才能发现在这些数据背后所蕴含的信息。而如何将信息的价值在新闻传播时具体的展现，成为当下数据新闻制作过程中的难题。在数据新闻的起步时期，媒体往往直接将新闻内容发布到第三方应用程序上，但是由于这种新闻形式和传统新闻类似，因此并没有获得较多的反响，随后数据新闻制作者开始在数据的基础上，向可视化新闻样式上拓展，创新新闻表现形式，使得数据新闻不再局限于传统的新闻形式，而是转化为更容易让受众理解的图表或者图像，获得了较好的用户反馈，用户也能够在数据新闻的帮助下，解读数据背后所蕴含的信息。英国《卫报》作为应用数据新闻的主流媒体之一，其"数据新闻博客"上分享着《卫报》制作数据新闻的全过程。受众根据自身的需求，对媒介提供的数据进行筛选，找到自己想要并且与自己相匹配的数字，加强自受众与数据的联系，引发了共鸣。《卫报》在此基础上继续进行深层次的数据挖掘，编辑出很多深度报道，将数据背后的价值充分挖掘，把数据所蕴含的信息充分的提取，紧紧抓住数据之间千丝万缕的联系。数据新闻并不是将原始的数据不经处理的呈现在受众面前，而是将其加工、分析后呈现出来，即将数据的价值进行呈现，而非数据本身。

数据新闻的本质是一种报道形式，当新闻的表达适合用数据信息来阐述或者当使用数据信息时，新闻的表述更真实、有力才适用于数据新闻，不能为了使新闻看起来绚丽缤纷，就盲目的跟风，可以将简单表述的内容复杂化，使得新闻的传播过程受阻，数据只是新闻呈现给人们的一种形式，新闻的本质是深度发掘数据背后的价值和意义，引发社会的思考。

3. 内容功能精准化

大数据时代，通过对大数据的分析，可以发现事情发生的规律，从而预测事件未来的走向，这种预测并不是采用思考的途径进行的，而是通过对数据的分析来进行。新闻的跟帖数、点击率、转发率等信息都包含着很多信息，通过对这些大数据的发掘，新闻背后的思考就可以逐渐显现出来。随着大数据时代的到来，计算机系统的分析和预测能力会逐步向单纯靠人类理性判断的领域拓展。

数据新闻的预测功能就是利用了大数据的预测特质，分析某一选题的大数据从而预测出即将发生的大概率事件，比如在地震相关行业数据库中提取关于地震发生的事件、地点等数据可以总结概括出未来地震高发带和时间点。谷歌在这方面就有过先进的创举，在美国流感高发的季度，谷歌公司通过建立一个流感数据收集和分析的模型，称为"谷歌流感趋势"，来说明美国流感蔓延的情况，预测美国即将进入流感的高发季节。这个模型运行的机理是，一旦用户在搜索引擎上搜索与"流感"有关的字符，那么当数据达到临界值时，系统就会判定流感所带来的影响已经达到比较紧急的时刻，发出警告。这种从海量关键词搜索中得出的大数据，比较存在共性，有大量数据作为基础，使得预测结果具有说服力。

三、传播渠道多平台化

20世纪末随着互联网领域的快速发展，互联网与人们日常生活的紧密程度不断加强，互联网使得具有可储存、信息丰富性、信息选择自主性、方便性等特征的网络媒介迅速崛起，使得信息的传播渠道多元化，构建起新型的媒介主体格局。新媒介是数据新闻的主要传播渠道。

当前，不断探索数据新闻的我国国内网络媒体大体可以分为两类，一是非盈利性独立网站，这类网站不以盈利为目的，目的是发布相关信息，如各级政府网站；另一类是综合性门户网站的专门频道，比如是专业财经新闻网站提供的数据新闻版块。

（一）门户网站纷纷设立数字新闻频道

前文提到，2012年前后，搜狐等五大门户网站纷纷开设数据新闻频道，纵观这三个频道的数据新闻，其共同之处有以下两点：

其一，数据新闻网站为了达到较好的新闻传播和反馈效果，所关注的和挑选的话题都是时下社会和民众最为关心的的社会热点。例如2014年马航失联事件，引发全世界的关注，国内舆论一片哗然，针对于这次事故的发生、搜寻、调查以及善后工作，多家媒体进行了深度的报道，例如《航班事故如何赔偿》，通过对以往空难的遇难者赔偿情况的数据统计，对这次航班失事遇难者的赔偿问题进行说明和分析。"数读"盘点了从1948年以来全球的航班失联事件，而"图解天下"针对于马航航班失联事件发布了八篇相关报道。

其二，作品大都采用信息图的可视化方式。数据本身较为枯燥，如果不采取合适的可视化方式进行处理就会使得受众对数据产生排斥心理，认为数据十分枯燥，从而降低了数据传输的效果。"图解天下"与"数字之道"在这方面做得相当出色，他们所展示的数据新闻都绘制了精美、易懂的静态信息图，使得新闻内容更加丰富，并结合其他新闻表现方式，提高了数据新闻的传递效果。

（二）财新网的数据新闻实践探析

财新网是一个原创性的财经网站，网站于2010年正式成立，该网站所发布的新闻稿均是原创，网站下属的"数字说"频道就时下最受民众关心的话题和热点进行数据分析，可谓是一个创举。

相较于五大门户网站的数据新闻频道来说，"数字说"将话题选择权交给了读者，并以矩形树状结构图的方式在频道右侧展示，包括了民众较为关心的医疗、经济、金融等版块。读者可自行话题，方便了读者阅读，三大统分在内。

西方商业制度背景的传媒改革，是市场调整完善的产品，无论是媒介融合还是数据新闻实践，都源于传统媒体本身的改革需要。比如，美联社，《纽约时报》,《华尔街日报》等传统媒体,也先后设立了数据栏目。中国媒体改革是由行政力量驱动的,而数据新闻实践则是从腾讯,网易,新浪和搜狐这样的网络媒体中开始的。但这些媒体还没有获得新闻的采编权,而且由于传统媒体的限制,新闻的生产也受到了传统媒体的限制,使数据新闻在广度、深度和原创上大打折扣。目前,传统媒体探索数据新闻要比网络传媒远远低于网络传媒,从类型上看,财经建议占四成以上。传统媒体由于局限于传统媒介不擅长数据搜集和整理分析,对于数据新闻的探索较少,没有做到对于数据新闻的定期、定量发布。网络媒体由于篇幅没有限制,关于数据信息数据量大,图表、图像较多的情形,因此报道数据新闻可谓得心应手,不受篇幅限制,而传统媒体就在一定程度上受制于此,另外,网络媒体新闻的展现方式多种多样,不仅是图像,还可以伴随一些动态可视化信息。

（三）数据新闻在媒介融合下迅速传播

在多媒体的报道中,新闻从业人员最先要关注的是新闻内容具体以怎么样的形式呈现给受众,是运用静态图表,还是动态图像,还是动静结合的可视化组合,然后需要考虑的多媒体制作过程中的特点的展示、时间安排上的合理性,以及内容上的精简,最后,需要编辑部门可以灵活运用各种信息化手段,将新闻的客观性、真实性进行展示,使新闻报道可以达到一定的深度,数据新闻的报道方式可谓是层出不穷,一种新技术的应用,就可能伴随着一种新型的数据新闻报道方式,未来的数据新闻报道倾向于为受众自由排列结构的动态多媒体报道,这种方式可以充分发挥受者的自主性,将受众的的全部感官调动起来,尽可能的满足受众的需求。

媒介融合带来的必然趋势就是多平台和跨平台共存,在媒介领域也存在着竞争,每一类媒介都有自己的侧重点,可以满足受众的某一方面的信息的需求,我们不在局限于从一个平台进行新闻阅读,更偏向于从多个渠道来收集信息。传统的媒介例如报纸、广播所制造的新闻传播的空间性和实践性的局限已经被新媒介所打破,我们可以看重播、可以用手机看直播,我们可以选择性的接收信息和新闻,这就是多平台模式优点的集中体现。多平台使受众的自主性得到充分的体现,同时将各种新闻领域的高新技术进行集中的展现,在后网络2.0时代,信息的个性化、独立性、分享性等会大放异彩。随着移动终端的普及,人们对于可视化信息的需求量会大大提升,这种方便、快捷、深入的了解新闻的方式越来越得到人们的青睐,国外报纸近年来也开始尝试二维码的使用,在这种趋势下可视化信息的传递方式和展现手法会得到不断的创新,未来会偏重于对互动和分享功能的开发,使得受众可以身临其境的关注新闻事件。

数据新闻还可以实现跨媒介传播,由于数据新闻存在于网络媒介,所以网络媒介所特有的交互性就会伴随着数据新闻而体现。网民可以将网站上看到数据新闻通过微信、QQ、微博的转发功能进行分享,使得这些社交工具的网民也看到相关数据新闻,通过链接点击收看数据新闻。

四、传播对象交互化

1. 传者与受者相互交流

传统媒体进行新闻报道,通常将自身置于传播的中心,拥有消息的发布权,受众只能去接受,二者之间没有沟通的渠道,受众对于新闻的反馈也无法到达传播者这里。

随着现代媒介的日益革新,新媒体已经从这种中心向四周扩散的传媒构架进行了彻底革新,呈现出一种环向的逻辑拓扑结构,保证了受众与新闻传播者之间的沟通和交流,使得新闻传播者能够第一时间掌握受众对于新闻的反馈和反应,将新闻传播途径中的自主性发挥的淋漓尽致。传统媒体正在不断向新媒体方向靠拢,并进行有机的整合,媒体的竞争力更多的表现在新闻传播过程中以大众作为中心的能力,将整个新闻制造和传播过程开放化,使得受众也参与其中。融合新闻的特点之一就是采用多种方式进行新闻的传播,不再局限于一种方式,将多种方式进行整合,综合性、全方位的进行新闻的传播。

2. 受者之间相互交流

数据新闻的信息收集是数据新闻产生的基础,在此基础上对不同的数据信息进行了整合和挖掘,从而发现数据在背后的价值。"数据闭环"是指在再数据收集和挖掘过程中,由各种数据源、数据挖掘技术、数据挖掘模型等组成的环状数据运营系统。

数据挖掘不是一次性的,也不是单独进行。可以重复多次,每一次进行数据挖掘都可以在前面挖掘工作的基础上有所创新,注重的是数据信息之间的关联性和串联性。如果建立了一个可再生数据的循环系统，就可以重复挖掘一组数据，使其价值和包含的信息量大幅增加，从而产生新的数据，形成循环使用的密封生态系统，从而使数据得以循环使用。可以进行自我创新，其价值得到充分的挖掘，并贯穿于整个数据新闻的生产过程。

2012年，AVOS公司通过对用户行为数据进行分析，针对国内Web数字阅读市场推出了"美味爱读"和"美味书签"，一年之后，又在此基础上推出了这两类产品的App版。这两款产品就是数据信息循环利用的典范，通过数据的循环利用，降低了数据收集的成本，同时可以将数据背后更为深层次的信息挖掘出来，AVOS公司发现用户在使用阅读器进行阅读时，会对自己喜爱的内容进行筛选，而"美味阅读"就是从这一用户行为数据中对互联网上的一些新闻和文章的受关注程度和受欢迎程度进行研究和分析。

与此同时，"美味阅读"还添加了"消除"与"评论"两个功能，更加人性化，"消除"的功能是用户可以把自己不喜欢的内容和版块删除掉，"评论"是读者可以在自己喜欢的文章和新闻后面进行评论。系统会根据你平时翻阅文章的种类，和搜索关键词的频率来针对于读者进行个性化推荐。用户删除量较多的新闻和文章，也是一项数据，可以判断用户的好恶，从而在进行数据分析和内容推荐时，系统会有所偏重。

3. 受众定位

传统的新闻报道，受众定位是被动接受的，在大数据时代，受众逐渐成为传播新闻的中心，既是媒体也是传播的中心。数据新闻生产的更多依赖于国家统计、社会化媒体和与物联网有关的大数据。这种大数据集中了受众的语言、行为、思想意识，以及这些大数据。情感态度等信息，数据的客观性和公正性得到肯定，因此数据新闻具有一定的权威性，容易被大众所接受和认可。

数据新闻不但要阐明新闻事件发生的原因，也要从用户角度来解释这些事件发生的原因，并用各种新型数据来表达，使用户感官能够全面地参与新闻，实现宏大的新闻事件和受众人士之间的联系。

中国具有长篇叙事的历史文化积淀。比如以说唱形式为主的民间叙事传统，通过长时间的影响和渗入，已经被中国的受众所习以为常，传统的线性叙事的方式已经潜移默化的深入人心，而数据新闻的多种动态、多种途径的进行大量信息的串联和表述，与人们的接受习惯不相符合。尽管中国观众也在逐渐接受碎片阅读的方式，但历史上积淀出来的文化习俗却并不能在短期内发生变化。在科学和伦理学方面，西方文化尊崇科学主义、理性主义，而中国传统文化注重伦理精神，这种差异造成了中美新闻产业的不同方向。美国数据新闻的生产迅速发展，也是以追求科学主义、理性主义为文化背景，重视利用自然科学的方法来报道。

五、传播效果利基化

1. 私人定制：分众理论

数据新闻的个性化设置，使受众对其需求最大限度地满足，因此在进行数据新闻生产与传播过程中，坚持把受众作为主要对象，认真聆听手里的声音，通过分析数据，把握观众的心理与需求，针对不同观众的要求，进行"私人定制"新闻。便于传媒进行精准传播，根据受众的阅读历史、习惯和偏好推送可能感兴趣的新闻，还有广告。

国外针对于"私人定制"的个性化新闻应用最早是由布拉德福德，克劳斯创立，我国目前也出现了名为"飞常准"的App，该应用程序是基于近年来每条航班的情况数据进行分析，将实时天气等因素考虑进去来分析用户关注的航班的准点率、晚点时间等。个性化新闻推荐是数据新闻的进阶状态。当以信息化的眼光看待整个世界，信息充斥在世界的各个角落，而且所蕴含的价值已经包含了超越了人类所可以想象到的，根据唯物主义论，世界上没有脱离联系而单独存在的事物，任何社会和自然想象其背后都包含着一些列复杂的信息，这些信息的挖掘就是靠各种数据和信息。

建立以特定用户群体为数据中心的信息内容推送聚合和用户定制信息推送聚合模式，以特定用户群体为信息中心，基于用户信息进行聚合。是未来新闻传媒领域的趋势。互联网的普及使得信息收集的渠道被无限拓展，信息的收集变得简单，但是随着这种"简单"被无限放大，数据信息的超载成为了困扰着数据信息和数据新闻进一步的因素，海量的信息如何筛选和使用有价值、有较高关联性的信息成为新闻生产过程中的重中之重，个性化推荐的出现，使这一问题得到了有效的解决。通过对用户行为以及搜索热词统计，在此大数据的基础上对用户的爱好和需求进行分析和判定，然后通过信息的聚合，把符合用户需求和偏好的信息推送给用户，实现定制新闻发送，极大的方便了用户，提高了用户体验。这种信息的聚合是靠计算机的分析和过滤而实现的，进行聚合、筛选的依据就是以用户为中心的大数据。大数据时代下，信息的聚合是通过对用户注册信息、浏览记录、搜索热词等数据的分析，来掌握用户的需求，整个流程不是靠传统媒体的感性的信息筛选，而是依托互联网生产逻辑的信息传播过程。当下，随着互联网的普及，以及数据新闻行业的不断发展，对于用户的研究也会进一步加深。

在这个方面应用比较成熟的应该是新浪"今日头条"App，这款App就是基于上述模式，对用户进行个性化推送，将几大新闻门户网站的新闻信息进行聚合，根据用户的浏览记录、转发平率、浏览量等数据判断用户的喜好，并及时将内容进行聚合，提供个性化推送。这一系列行为的基础无疑就是海量的大数据，其包括了很多种信息拉远，这些数据都与判断用户的兴趣点有关，系统在进行分析时，会通过对兴趣权重的对比，来制定最符合客户需求的内容推送，同时为了增加用户选择的自主性，使新闻内容更加符合受众的需要，"今日头条"App还设置了三个维度，即"推荐""热门的朋友动态"，从不同层次考虑用户的体验，使新闻生产过程更加人性化，体现了以人为本的特点。但是"今日头条"目前仍然看重的是信息的整合，这些信息新闻大部分并非原创，而且大部分的新闻内容停留于表面，偏向于快餐新闻阅读，没有使用户产生归属感。

受众在传统的媒介传播过程中往往都扮演着被动听取的角色，缺乏选择的自主性，随着互联网的普及，以及科技的发展，受众逐渐的可以自主选择媒体传播的信息，甚至掌握着信息传播的主动权，受众不再流连于形形色色的新闻之中，开始渴望进行有深度的新闻阅读，而且更偏向于接受多种传播形式混合的传播策略，图片、音频、视频等成为受众所依赖的信息传递方式，这些方式相辅相成，共同使得受众接受新闻的渠道多元化，并且受众完成在媒介穿过程中的由被动地位到主动地位的转化后，也开始渴望加强受众与受众之间的联系，通过沟通来分享和交换信息。

随着科技的进步，人们对于信息消费的理念也在发生在翻天覆地的变化，受众逐渐开始倾向于一种较为成熟的的媒介模式，新旧媒体的融合程度不断提高，同一个新闻内容被加工成多种新闻产品，并且侧重点也各有不同，符合受众的个性化需求，从多个层次对用户进行所谓的"私人定制"。此外，在新闻传输的过程中，还为受众提供一个交流和评论平台，使用户的反馈能够及时地传达给发布者，实现了双向交流的平等。数据时代，受众在过去被动地接受信息的情况下发生了扭转。传统新闻也并非一无是处，其稳定的报道风格，以及固有的影响，仍在在媒介领域内有一定的占有率，不能说传统新闻由于数据新闻的出现就被淘汰。数据分析新闻报道加强了传统媒体的某些应用领域，弥补了中国传统媒体新闻报道的不足，共同发起组成了一个监测中国社会经济环境的监测机构。不加分别地明确提倡将任何新闻报道以一种数据化和新闻化的方式进行处理，这显然是不合时宜的。有些新闻报道产品符合中国传统的新闻文字表现形式，有些则完全符合了大数据的具体新闻表现形式，应充分保证新闻产品信息生产和服务形态的信息多样性，以便能满足不同年龄阶段的新闻受众阅读需要，使网络新闻报道产品由纵到横向的突出更为细分，从横到纵向突出不同层次，做到及时准确，客观和全面。

互联网的自由性的发展程度，使得网民现在已经开始他们感兴趣的话题和新闻发表观点和评论，未来，大数据时代的全员调查数据会逐步普及，过去的以调查问卷为主体的数据调查方式会逐步被取代。

2. 使用与满足

网络的发展，以及网络环境的特殊性，使得受众的地位发生了翻天覆地的改变，按照使用与满足理论，受众可以根据自己的喜好自行选择需要接收的新闻和信息，也可以自行进行资源搜索，这种主动性和自主性是传统媒介中没有的。数据新闻的受众在面对海量新闻的同时也面临着信息的选择，受众可以通过数据新闻的标签检索并筛选自己感兴趣的数据新闻，而不是一味的被动接受既定新闻。

3. 叠加效应

数据新闻内容的叠加效应是指两种或两种以上的媒体融合在一起，形成的数据新闻的传播的实效性和效果大于原来各部分之和。将不同媒体和形式的数据新闻内容进行融合和叠加，其结果都要比之前各部分单独进行传播的效果之和要理想。

传统的媒体由于技术和平台的限制，其传输新闻的信息量较小，形式单一，但是随着大数据时代的到来以及科技的进步，不同形式的信息融合已经成为传媒界的主流，各种类型和形态的信息都可以通过程序编码，变成简单的数字化信息，在形态上得到统一，然后以一定的储存方式进行储存，但是一旦将这些内容进行放大和破译，又可以得到众多类型的新闻信息，形式也更为广泛，拓展了内容容量，而且由于网络媒介没有报纸和周刊等篇幅的限制，其排版更为自由，实现了不同媒体和内容有机的聚合，完成了信息资源的优化配置，同时将媒体新闻的叠加效应发挥到极致。

第四节 数据新闻传播中的问题探讨及前景展望

一、出现的问题及解决

1. 呼吁数据的全开放

以数据为核心的数据新闻离开数据将会成为无水之源。获取数据是数据新闻制作环节中最基本的一环，需要采集大量不同类型的数据进行处理。而近年来数据虽呈现井喷式增长，但是能够容易获取的数据还是有限。数据掌握在一些政府机构和企业的手中，特别是政府：据统计，我国社会数据的近80%掌握在各级政府手里，几乎所有职能部门都通过自己建立的数据库收集了若干年的庞大数据，此类数据尚未被妥善开发和利用。各类型公司尤其是互联网公司也拥有强大的数据资源。因此，开放数据，尤其是倡导开放政府数据被业内外人士提上议事日程。倡导开发政府数据不只是出于其数据总量大一个原因，而是由于公开的数据都是按照法律规定进行的，它们可以被使用者公开提取使用。

一方面，新闻机构可以积极的拓展数据信息收集的渠道，与各种政见网站、财经网站合作，同时积极寻求外部技术支撑，与数据分析师、程序员等进行合作，充分挖掘数据信息背后的内容和价值。另一方面，要为受众提供更为广阔的平台，加强与受众之间的沟通，充分释放受众的自主性，开放数据源，实现数据的共享。将受众的反馈与接收融为一体，通过受众的反馈，获取更深一层的信息，再次进行数据挖掘，从而实现数据信息的循环利用。

2. 培养"全新闻"人才

多媒体的广泛应用以及各种社交平台的建立，使得每一个人都可以成为新闻的制造者和源头，新闻制造的专业性显得不那么明显，突发性事件往往是民众提供第一手信息源，但是专业新闻制造者的作用还是比较明显的，专业新闻制造者可以对数据进行抽丝剥茧，对数据进行分析，挖掘数据背后的信息和价值，从而进行更深层次的报道。随着科学技术和电子计算机编程的发展，数据化工具被发明，很多事物都可以进行数据化处理，并且处理过程与之前相比更为简便吗，促进了数据分析和转化使用。

在大数据分析技术的运用中，新闻媒体所需要考虑的环节及涉及的领域很多，在整个新闻产品、传播过程中，各种信息收集、挖掘和加工等方面，都需要合作，跨界合作应运而生。这种合作方式降低了成本，同时保证新闻生产的专业性。一个好的新闻组应该分为三个部门：研究小组、设计组和发布小组。每一个部分分工明确，从数据信息的收集、挖掘，以及制作可视化图像层层把关，将具有一定深度的数据新闻进行报道和传播。

美国皮尤研究中心在2014年份的媒体记者调查报告上就曾直言不讳地指出："我们正在努力寻找一个能够更好适应整个数字时代媒体新闻采编整个过程的作为新闻媒体采编者的多面手，例如文字数据库媒体记者、可视化媒体记者和其他计算机媒体记者。"

要发展数据新闻，就要培养专业的数据报道记者。好的数据记者需要具有两种能力：一是掌握使用计算机进行数据分析技术，二是掌握使用计算机进行数据分析技术。掌握使用计算机对数据进行分析的技术，需要记者不断学习、更新知识，提高技术水平。记者只是不断地提高他们的专业素质，并培养他们对大数据的分析和发现能力，而且培养他们对大数据的发现。才可以从海量的数据中找到数据背后的联系，深入的挖掘数据背后的内容和价值。

3. 客观公正报道新闻，避免噪声与误读

数据新闻在传播过程中的每一个环节都有可能产生噪声。要尽量规避噪声主要从以下几方面着手：

一方面，数据挖掘读取技术水平是一则数据新闻是否成功的前提。国内对大数据的建设还缺少专门的数据分析方法、应用系统和高级专业人员，国内许多媒体还没有专业的数据分析和分析机构、专家，也没有培育出大数据记者专业的新闻记者。纸质媒体发展数据新闻，就要加强人才培养、硬件建设，在基础设施上加大投资，增强带宽、存储设备等基础设施，加强数据的加工力度，在现代智能信息时期的竞争中占有主动权。对数据的了解利用是数据挖掘和新闻数据制作过程的重要组成部分。数据从表面看是一系列枯燥数字，但如果你从多维角度分析、理解数据，就可以找到数据的背后含有信息和价值。新闻的理念和编辑的思想在这一过程中是至关重要的。在进行数据挖掘时，要扩展与其他数据相关的信息，利用这些信息展示了新闻社会的价值，将新闻和数据有机结合，通过资料使故事变得更加客观，具有说服性，而故事使数据变得更加丰富，生动。随着数据新闻的发展，可视性效果已成为数据新闻领域数据信息展示的重点，无论是静态图表还是绘制动态图像，都可以在数据新闻中展示。制作方都力求在效果上达到一定的惊艳程度，吸引观众的注意，从而使数据新闻的效果得到提升，但是不能停留在表面的表述，也需要紧密的围绕着新闻的理念和主要思想。

另一方面，传统媒体对传播者和新闻制作人的要求远不能适用于大数据时代，媒介人员需要培养数据处理能力，也就是对数据的素养。一方面，要具备对数据的处理和分析能力，可以深入挖掘海量数据的背后联系和内容，这些数据可以在海量数据中深入挖掘。另一个方面，大数据的思维是以数据的思想来看待事情，以及在工作中将这种思想反应。目前，我国在大数据时代的媒体方面相对缺乏专业人员，部分传媒盲目追风，建立了数据平台，但其团队缺乏具有数据分析、数据挖掘能力的人，它花费了一定成本建立的数据平台，没有产生实质性数据新闻，造成资源浪费，最后是建立和形成了与各媒体发展相关的数据平台。协调，相互适应的大数据处理方法不同媒体对数据的新闻报道往往有不同之处，部分媒体为了吸引视线，往往伪造数据，进行不真实报道。语义网络特征数据基础设施和数据资源的发展，使得网络数据新闻的构架发生了改变，现代媒介需要关注与各个媒体相关联的各种中心化应用，通过合作和沟通，将数据新闻的广泛性发挥到极致。

卫报数字新闻部记者也是一名数据研究人员，英国《泰晤士报》新视觉新闻小组的核心成员，大部分都是由记者转变而来的。我国报社还可以通过对数据发展所需人才的培养，补充，重新配置和优化等手段来完成数据发展所需要的工作。在传统的新闻生产方式下，记者以敏感的新闻为特征，通过

241

接受采访收集到的第一手信息,据此将其写成新闻报道并发布。新闻事实在获取过程中会受到许多因素的影响,从而对事实进行准确和客观的影响,如新闻事实敏感性、偶然的新闻采访等。数据新闻报道小组需要完整数据新闻的各个方面的人才,既要是信息收集者,又要有数据挖掘人员,最后才能将数据转换成可视性新闻的设计人员。基于这一点,媒体工作人员的要求也日益提高,都是因为环节很多,涉及的部门也很多,数据新闻出现误差的情况是不可避免的。无论是以社会科学的方法为指导的传统新闻生产,还是以自然科学的方法为依赖的数据生产,都要有科学上的严格专业技能。

4. 建立健全数据新闻教育

数据新闻作为新闻学的分支,是大数据时代下的产物,其价值已经被越来越多的媒体人所重视,数据新闻的相关理论和方法也在不断的发展。

新的媒介时代所带来的变革是巨大的,传统的新闻学理念、模式已经无法适应大数据时代所带来的大数据爆炸、信息量膨胀。5w、倒金字塔等编排基本技巧无法满足现代人对于数据新闻的需求,尤其是计算机信息技术的发展,一些新闻的采写以及数据处理已经可以交由计算机进行处理,使得新闻工作人员对专业素养的要求更高,许多国家(地区)新闻学院、研究机构也开始对数据教育进行关注。一些大学的新闻学院已经与国际知名媒体开展合作,并开设与数据新闻有关的课程,如清华大学、香港大学、来使得新闻专业的毕业生能够快速的适应当今世界数据新闻纵横的时代。

5. 避免唯数据论

数据挖掘和可视化呈现的技术的本质是示现表达工具。数据新闻的制作不能简单的进行数据堆积或者用精彩绝伦的可视化效果来吸引人眼球,那样的新闻只能用来吸引眼球,并没有展现出新闻的真谛。新闻的制作需要避免以数据论好坏的误区,要建立有价值内核的价值基础,要将新闻传播的主旨展现出来,把新闻内容和所揭示的社会现实以合适的方式展现给观众,引发观众们的思考。说到底,新闻产业的终极目标仍然是报道真相,引导观众与社会建立和睦关系。

第一,强调记者对事实核实的责任,避免数据滥用。

记者进行新闻报道需要尊重客观的事实,要形成客观、准确、公正的信息收集态度,同时要树立正确而不雷同的新闻价值观念,要力求将事实的真相全方位的报道,《纽约时报》可视性作品《重塑纽约》通过照片和图像展示了 12 年来纽约市发生的变化,这些照片和图片展示了纽约市发生的变化。并且通过数据统计将纽约市的经济、医疗、房价的变化,变化的图表对纽约市经济、市貌的变化进行了展现,十分生动形象,但是新闻却回避了高房价逼走本土居民的事实。数据背后所蕴含的信息不是单一存在的,往往是多方面的,因此新闻的制作者需要客观公正的进行揭示。

  数据有时带有困惑性,因此需要新闻工作人员多角度分析数据,选择不同的表现方法,找出数据背后蕴含的真实信息。目前,记者利用"大数据"对新闻进行报道,发现许多原始资料都是通过互联网获取的,如从政府、企业发布的预算,从政府机构公布的气象资料,从官方发表的移民信息中,从官方公布的移民资料中鉴定,筛选报道的角度和有用资料。但是,互联网上的信息不一定是真正可靠的,记者有责任在报道新闻的时候甄别网络上的真实信息,报道过程还是一种核实消息的程序,这是记者工作中的职责。因此,媒体工作者要加强责任感,注意不滥用信息,误导观众。

  第二,强调记者的实地采访与调查,避免依赖互联网。

  传播技术的发展,带来新闻理念的更新,数据新闻作为一种实践形式,其应用导致新闻生产、受众阅读和记者角色的变化,媒体也在使用过程中不断地调整了工作理念和工作方式。在国外,一些报纸从其他媒体信息来源挖掘了数据,从而获得了新闻资料的来源。而且,由于信息公开和网络的形成,大量信息获取极为方便,使新闻记者产生了惰性,过度依靠互联网,出现了"鼠标记者"的情况。但从长期发展来看,数据新闻并不能仅靠"拿来主义",还是要求记者实地采访,发现了鲜活、独立的原始数据,并进一步构建了自己的基本数据库。因此,新闻记者一定不能在充分利用网络时,抛弃我们传统的实地考察采访和现场调查,获得大量的鲜活专题新闻甚至说是独家新闻,同时这也避免了在不同的网络媒体新闻内容之间存在着新闻同质性。

  数据新闻是在对数据进行深度挖掘之后所提取和总结到的第一手信息,是充实新闻内容的一种手段。数据新闻从业者需要有较为敏感的观察力和新闻嗅觉,具有树立数据背后千丝万缕联系的能力,找到数据背后与现实问题的联系,深入的发掘数据所蕴含的价值和信息。

记者也可以充分的利用辅助工具，对数据进行更深层次的挖掘，发挥数据新闻的特点。

二、数据新闻的未来趋势

大数据的应用已然颠覆了人们的传统认知，深刻改变了人们的思维方式、行为准则以及研究范式，随之产生了重大的社会变革。对新闻传播学科而言，大数据技术的发展和概念的出现已经开始逐步取代新闻生产和传播结构。数据新闻在遵循新闻生产行业规律方面虽未产生重大影响，但是其革命性地变革了新闻生产业态。未来的数据新闻发展呈现出无限可能。

1. 大数据思维促进数据新闻发展

当前的大数据只是作为技术基础支撑数据新闻，大数据技术的不断发展将会不断刷新数据思维的高度。大数据思维是新闻传播学的一大自我革命，大数据思维革新了新闻业务的流程和模式。这种社会思维方式促进社会生产方式，数据新闻将更大程度的发展。

传统的新闻是依靠记者新闻直觉、敏感的新闻，它是依靠记者所具有的知识、水平、经验和视野而形成的一种意识，虽然来自客观世界，但也不排除"先验性"。在西方的新闻教材中，有一种说法是新闻鼻（news nose）、一种新闻眼（news eyes），有些记者的五官更灵敏，从一些小细节可以"嗅嗅"到多少英里之外的新闻。一位著名的央视主持人也曾说过类似的结论：

某一位中国电视文化业界人士因此获得当年国际电视顶级新闻奖，百年一遇后，央视栏目编辑根据此结果判定，这条顶级新闻栏目应该来说是最容易吸引中国人的，所以即将这条顶级新闻直接放在央视栏目的前面。但是随后的时间观众就会发现，这条电视新闻沿着收视的增长曲线迅速开始减少，直到后面才渐渐抬起了头为止。

大数据的思维主要包括三个部分：总体样本代替随机样品；增加对不准确的忍受；相关关系代替了因果关系。

那么，在传统大数据的分析思维中，新闻来源判断系统是如何自动产生的？这里只以它第一个数学方面的研究样本及其总体理论思维模式为理论基础。

传统新闻以记者敏感为基础，对新闻进行判断和采集。记者们认为，这件事，那个东西很有新闻价值，对社会大多数人都有吸引和影响。一般新闻记者仅以个人或事件为采访对象，并且通常会认为这些事情对大多数人都有意义。这是一种以"随机样本"为方式进行新闻采访，其中包括偶遇性新闻采访（例如街头采访），先验性新闻敏感性。而大数据的思维有能力获得"总体样本"，通过对所有用户的需要和兴趣进行分析，从而判断新闻的价值。比如，2014年春节前后，中央电视台《新闻联播》的编辑部所做的"据说春运"，"据说春节"，即以百度搜索大数据为依据的系列报道，所呈现出不仅是炫眼的可视性数据信息，而且不仅是新闻形式的变化，而且从大数据中寻找做新闻的地方，展开了关于春运和春节的新闻。故事内容选择已不再仅限于传者的视角，单方面的探测和新闻的敏感性，并融入用户需求中。设想一个，这样的新闻，不仅与消息接收者之间存在着内部的互动关系，而且还带活了内容，真正贴近观众，而且对传统媒体年龄化、老龄化的观众形势，有积极干预作用，能吸引广大的老龄人士。

  大数据的思维引导了新闻内容的创造，通过大数据发现了特别接近用户的新闻话题，这些问题实际上是网友们感兴趣的。网民主要集中在45岁以下，甚至超过18岁和35岁以上，他们并不是传统的报社读者，也不是电视观众。他们将传统媒体话题的年轻化带动，实际上是网友参与新闻生产，必然是逼迫改革内容，因此大数据的思维带来了新闻创新，从形式到内容。

  2. 数据新闻可视化效果增强

  数字技术的革新使得民众进入读图时代，快餐化阅读使得数据可视化成为信息处理的首选途径。数据总量不断增加的同时，数据多元化和驳杂化更加严重，可视化技术成为数据呈现的首选手段，不断开发新的数据可视化工具，制作观赏性极佳的数据新闻将会大量涌入受众视野。当然数据可视化也面临诸多挑战，数据生产速度、呈现水平以及与未来在3D、4D平台呈现效果都有待数据记者或团队解决。

  总之，随着网络大数据新闻时代的不断到来，传统的网络新闻媒体已经不能完全满足应对现代新闻受众的各种要求，数据化的新闻也必将迎来产业发展的巨大机遇，同时它也面临诸多挑战，新闻媒体制作与信息传播产业格局翻天覆地发生变化，数据新闻为不断萎靡的新闻业指明了一条出路。

  大数据在新闻行业的重新塑造中是潜在默化的，它体现了互联网的"开

245

放、关联、对接"思想，在这思想影响下，新闻产业的生产理念。产业结构以及呈现方式等都在发生着革新。数据新闻的精华其实是用资料丰富，充实故事，用小说来表达数据的生动和强力，赋予了新闻新一代的生命。未来的新闻行业势必可以通过对大数据的分析和挖掘，来对未来进行预测。

数据新闻作为大数据时代的产物，在许多主要媒体中得到了广泛的应用，业内也在不断地进行数据新闻学研究。"传统的新闻形式"，如文本配照片，已逐渐被包含大量数据、蕴含着丰富的可视多媒体技术所取代。数据新闻的本质是对复杂数据进行深入挖掘并发现其精髓的数据。一些主要媒体还开始积极地进行数据新闻实践，并已粗具规模，如"搜狐数字之道""网易数读"等。随着全球化进程的不断推动，数据新闻在国内逐步普及，具有理想发展的未来。中国新闻界要与时俱进，积极接轨于世界各地，要积极应对新闻传播的剧变，要在大数据时代对新闻行业的挑战和要求，应对。积极地鼓励受众参与到新闻制造和传播的过程，进行充分的而数据挖掘，发挥数据新闻在推动社会进程方面的作用。

如果国内媒体故步自封，不跟上大数据时代所引发变革的节奏，就会在激烈的市场竞争中逐步丧失主动权，转型是当代新闻媒体的发展的必经之路，这也意味着传统的、已有的新闻理念和报道形式需要转变，紧密的围着的大数据作为转型的主线。随着科技的发展，大数据时代的概念应运而生，谁能够掌握数据新闻准确的数据分析方法和表现形式，谁就可以在激烈的新闻市场竞争中占得先机，在大数据时代下的获得较为广阔的发展空间。

第十三章　全媒体时代的新闻深度报道

第一节　新媒体时代新闻记者的职业素养与社会责任

在新媒体发展与应用过程中，为新闻行业带来了巨大的考验，也由此引发了很多问题。随着各种终端的应用，促使新闻信息传播速度逐步加快，新闻记者固有工作节奏发生了变化，这要求新闻记者提高自身职业素养，增强社会责任感，主动适应形势的变化，为新闻行业进一步发展作出积极贡献。

新闻记者通常掌握着新闻真相，长期以来深受公众信任，然而在新媒体环境下，微博、微信等媒介的兴起加快了信息传播速度，为新闻记者的权威性带来了挑战。一些新闻记者越来越关注新闻发布速度，导致新闻彩标质量有了一定幅度的降低，新闻信息未经查实就发布出去。这表明新闻记者职业道德有待提升，对其舆论引导力带来了不利影响，在新闻传播中传统媒体权威性也大打折扣。在此背景下，培养新闻记者职业素养与社会责任感具有重要意义。

一、新媒体为新闻记者面临的影响与挑战

新媒体主要以互联网技术、无线通信技术为基础发展而成，大多为网络媒体、自媒体等平台。在新媒体背景下，新闻记者定义有了新的变化，需要借助互联网及时掌握新闻素材，在信息交互传播中人们借助新媒体，也能主动分享新闻信息，这样一来新闻记者的优势将很难体现出来。尤其是人们的人权意识逐步增强，"以人为本"的理念为传媒行业带来了巨大影响，这要求新闻记者需要更多的考虑民生问题，多角度、全方位对新闻进行报道与传播。此外进入新媒体时代后，新闻记者工作模式也有了变化，面对着信息化社会，新闻记者与受众的互动将越来越频繁，如通过微信平台加强互动，或者是浏览实时新闻，在互动与交流上更加多样化。而传统媒体则不具备上

述优势，对新闻记者来说，要在传统新闻输出方面作出改变，注重利用移动端、PC端进行新闻信息的输出。

二、新媒体时代新闻记者应具备的职业素养

（一）新闻职业敏感

新闻记者在新媒体环境下要具备更高的专业敏感度，主动捕获与测量信息，对新闻的价值与影响力作出准确的判断。由于新闻敏感度不一样，对相同事件来说，对在新闻记者手中形成不一样的影响。例如：现在大部分新闻记者青睐于对"流行"新闻事件的选择与挖掘，包括国家政治决策、战争问题、社会经济问题和各种犯罪事件等。上述事件可以产生较高的新闻价值，然而由于报道次数过多，很难在新闻受众中形成较强影响，只有新闻记者专业敏感度提升，才能将事件的价值充分挖掘出来，让受众了解新闻事件更加深层次的原因。

（二）业务水平

在新闻材料收集与处理、新闻的播报等环节，对新闻记者的专业能力有较高要求，需要具备一定的综合能力，确保满足社会的需求。对此新闻记者应该注重业务能力的提升，具备较高的职业素养，在新闻采访、撰写和编辑等环节入手，保证自身新闻水准实现提升，将自身最大潜能挖掘出来，能够熟练利用各种新媒体技术。特别是在突发性事件报道过程中，新闻记者应该按照及时性与高效性要求，并充分考虑到新媒体传播特征，保证新闻播报质量提升。在此过程中，新闻记者应具备扎实的播报功底，确保新闻报道工作高质量完成，真正达到广大受众的要求。

（三）职业道德素养

新闻记者承担着传播信息的重要职责，必须遵守职业道德，坚持报道真实的新闻，体现公正、客观的要求，向社会公众如实陈述事实。通过新闻报道，能够帮助人们了解国家决策、社会热点事件等，便于他们对世界产生及时认知，也能预测社会的发展趋势。这要求新闻记者保证新闻报道的真实性与客观性，避免出现虚假新闻的情况，否则将不利于社会的和谐与稳定，容易引起民众的恐慌。在新媒体时代下，不法分子通过微信、微博和微视频等散布谣言，或者是将不实信息发布到朋友圈，容易引起各种负面舆论。只有

新闻记者坚持本心,恪守职业道德,才能通过新闻传播让受众知晓事件真相,促进社会的稳定发展。

(四)新闻的敏感度以及解读能力

随着社会生活的变化与发展,每天都可能发生各种不同的新闻事件,很多时候新闻记者容易陷入到相对被动的状态下,因此针对不断发生的各类新闻事件,新闻记者必须要努力提升新闻敏感度,提升自己的新闻感知能力,唯有如此才可以真正第一时间了解和掌握新闻信息,从中挖掘出有价值的新闻内容,为广大受众提供更加准确全面的新闻报道,促进新闻质量的不断提升。

三、新媒体时代下新闻记者肩负的社会责任

(一)把握正确的舆论导向

舆论如同硬币的两面,表现出两面性的特征,正面的舆论能够为广大受众带来积极正确的引导,让其能够树立正确的价值观念,而反面消极的舆论容易让受众产生负面情绪,如果不能够进行有效控制,往往会造成难以挽回的后果。对于新闻记者而言,不单要对社会新闻事件进行报道,还需要增强自己的职业感和责任感,不要只关注受众对新闻的关注度,为获得更高关注度而不顾舆论的发展,如此可能让记者陷入到舆论纷争中,特别是现阶段互联网中的新闻报道内容常常会故意引导受众,让舆论偏离其本质方向,最终无法进行控制。这是因为很多受众在网上任意发表主观评论但并未对其进行有效的引导和纠正,所以从这一角度来看,新闻记者把握正确的舆论导向是十分关键的。

(二)树立正确的价值观

今天的新闻报道往往具备一定的教育内涵,如警示、劝解、引导等,对于新闻记者而言,在新闻报道的过程中必须要保持积极向上的态度,避免出现过激的言论或者主观倾向性,让新闻内容为受众带来正面引导作用,而非是激化矛盾或带来消极情绪。随着现代互联网的发展,网络中充斥着各种言论思想,很多三观不正的人在互联网中恶意传播虚假新闻信息,很容易对群众进行误导。所以新闻记者必须要保证自身的价值观正确,在新闻报道的过程中强调客观性,突出新闻内容的全面性,在报告过程中始终保持一个中立的态度,无论是语言抑或是情绪都必须要维持中立,如此才不会对受众带来消极影响,让新闻内容真正发挥出正面积极的作用。

(三)还原事件的真实性

现代社交媒体以及新媒体的发展在满足广大受众多元化需求的同时也在一定程度上影响到新闻报道的客观性,在互联网时代下,网络平台成了一个更加开放多元的新闻生态空间,越来越多的受众能够直接参与到新闻制作报道的过程中,从而可能对新闻内容的真实性带来影响。对于新闻记者而言,必须要真正意识到客观性对新闻报道的重要意义,在实际工作中始终坚持实事求是,避免把主观意识带入到新闻中来。在报道新闻时,新闻记者要灵活运用新媒体技术来制作传播更加优质的新闻内容,处理好新闻倾向性和客观性的关系,从不同的角度来报道新闻事件,为受众提供发表个人观点的机会,在这一过程中进行正面的舆论引导,促进新闻报道价值与作用的发挥,提升新闻内容的质量。

(四)具备大局意识

真实全面地播报新闻是新闻记者的天职,无论采取何种报道形式,都有一些内容是不能传播给受众的,是不适合受众了解的。站在新闻的层面而言,新闻是自由的,受众拥有了解新闻事件相关信息的权利。新闻记者在处理新闻的过程中必须要具备大局意识,拥有明辨是非的能力,要站在全局的层面着手,不能盲目报道一些机密信息,也要避免引起基层群众的恐慌以及不适。同时还需要时刻维持中立性,对新闻记者而言,其观点可能对受众的价值观和看法产生影响,新闻记者必须要坚持做到公平公正,在新闻报道的过程中根据实际情况从不同层面展开分析报道,不能融入主观态度和意愿,将新闻信息准确地呈现在受众面前。

总之,新媒体时代的来临对新闻记者提出了新的要求,随着新闻信息传播速度的不断加快,传统媒体必须要尽快创新改革,坚持与时俱进,加快媒介融合,这样才能够实现自身的持续健康发展。新闻记者属于新闻报道的重要参与者和核心成员,新闻记者应当在实际工作中不断探索创新,在新媒体环境下加强对自身专业素质能力与职业道德素质的培养与提升,主动运用新媒体技术开展好新闻报道工作,同时恪守作为媒体人的职业道德底线和原则,对社会舆论进行正面引导,提升新闻节目的真实性和客观性。

第二节　融媒体时代的专题节目

为了提高舆论引导水平，强化宣传效果，新闻媒体需要开展专题报道，对党和政府的中心工作以及人民群众普遍关心的社会问题开展深度报道、全面报道、系列报道、追踪报道，让观众更全面、具体、生动了解党委和政府的决策部署和工作举措，以及对人民群众普遍关心的社会问题提出的解决方案，更好地团结和带领广大人民群众为推动经济社会高质量发展贡献力量。

一、县级融媒体下专题报道的重要性

在县级融媒体改革之后，专题报道依然是县级电视新闻深度报道常用的形式之一。这类报道是对现实生活中某些具有典型意义和较高新闻价值的人物、事件、问题、社会现象进行记录、调查、分析、解释、评述，深入系统反映事物发生发展及影响的全过程的一种报道形式。专题节目的设置务必紧扣时代主题，紧扣当地党委政府的中心工作，紧扣经济社会全面发展的客观要求，紧扣人民群众对美好生活的愿望。即是说，专题节目同样要讲政治，这是所有新闻节目的共同之处。不同点在于新闻节目反映的是社会生活的方方面面，具有全局性，专题节目涉及的是社会生活的某一方面，具有独特性。新闻节目具有迅速、真实、简明的基本特征，而专题节目都是深度报道，要对专题进行分析、解释、透视。

工作实践总是在不断的变化之中，宣传思想工作也要顺应这个变化。专题节目也不例外，要根据党委政府要做什么，人民群众需要什么来创新。以遵义市播州区融媒体中心专题专栏部的栏目为例，来具体了解专题栏目设置的特点与创新。原遵义县电视台的专题栏目"播雅书苑"是文化类专题节目，该节目集中讲述播州区在不同时期的文化历史、文化特色、文化表现形式、文化传承、文化旅游、文化与电视的融合互补等情况。"百姓视线"栏目主要讲述百姓关注的生产生活、百姓对生活的看法，反映百姓心声，评说百姓生活。"警界时空"栏目讲述公检法司等政法部门的工作动态、法治建设、依法治区等情况，为全区经济社会发展保驾护航。"小康之路"栏目主要讲述经济发展，群众增收，生活面貌改善，与人民群众息息相关。"文明

播州"栏目主要针对创建全国文明城市、巩固创建成果,讲述人们的行为、举止是否文雅、语言是否文明、着装是否整洁,是否横穿马路,是否走斑马线、人行道,是否遵守红绿灯,是否乱停乱放乱丢乱扔,是否乱搭乱建,等等。对人们的行为习惯表明坚决的态度,褒扬文明行为,规范不文明行为。引导人们做文明人、做文明事,事事倡导文明,处处播撒文明,推进人类文明进程。"百姓看法"栏目,主要以案说法,对每一起案件,处理公不公正,做没做到公正司法,有没有徇私枉法,群众对法治是否满意,进行全方位、多角度报道。在融媒体整合以后,通过广泛论证,对过去的节目进行适当的调整,新开辟的"播雅书苑"分为"翰墨溯源""笔耕心语""好书大家看"三个版块。"翰墨溯源"是主体,讲述播州区文化历史;"笔耕心语"由主讲嘉宾(当地作家或文化学者担任)讲述写作感受,"好书大家看"由主持人向观众介绍好书和好书的内容。新开辟的"小康之路"分为两个版块,一是"农业动态",二是"创业先锋"。"农业动态"讲述农业发展取得的成绩和农业科技具有的优势;"创业先锋"讲述农业发展带头人、规模发展农业的种养殖大户、农业企业的领军人才的创业故事。

二、地方特色的专题节目

播州区是一个有着悠久历史文化的地方,结合区情把融媒体办出特色,是播州媒体人肩负的重要职责。在县级融媒体中心建成后,围绕区委区政府的中心工作,对专题节目进行了调整,调整后的专题节目更接地气、更亲近民生、更适应社会的需要。

(一)"播州民企"

该栏目关注当地民企发展,与时代扣得较紧。党和国家历来重视民企发展,民营经济也只能壮大不能弱化。新闻媒体关注民企的发展壮大,就是关注社会、关注经济、关注民生,责无旁贷。这档节目主要讲述民企的经济效益、经营理念、企业文化、服务就业、社会责任等方面。起初观众认为有打广告的嫌疑,坚持下去就觉得有深度有见地,广受群众欢迎和好评。

(二)"一直播"

该栏目的特点是通过直播形式开展专题报道,优势在于现场感强。它在现场完成采编，在现场出镜，在现场播出，是一种新媒体报道方式。报道的内容涉及生产生活的各个方面，可以是某经济作物的集中采收，可以是养殖规模的展示，可以是群众院坝会商讨村规民约，可以是企业车间的忙碌景象，也可以是法律法规进乡村，还可以是农技培训班开班。它选择现实生活中的一个细节、一个场景、一个片段，通过采访编辑、提炼升华，直视火热的生产劳作，反映经济社会发展的生动实践。这种报道方式速度快，就像晚会的直播，一边拍摄、一边播出，效果良好。

（三）"人社大看台"

该栏目讲述人社部门如何提供政策咨询、社保服务、就业服务。社保和就业都是民生之要，特别是在脱贫攻坚战略中，就业是最根本的举措，牵涉千家万户，2020年上半年，播州区实现25万多名农民工就业，这与人社部门的热心服务分不开，人社部门还在提供就业岗位较多的浙江、广东、江苏等设立就业服务站，并公布服务电话，方便农民工联系，专门为农民工服务，帮助农民工就业。

（四）"播州漫生活"

该栏目讲述富有当地特色的旅游和美食。在经济快速发展的今天，旅游和美食都是人们向往和憧憬的美好生活。栏目就根据大家需求，分期介绍本地区的旅游资源、美食文化，引导游客前来参观、访问、度假、休闲，集聚人气，促进经济发展。这是社会进步之需，人们向往美好生活之需，更是促进旅游业井喷式发展之需。

（五）"科普之窗"

该栏目的宗旨是弘扬科学精神，提高全民科学文化素质。经济发展要以科技为支撑，脱贫攻坚要以科技为动力，农业发展更要以科技为根本，科技是人类进步一刻也离不开的硬件，普及科技就是提高人们的素质，增强人们的本领，每一期节目播出后，都会有一项科技带给大家，引导大家认识、思考，直至重视科技，学习科技、运用科技，从而保证农业增产，农民增收，确保打赢脱贫攻坚战，为乡村振兴奠定基础。

（六）"法治大讲堂"

该栏目讲述法治建设、以案说法和公正司法。以讲故事的形式，把一部部法律、一个个案例讲给观众听，然后分析每部法律的本义、内涵和作为武器所展示的威严，把每个案例的来龙去脉作一个全面的介绍，然后分析案例形成的原因，引导人们认识法律，了解法律，遵守法律，争做守法公民。这个栏目的设置，旨在构建公平社会、法治社会、引导人们做遵纪守法的公民，为打造法治环境，建设法治国家，建设美好社会贡献力量。

三、专题节目创新：县级融媒体力量之源

围绕地方特色设置专题节目，是县级融媒体的优势所在。播州区融媒体改革后推出的"人社大看台""播州漫生活""科普之窗""法治大讲堂""播州民企""一直播"等系列专题栏目，与社会生活息息相关，与脱贫攻坚紧紧相联，与人民群众休戚与共。既立足真实的社会生活，又紧跟时代发展的大趋势。每个专题节目都发出了党委政府的声音和人民的呼声，都传递了满满的正能量，引导着舆论向大局稳定、经济持续向好、人民安居乐业方向发展。发挥着喉舌功能、桥梁纽带功能。

创新是媒体融合发展的直接动力，也是推动组织创新、体制创新的直接动力。融媒体的创新是多方面的，内容创新是基础，形式创新是保障，融媒体要高度重视优质内容的生产，优质的内容是媒体融合成功的关键因素。优质内容才是媒体生存和发展的全部秘密，要回归新闻本源，专注内容生产。专题节目要紧扣时代脉搏，要以经济社会发展的客观要求和人民群众对美好生活的向往作为根本遵循、作为出发点和落脚点，新闻工作者要义不容辞书写人类文明进步的优美篇章，书写伟大时代的拼搏奋进，为建设富强、民主、文明、和谐、美丽的社会主义现代化国家提供精神动力和智力支持。

第三节 专兴旺产业的报道策略

产业兴旺是乡村振兴的重要内容之一，产业兴旺必须有兴旺的产业作为支撑，因此，培育兴旺产业是重中之重。脱贫攻坚把产业扶贫作为一项重要工作，这个产业也一定是兴旺产业。乡村振兴尤其离不开兴旺产业，对此，各地都重视兴旺产业的创建、壮大，新闻媒体自然要围绕这个时代主旋律开

展宣传工作，为乡村振兴目标实现贡献力量。

2019年第11期《求是》杂志刊发了习近平总书记的重要文章《把乡村振兴战略作为新时代"三农"工作总抓手》，这是他2018年9月21日在十九届中央政治局第八次集体学习时的讲话。这篇关于乡村振兴战略的重要讲话，为切实做好新时代乡村振兴工作指明了总方向，提供了大遵循。

乡村振兴战略到底有多重要？总书记讲得很清楚。没有农业农村现代化，就没有整个国家现代化，中国要强农业必须强，中国要美农村必须美，中国要富农民必须富。现在，我国正处于正确处理工农关系、城乡关系的历史关口，党的十九大提出实施乡村振兴战略，就是为了从全局和战略高度来把握和处理工农关系、城乡关系。因而习近平总书记说，实施乡村振兴战略是关系全面建设社会主义现代化国家的全局性、历史性任务。

"产业兴旺、生态宜居、乡风文明、治理有效、生活富裕"是实施乡村振兴的总要求，这短短"二十个字"，反映了乡村振兴战略的丰富内涵。其中，产业兴旺是重点。产业兴旺是生态宜居、乡风文明、治理有效、生活富裕的龙头，起引领性作用。因此，产业兴旺很重要，它能提升农业发展质量，培育农村发展新动能，带来农业强，农民富。

脱贫攻坚、乡村振兴都是党的好政策，作为新闻媒体要责无旁贷的做好宣传报道工作。笔者在这里就乡村振兴中的"产业兴旺"这一话题谈谈初浅的看法。对兴旺产业的报道方法进行探讨，以便向同行业的专家学者们请教，与广大读者交流，共同研究报道策略，发现规律，把握重点，找准方向，及时、准确、科学报道兴旺产业的培育过程、发展效益、实际成果以及在推动脱贫攻坚、乡村振兴战略发挥的重大作用，完成好新闻工作者的使命与任务。

一、新闻工作者善于发现和研究兴旺产业

什么是兴旺产业？新闻工作者务必分析全面、判断准确。所谓兴旺产业，就是集生态环保、集约经营、规模高效、前景广阔、链条延长、受益众多、解决就业于一体的产业。主要指农业产业。比如山东的经果、蔬菜产业、云南的烟草、花卉产业，贵州的辣椒、茶叶产业。明确了兴旺产业，对其进行报道才会有的放矢，方向正确。报道才具有意义。报道的目的就是激发业主精益求精，继续努力，把产业做得更大更强，同时引导观众认识兴旺产业、了解兴旺产业，向往兴旺产业，产生发展兴旺产业的兴趣，开启大众创业，万众创新新局面，为农村经济发展、农民生活水平提高，农村环境改善，农民综合素质提高努力奋斗。改革开放40多年来，各地兴旺产业如雨后春笋兴起，农民因此增加了收入，生活水平提高了，但还远没有达到理想的高度，农业还没有完全实行集约经营，粗放型经济还占有很大市场。因此农民的收入增加幅度不是很大。虽然贫困面貌改善了很多，但离党和政府的要求和人民群众的期待还有很大的差距。2014年，实施脱贫攻坚后，党和国家把产业扶贫提到了重要位置，要求通过发展产业增加农民收入，经过几年的努力工作，产业发展取得了可喜成绩，特别是实行土地流转，推行规模农业、现代农业、智慧农业、高效农业，通过大户带动，三变改革（资源变资产、资金变股金、农民变股东），农村产业得到长足发展，农民收入持续增加，脱贫目标能够如期实现。通过这些举措实施的农业产业都取得了实实在在的效果，绝大部分成为兴旺产业，各地都进行铺天盖地的宣传报道，形成了良好的轰动效应。以至兴旺产业越来越多，越来越好，龙头农业企业遍布各地，改变了传统的经营模式，农业产业发生了翻天覆地的变化。但是离乡村振兴战略提出的产业兴旺还有很大差距，还需要继续努力。无论是脱贫成果巩固，还是实施乡村振兴，发展兴旺的产业都任重道远。对此宣传报道也同样任重道远。新闻工作者也必须上下求索，还要继续研究策略、方法，开展实实在在的新闻宣传工作。

二、报道兴旺产业发展重点

重点就是效益明显，它给群众带来丰厚的收益。这样，新闻工作者就要认真策划，提前思考，整体把握。要把兴旺产业形成的过程详细报道清楚。比如，这个产业创建之初遇到过困难，遭遇的失败，后来出现的转机，最后兴旺起来的整个过程都了解清楚，要预先谋划，采取哪种报道方式，才能深入全面报道。要通过算账、对比反映产业的优势和前景，要通过业主的经历感受讲授经营的方法、总结的经验、形成的模式、使之浑然一体、无懈可击，经得起检验。采访时，要与业主算账，如果是种植业，搞清楚一亩地毛收入多少，纯收入多少，10亩地如何，20亩地又如何。在符合环保要求的基础上，通过算账来衡量产业的效益如何，效益高，那就是兴旺产业，如果是养殖业，一头猪、一只羊或一尾鱼利润又如何？要通过算账总结成果，要通过成果展示体现是产业效益高、前景好，是兴旺产业，从而实现产业兴旺。

同时要把兴旺产业最重要的元素——科技报道清楚，任何有希望的产业、兴旺的产业，都离不开科技支撑。报道中，要全面分析产业的科技含量，科学的种养方法。种植方面包括产业属性、季节利用、种子选择、除草施肥、灌溉设施配套、剪枝、套袋、防病虫等；养殖方面包括品种选择、饲养方式、饲草种植、饲料配制、疾病预防等。科技在种养过程中发挥着至关重要的作用。报道准确、清楚，有利于观众模仿学习借鉴，共同发展兴旺产业，把兴旺产业做大、做成规模。

三、报道兴旺产业的培育过程

兴旺产业在最初可能都不是一帆风顺的，都有一个认识、实践、再认识、再实践的过程，就是说都会经历赔本、失败等过程，让人无奈，但失败是成功之母，只要业主善于在失败中总结经验、教训，分析失败的根源，向科技工作者请教，就会掌握科学的种养方法，然后继续实践、继续探索，就会让产业获得收益，把损失夺回来。报道中，要与业主交谈，把他的所思所想、如何从失败中走出来、如何克服眼前的困境，前方有没有希望等苦闷与纠结表达出来，与观众分享，最后主业不得不重拾信心，继续前进，或许，这一次就会有所收获，或许还会再失败，但坚持到最后，都会扭转局面，获得回报，取得效益。事实上，第一次获得效益并不重要，重要的是已经掌握规律、经验和技术，为以后的道路扫清了障碍，铺好了路面，自然就会无往不胜，为以后的无数成功奠定了基础。失败的过程就是探索的过程、总结的过程、获得方法的过程。这是符合辩证法的规律的。掌握了规律，这项产业就获得了成功，就成了兴旺的产业。农业科技的运用都要先试点，试点成功了再推广，一个产业的形成同样要先试点，不试点，永远也找不到答案。先试点，就可能失败。新闻报道无疑不能遗漏这个试点的过程。全面报道试点的过程，就是报道兴旺产业形成的过程，就是让广大群众认识兴旺产业的过程，共享兴旺产业的过程，共同增收致富的过程。从而发挥新闻媒体的引导功能、教化作用，让新闻信息成为人们的经验和知识、方法和智慧、信心和勇气，增强创业本领，提升增收能力，获得丰厚收益，改变生活面貌。因此，新闻媒体在兴旺产业的培育过程中要发挥好鼓劲、引导、扶植的作用。

四、报道兴旺产业的规模发展

农业产业单打独斗没有效益，自给自足没有前途，必须走规模化、合作化道路，通过流转土地，大户带动，成片种植，数十亩以上，数百亩以上，甚至数千亩以上，才能形成规模效应，种植一两亩，哪怕利润再高，也没有效益。同样，养殖业，一年四季只养一两头、四五头猪、牛、羊，也没有多少效益，浪费人工不说，收入增加不了多少。因此，要形成规模效益，利润就上来了，当然不是一开始就这么干，那样会陪得精光，一棒就把主业打死了，得不偿失。也要先试点，试点成功了，逐步壮大规模。报道中，要注意逻辑，要表达产业发展是循序渐进的。要阐述清楚成规模的兴旺产业也是一步一步做起来的，是逐步做大的。当然兴旺产业也有亏本的时候，比如受到自然灾害的影响，那是无法抗拒的，报道就要实事求是。当然，媒体更要关注那些弱小产业，这种产业当初就像幼芽，经不起风吹草动，也许需要两年三年的培育、三年五年的摸索，要经历一个艰难曲折的过程，最后获得成功，弥足珍贵。这个培育、摸索的过程值得媒体的关注，媒体有责任把这个过程报道好。一方面，引导农业管理部门或农技工作者积极主动为这种产业提供技术支撑，讲解技术要领，开展技术培训，让业主掌握，从而运用科技经营，保障产业获得丰收，产生效益，成为兴旺产业。另一方面，通过报道，提振业主信心，鼓舞业主士气，引导业主分析存在问题，积极寻找方法，破解难题，把产业做好做优做精，做成兴旺产业。新闻媒体要发挥牵线、搭桥的作用，促进农技部门或农技人员主动到田间地头去，与业主打交道、做朋友，帮助业主解决疑难杂症，提高业主科技水平，推动产业健康运行，高效运行，取得实实在在的成果。

对此，新闻工作者要经常到生产一线去，了解情况，分析问题，积极报道兴旺产业、主动服务产业发展，为脱贫攻坚、乡村振兴、产业兴旺作出媒体人的贡献，共同谱写新时代媒体战歌，要唱响脱贫攻坚主旋律、打好乡村振兴主动仗，为经济社会健康快速发展作出积极贡献。

参考文献

[1] 嘎宗. 新媒体时代背景下新闻记者的职业素养与社会责任 [J]. 中外交流, 2019（011）: 74.

[2] 郑可彤, 蒋义丹. 试论新时代新闻记者的职业素养与社会责任 [J]. 新闻前哨, 2019（7）: 75-76.

[3] 刘晨昊. 新闻记者社会职业素养的提高 [J]. 西部广播电视, 2013（16）: 38-38.

[4] 王静芳. 论新闻记者如何提升职业素养与社会责任 [J]. 新闻传播, 2017（020）: 75-76.

[5] 刘邦凡, 栗俊杰, 韩义民. 乡村振兴与特色小城镇建设研究综述 [J]. 经济研究导刊, 2019（08）.

[6] 钱振水, 王曼, 王坤. 浅谈特色小城镇助力乡村振兴发展策略 [J]. 城市建设理论研究（电子版）, 2018（05）.

[7] 杨阳. 我国特色小城镇建设中存在的问题及对策研究 [J]. 美与时代（城市版）, 2018（11）.